比较

总第107辑

2020年第2辑

COMPARATIVE STUDIES

吴敬琏 主编

中信出版集团 · 北京

比较

COMPARATIVE STUDIES

主管 中信集团

主办 中信出版集团股份有限公司

出版 中信出版集团股份有限公司

主编 吴敬琏

副主编 肖梦 吴素萍

编辑部主任 孟凡玲

编辑 包敏丹 马媛媛

封面设计 李晓军 / **美编** 杨爱华

经营部

总经理 张立晖

副总经理 傅继红

发行总监 周广宇

品牌传播部高级总监 马玲

独家代理： 财新传媒有限公司

电话：（8610）85905000 **传真：**（8610）85905288

广告热线：（8610）85905088 85905099 **传真：**（8610）85905101

电邮： ad@ caixin. com

订阅及客服热线： 400-696-0110（8610）56592288 **传真：**（8610）85905190

订阅电邮： circ@ caixin. com **客服电邮：** service@ caixin. com

地址： 北京市朝阳区工体北路 8 号院三里屯 SOHO 6 号楼 5 层（**邮编：** 100027）

目 录
Contents

第107辑

特稿 Feature

视界 Horizon

法和经济学 Law and Economics

比较之窗 Comparative Studies

金融评论 Financial Forum

新书架 New Books

养老金改革考验我们的经济学功底和智慧

周小川

我一直在思考中国的养老金改革问题，也参加了一些关于养老保障体系的会议和讨论。本文就中国的养老金改革问题谈一下看法。

一、养老金改革是一个多维复杂的系统

表面上，养老金改革与金融的关联不大，但实际上两者的联系非常紧密。从方法论上看，养老金本身是一个非常综合性的题目，既涉及宏观，又涵盖微观，还要进行量化分析，开展预测和模拟，也得有国际视野，更要对国情有深入的了解，并熟悉金融产品和金融工具，因为养老金与资本市场的发展密不可分。可以说，这是一个跨领域多维经济分析的大综合。

从宏观角度看，一方面，全球大多数国家都面临着养老金缺口或养老金不可持续问题。由于我们曾实行全球独一无二的计划生育政策，人口老龄化问题突出，再加上我国人均寿命大幅提高，因而养老金不可持续问题可能更为严重。虽然有人认为，目前中国养老金的收入大于支出，还略有积累，不存在不可持续问题，但这实际上是答非所问。所谓养老金不可持续，主要是指未来而非当前。从国际经验看，应该抓紧进行养老金改革，因为可能越拖越难，这还

* 本文根据中国金融学会周小川会长在“2019 年中国金融学会学术年会暨中国金融论坛年会”（2019 年 12 月 21 日）上所做学术报告整理而成。

涉及养老金知识普及和教育的问题，在全世界都是如此，各方都有重大的责任，需要对此进行深入的讨论。另一方面，养老金改革与资本市场健康发展密切相关。养老金是资本市场长期稳定资金的重要来源，对金融资源有效配置至关重要，这个道理非常浅显，不再展开。

从微观角度看，养老金改革主要与生产率密切相关，还关系我国能否顺利跨越中等收入陷阱。生产率很大程度上取决于激励机制，这又关系养老金的缴费制度安排和劳动力市场。劳动力市场原理之一就是以劳动贡献换取劳动报酬，或者说通过激励换取劳动者出力，养老金缴费安排会影响激励机制和生产率。2019 年我们在减税降费的时候，将养老保险缴费率由“20 + 8”改为“16 + 8”，就可以从激励机制的角度来解释。从劳动者角度看，干活产生 100 元钱的净贡献，应当有 100 元钱的收入，考虑到一些公共支出（如缴个人所得税，等等）会减少一部分。但是，如果“20 + 8”这部分没有体现在个人账户里，劳动者自己看不见，会感觉与他个人没有关系，不认为这是他的劳动报酬，也不愿意付出那么多的劳动。因此，这个比例不可能随便提高，这会对劳动者激励产生重大影响，影响生产率。从企业角度看，如果“20 + 8”给到个人账户，虽然不如现金那么直接，但是总体来讲还是可以看作企业的用工成本。不过，如果“20 + 8”没有打到个人账户，劳动者看不见这份报酬，对企业来讲就相当于一种额外的费用，当企业遇到经济下行和困难的时候，肯定会抱怨税费过高的问题。因此，2019 年在企业的强烈呼吁下，为保持企业竞争力，政府将养老保险缴费率由“20 + 8”降为“16 + 8”。

另外，我们养老金缴费中个人承担的 8% 这部分，很大程度上还不够透明，劳动者很多时候都感受不到 8% 打到了自己的账户上，这也在一定程度上抑制了劳动者的积极性。可见，从微观分析的角度看，养老金改革对劳动者和企业的激励机制有着非常重要的影响，涉及全社会生产率的高低，从而也关系我国能否顺利跨越中等收入陷阱。

从国际比较看，虽然全球很多国家都面临人口老龄化和养老金可持续性问题，但各国的情况和体制存在很大差别。例如，在老龄化程度上，正如前面指出的，中国曾实行了相当长时间比较严格的计划生育，使得我们的老龄化问题将更为突出；同时，由于改革和社会经济发展，我国人均寿命增加较快。根据联合国的数据，全球平均预期寿命从 1950 年的 46.5 岁上升到 2017 年的 72.4 岁，美国平均预期寿命从 1950 年的 68.1 岁上升到 2017 年的 78.54 岁。中国平均预期寿命则从1949年的35岁上升到2017年的76.5岁，翻了一倍还多，增长速度更快。因此，中国的老龄化程度要比全球平均水平更为严重，这必须引起高度重视。

在养老金的准备方面，各国的预筹资金情况不同。例如，澳大利亚2018年的预筹资金占GDP的比重为125%，在全球属于比较高的水平。虽然我国社会保障基金规模较大，但截至2018年末，中国养老金储备仅约占GDP的10%，在全球属于比较低的水平。与此同时，中国有大量的国有企业，国有企业的一部分股份划拨社会保障基金，是增加我国养老金预筹资金的一种可能选择。

总的来看，增强养老保障可持续性大致有以下四种办法：一是延长退休年龄。不过，退休年龄不能无限延长，延长过多会使劳动生产率下降，从而影响企业竞争力，在一些政治承受力较差的国家还会引发社会不满甚至动荡。二是增加储蓄，既可以是增加自愿储蓄动员，也可以增加强制性储蓄。三是减少退休后的收入水平，也就是替代率。从全球看，较为适当的替代率是60%—80%，这个比例可以调整，但如果替代率下降过多，在政治上也会存在一定的困难。四是增加预筹资金的投资渠道和效率，确保资金保值增值，这涉及资本市场能否更好地发挥作用。养老金的可持续性与资本市场的健康发展是相互促进的。

二、养老金改革的总体框架

目前，对中国养老金改革仍存在很多争论。首先是在目标上存在分歧。我们强调养老金改革的目标，既要考虑退休金适合度，能够确实起到保障作用，同时还要兼顾公平、效率及风险分担。其次，不同部门对我国养老金存在的问题、工具和政策的预估效果意见也不统一。不同的部门可能有不同的政策工具，各个部门都会优先选择自己的工具，跨部门工具使用的协调与配合往往存在难度。这可能导致用不同的时间跨度和不同的目标实现尺度去评价具体政策工具的功效。

建立一个较为综合的衡量目标，并将政策选择进行跨部门效果比较，有助于将讨论维持在同一框架内，避免各说各话。30人小组（G30）讨论并撰写了一篇题为“应对养老金危机”（Fixing the Pension Crisis）的报告。使用“危机”这个词凸显了问题的严峻性。首先讨论了对养老金可持续性问题认识不统一这个关键问题。为此，G30采用了“终身财务安全度量”（Lifetime Financial Security，以下简称 LFS）的方法。各国基本上都存在养老金缺口（含用现收现付填补的缺口）问题，在预期寿命动态变化和退休年龄变动等安排下，可以比较不同措施能够使全社会未来累计 LFS 缺口减少的程度，以保证跨部门的政策讨论具有可比性。例如它针对某些国家可测算出，如果退休前储蓄率提高，增加相当于 2% 的 GDP 用于养老金，可能减少 LFS 缺口 22%；如果以降低投资成本或提高投资总收益等方式将预筹资金投资净回报率提高 2%，可能减少 LFS 缺口 10%；如果到 2050 年退休年龄延长 4—6 年，能够减少 LFS 缺口 15%；如果退休年龄延迟到 70 岁或更多，则可能减少 LFS 缺口 50%（不过这一点在微观上并未得到支持，因为年龄越大，劳动生产率越低）；如果退休人口工作时长达到一般劳动年龄人口的 20%（包括灵活工作时间）并减少或推迟依靠退休金，能够减少 LFS 缺口 25%。须知，政策评估方法的不同所产生的差异往往超出常人的直觉。

从养老金的具体模式看，全球各国养老金正在不同程度地从现收现付制的福利基准型（Defined Benefit，DB），逐渐转向预筹积累的供款基准型（Defined Contribution，DC）。目前，多数国家都选择 DB 和 DC 相结合的模式。

中国养老保险采用的是社会统筹和个人账户相结合的结构（统账结合），本质上是创建了一个混合型部分积累制，也就是“现收现付制加个人账户预筹积累制”的模式，其初衷是将社会统筹和个人账户的优势发挥出来，目的是实现预期稳定和多缴多得。但是，目前我国养老金预筹积累的占比太小，个人账户透明度不够且有透支，也降低了劳动者供款的积极性。未来肯定需要考虑提高个人账户的占比，调动职工劳动积极性和供款积极性，提高企业生产率。

DB 和 DC 相结合的模式，可以有以下几种选择：一是政府提供低保；二是补偿，根据现有的收入和财产情况给予补偿至最低标准；三是保底增值：对预筹积累的资金，政府为收益率保底（国际金融危机以来，全球进入低利率时代，投资者对资本市场回报率波动是否过大，整体收益率是否会降低等问题有诸多质疑）；四是政府提供有担保的债务性产品供养老金投资；等等。

从 DB 转向 DC，存在转轨过程中新老过渡问题。在受制于中老年职工养老金账户空账问题的情况下，为发挥 DC 的优势，可以采用名义账户的办法，即个人账户中已被拿去用于现收现付的部分采用名义记账，使用类似国债的利率计算其回报，保持对个人的激励，同时实现代际平稳过渡。

另外，我们还可以采取历史还原法。例如，我国在 1999 年正式取消了福利分房，当时，很多单位房改按照个人工龄、职位累计计算打分，折算回去。这种对隔代人的处理办法可供养老金改革借鉴，年轻人都可采用实账 DC，但对中年人、老年人可以建立名义个人账户包括实账和空账两部分。此外，中国还存在城乡差别、所有制差别，都可按照历史情况，采用历史还原法，在养老金改革转轨过程中解决代际公平问题。

中国还有着特殊的国情，存在大量国有企业，国有资本可以用来填补 DB 向 DC 过渡的空账。一方面，我国养老金的欠账是在国家资产负债表的负债方；而在资产方，从我国国有资本的形成历史看，是通过计划经济及转轨过渡时代的价格、税收扭曲和人口结构，通过"低工资、低福利、高积累"扩大了国有企业的资本积累，形成了巨额国有资本。

另外，还有一部分国有资本是国家借债形成的国有股权。将这些国有资本还原为养老金进行经营管理并核算，还是仍然保持国有资本经营体制并进行核算，哪种方式更有效率？这是值得讨论的问题。理论上，养老基金作为财务投资者，通过参股方式参与公司治理，有利于实现国企监管从"管企业"向"管资本"转变，并提高国企的经营效率。目前，划拨 10% 的国有资本可能还不够，仍然有很大余地来填补养老金的缺口。

三、养老金的支付方式与经营管理

养老金可携带性说易行难。由于劳动力市场流动性，很多人可能一生会有多个工作岗位。特别是新生代和"90 后"，在不同岗位上切换次数大大增加。因此，养老金接续成为一个大问题。中国过去已经碰到这个问题，当时解决这个问题的思路就是可携带性。理论上，外地务工人员返乡不再外出务工后，应该把他的养老金带回去。但是，现实操作中的实际效果很差，因为不知道究竟哪部分应该带回去，是带回 8% 部分还是 20% 部分也能带回？已被用作现收现付的部分如何处理？已投资的收益和增值部分如何处理？外来务工人员和当地政府讨价还价难度较大，最后可带回的数量相当小。很多务工人员宁可多拿些实实在在的工资，这反过来又会影响养老金的供款和可持续性。

金融和电子支付的发展，提供了分布式养老金经营管理和支付的可能性。依靠金融业信息技术发展，养老金以后可以实现 N 对 1 的支付体系。一个人一生可能在 N 个地方的岗位上工作，在 N 地都有养老金供款，都有个人账户。N 地的退休制度可能略有差别，预筹资金的经营主体和投资也可能有所不同，但该人退休后可以从 N 个账户向其进行养老金支付。过去，由于金融电子化程度不够且成本高，实行 N 对 1 支付会效率很低，搞那么多账户很不经济。但随着信息技术的进步，这些成本已大大降低，N 对 1 支付完全可以实现。同时还提供了多地多种改革及过渡方案分别推行并允许试错的可能性。

养老金投资运营需要处理好竞争与效率的关系。我国的职工基本养老保险统筹起步时层次比较低，大多从县级统筹起步，逐步提高到市级统筹和省级统筹。目前，中国的养老金多数是在省一级统筹经营管理，也有一些省的养老金委托全国社保基金进行投资。2019 年国务院正式发文提出扩大养老金统筹，但究竟统筹到什么程度，仍能听到各种不同意见。有人主张仍是在省一级实行统筹，对全国统筹存在疑问。这实际上涉及养老金投资管理机构的市场竞争与经营效率的权衡问题。

党的十九届四中全会提出，要加快建立基本养老保险全国统筹制度，但也首次提出，适当加强中央在养老保险方面的事权。理论上，一定程度的竞争会促进养老金经营管理机构提高投资回报，管理好的机构会给管理差的机构形成压力。如果只有一家机构，连个对照比较都没有。但是，机构过多引发成本过度上升，也会带来回报率损失。有些国家完全依赖私人养老金管理机构，机构个数多，每个人都有选择用哪个机构的自由。私人管理机构大量打广告等费用，最终可能要消耗掉养老基金收益的 2%。刚才提到，如果投资回报能够提高 2%，LFS 缺口能减少 10%，可见，如果管理机构个数太多，并不合算。中国作为一个大国，可能需要有限的若干个养老金管理机构，但也不能太多。考虑到近 14 亿人口以及与现有行政管理体制的衔接，现有 30 个省市已存在养老金管理机构，或许这个数量就是合适的，还有允许探索试错的好处。

养老金投资管理还涉及风险偏好，基金管理机构针对不同年龄段的养老金投资可能在风险管理上有所不同，需要通过未来实践探索究竟什么样的风险合适。有建议提出养老金不能投资于 8% 以下回报率的项目。但是，有关投资回报率的主张不能主观性太强。毕竟，“高收益、高风险”是金融投资的客观规律。现实中长期投资实现 8% 的回报率，并不是一件容易的事情。另外，不同支柱中预筹养老金的税费体系，也是中国未来需要面临的一个问题。鉴于未来的长期经济前景及金融市场具有不确定性，特别是存在经济金融危机的不确定性，政府性机构也不可能确保长期的投资回报率，为此，投资回报的风险分担也是关系养老金能否可持续的重要方面。

是否允许养老金进行全球化投资也是一个重要的选项。一些小国的养老金往往可以在全球进行多元化投资，避免因限制在国内而缺乏高回报率的投资项目，全球分散化投资有利于提高回报、分散风险。最近，美国参议员马可·卢比奥提出一个提案，提议禁止美国集体投资基金投资中国的公司（主要是指上市公司），特别是禁止养老金投资中国，这个提案是与全球多元化投资背道而驰的。就我国而言，养老金能否进行全球化投资，既取决于我国资本项目开放进程，也与国内资本市场的健康发展密切相关。

四、养老金改革还有更多的跨业延伸

养老金本身是一个多维复杂的系统，既涉及很多金融的内容，还会延伸出很多更大的复杂性问题。一是养老金改革要处理好自愿储蓄与强制储蓄之间的关系。党的十四届三中全会就提出了大体相当于 OECD 定义的养老保障三支柱的概念（不过在具体内涵上与当前官方定义有一定的差异）。2005 年，世界银行又提出了养老保障五支柱的概念。我们应首先厘清这些概念。这些内容又与税收有着密切的联系，因为税收直接影响能否为养老金制度提供有效激励并实现设定的目标。二是养老保障与住房、健康保险的关系。住房是可以和养老相联系的，中国已经有人进行住房养老的尝试，但是机制和计算方法仍不合理，政策准备也不够充分，还出现了一些诈骗问题。养老问题和健康保险的关系也很重要，特别是有效的老年医保能够减少应对老年健康的强制储蓄和自愿储蓄，这些储蓄将更多地在普通养老金和医保之间寻求合理平衡。三是在很多国家不同代人之间的政治话语权是不一样的，民粹主义倾向容易导致所谓的选票型政策偏向问题。

养老金制度改革方案对不同年龄组的选民有不同的影响和感知，从而出现一些政策制定上的偏差。养老金的制度设计本身已非常复杂，再考虑到上面这些延伸的复杂性，养老金改革确实是一个多维复杂的系统，这值得大家予以高度关注。中国将面临特殊的老龄化加剧问题，养老金改革争论了很多年，但我们改革的决心和步伐仍不够大，目前为止还有不少难题没有得到很好的解决。本应动个手术才能解决长期问题，但也有人建议用吃止痛药的办法缓解短期痛苦。要从多个维度全面分析、讨论、测算、论证，高度重视相关各方的激励作用，做出大胆有效的改革，这也是一项考验我们经济学功底和智慧的重大课题。

避免中等收入陷阱的社会领域挑战

蔡昉　贾朋

一、引言

2018年，中国经济总量与欧元区国家经济总量持平，达到美国的2/3，占全球经济总量的近16%。2019年，中国经济增长率远远高于其他主要经济体，在世界经济中的地位进一步提高。同时，人均GDP（国内生产总值）超过10000美元，已经显著高于中等偏上收入国家的平均水平。按照IMF（国际货币基金组织）的预测，未来中国经济仍将保持强劲增长。不难预料，中国即将跨过世界银行国家分类中的中等偏上收入与高收入的分界线，进而跻身高收入国家行列。

在未来的一段时间里，中国将处于向高收入国家迈进的关键阶段。根据各国发展经验，这个发展阶段的至关重要性可以从几个方面认识。

第一，虽然世界银行为高收入国家设定了一个人均GNI（或GDP）标准（目前为12235美元及以上），但是，一个国家是否从性质上进入一个数量和质量都不同的发展阶段，仅仅以人均GDP这样的经济指标衡量是不够的。在此之外的诸多标识上，特别是社会发展指标更为重要，因为这类指标不仅体现经济发展目的本身，而且也是在更高发展阶段增长可持续性的源泉。

第二，各国经验表明，在中等偏上收入的基础上越是临近高收入门槛，多数国家的经济增长越是表现出减速的趋势，国家之间的经济表现趋于分化

(Eichengreen et al., 2011, 2013)。那些未能成功应对增长减速的挑战，并且社会发展表现较差的国家，常常陷入经济增长停滞和收入差距扩大的恶性循环，以致长期不能实质性跨入高收入国家行列。这样一种状态被经济学家称为“中等收入陷阱”（印德尔米特·吉尔、霍米·卡拉斯等，2008）。

第三，在“低垂的果子”般的增长动能减弱，以及具有帕累托改进性质的改革空间收窄的情况下，不仅保持合理经济增长速度面临更大的难度，也产生不利于社会流动的效果，对社会发展水平的持续提高提出挑战。应对这些挑战，需要打破既得利益的阻碍推动继续改革，以便获得基于创新的经济增长动能，并合理加大政府再分配政策力度。

2010 年，中国人均 GDP 超过 4000 美元，进入中等偏上收入国家的行列。与此同时，人口转变阶段发生了根本性的变化，15—59 岁劳动年龄人口转入负增长，相应的人口抚养比迅速提高。与此相应，劳动力短缺、人力资本改善放慢、资本回报率下降、劳动力重新配置空间收窄以及由此所致的生产率提高速度减慢，导致潜在增长率下降以及实际增长速度放慢。例如，年均 GDP 实际增长率从 1980—2010 年的 10.1%，下降为 2012—2019 年的 7.0%。根据对潜在增长率的估算，中国经济增长速度将持续下行，直到在远比目前更高的人均收入水平上“回归均值”。①

经济发展的分享性既取决于做大蛋糕的速度，也取决于分好蛋糕的机制。在蛋糕分配格局不变的情况下，做大蛋糕的速度放缓则意味着分享性减弱。中国现实中已经表现出这种倾向。例如，居民收入基尼系数从 2009 年开始，曾经经历若干年的下降，从 2008 年的 0.491 降低到 2015 年的 0.462，而此后则再次提高。从居民人均可支配收入的分布状况看，收入分配改善的时间则更为短暂。例如，五等分分组中最高 20% 的平均收入与最低 20% 的平均收入之比，城镇从 2008 年 5.77 的最高点一度下降到 2012 年的 5.00，随后开始逐年提高，直至达到 2018 年的 5.90；农村则从 2011 年的最高点 8.39 下降到 2013 年的 7.41，随后大幅度提高到 2018 年的 9.29。

实际上，所谓中等收入陷阱是指在中等偏上收入阶段，国家既面临如何保持合理的经济增长速度从而做大蛋糕的挑战，又面临如何保持充分的社会流动

① Pritchett et al.(2014) 预测中国经济增速在 2015 年便会回归到均值（世界平均增长率），已经被证明是错估。而根据蔡昉等人（Cai et al., 2013）的估算，中国潜在增长率下降是缓慢发生的，很长时间里仍将保持较高水平，预计 2050 年才会下降到世界平均水平。

性从而分好蛋糕的挑战。本文在跨国数据比较的基础上，认识中国发展阶段变化的现实，观察发展阶段变化为什么以及如何导致经济增长减速和社会发展徘徊，并以此为背景认识中国面临的社会发展挑战，提出相应的政策建议。

本文第二部分对经济发展和收入分配的跨国数据进行观察并尝试做出解释。虽然本文并不冀望提出一般性的理论解释，但是，既然各国分别处在不同的发展阶段，这个观察无疑有助于我们认识经济增长和收入分配改善如何受发展阶段的影响。第三部分以中国作为观察对象，阐释社会流动性在经济增长减速前后的变化趋势和原因。第四部分从中国面临的特殊挑战出发，揭示在新的发展阶段影响社会流动性的体制障碍。基于分析结论，第五部分就实施以基本公共服务均等化为核心的中国特色再分配政策提出政策建议。

二、从发展阶段看增长减速和收入差距扩大

传统增长理论通常把经济发展视为匀质的过程，各国按照某种一般规律实现经济总量的扩大和人均收入的提高。新古典增长理论的趋同或条件趋同假说把初始人均收入水平与经济增长表现相联系，并预期那些处于经济发展较低阶段的国家，一旦具备必要的禀赋、体制、基础设施等条件，可以比处于更高发展阶段的国家实现更快的经济增长，因而国家之间发生趋同（如 Barro，1995）。但是，这类研究并没有特别关注处于不同发展阶段的国家实现经济增长遵循的增长模式有其不同之处。① 而恰恰是这种差异，导致不同发展阶段的增长表现以及与之关联的社会发展表现。

使用世界银行的跨国数据来观察初始人均收入与增长表现之间的关系，我们可以发现，这种假设中的趋同现象如果存在的话，也是与发展阶段密切相连的。在图 1 中，我们按照几种不同的方式展示 1990 年人均 GDP 与 1990—2018 年平均增长率之间的关系。

其中，图 1. 1 展示了全部有数据的国家和地区（214 个样本）的情形，从中并不能看出初始人均收入与经济增长率之间有相关关系；图 1. 2 选取了初始人均 GDP 在 12000 美元以下的全部低收入和中等收入国家和地区（164 个样本数），从中也看不到显著的趋同现象；图 1. 3 展示的是初始人均 GDP 在 1000—

① 虽然关于“俱乐部趋同”的研究事实上涉及处于不同发展阶段国家的趋同表现，但是，多数研究者并没有特别关注这个发展阶段。如参见 Baumol（1986）。

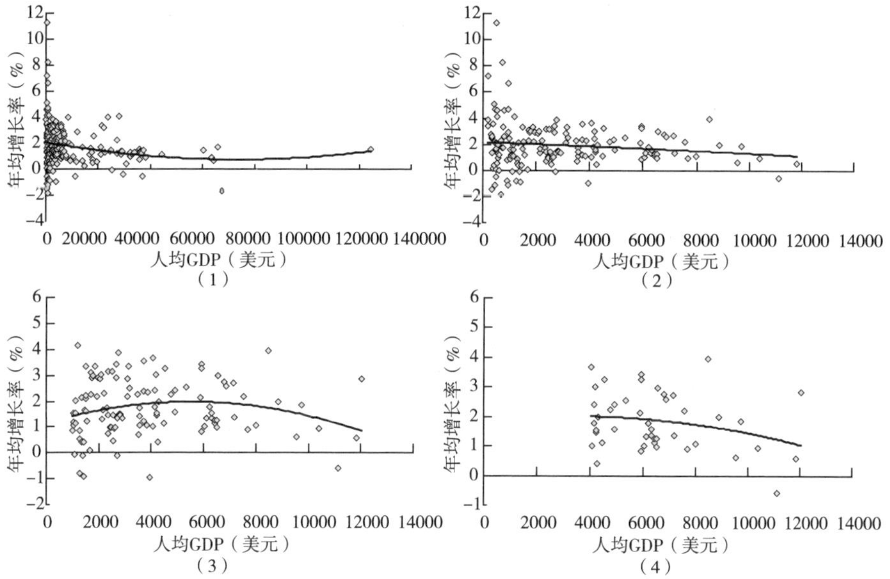

图 1　发展阶段与经济增长速度

资料来源：World Bank，*World Development Indicators*，世界银行官方网站：https：//data. worldbank. org/。

12000 美元的中等收入国家和地区（116 个），在一定范围内隐约显现趋同现象，即初始人均收入与增长率呈不显著的负相关关系；图 1.4 中只包含初始人均 GDP 在 4000—12000 美元的中等偏上收入国家和地区（43 个），呈现的趋同趋势相对而言最为显著。这个关于"趋同"的描述性展示，与发展中国家的"赶超"现实是可以相互印证的。

许多低收入和中等偏下收入国家仍然处于低水平均衡陷阱，缺乏经济起飞最基本的临界条件，所以有大量国家堆积在中等偏下收入门槛前后以及中等偏上收入门槛之前的位置。但是，在这样一些阶段，国家之间的增长速度具有很大的差异性，既包括一些高速赶超的明星，也有诸多陷入停滞的失败案例。

进入中等偏上收入阶段后，相对来说就进入了正常增长轨道。这类国家与低收入起点国家中增长表现良好的那部分国家，通常经历了一个刘易斯式的二元经济发展，得益于诸如人口红利等低垂果子般的增长源泉，实现了经济增长的赶超。但是，按照趋同的含义，国家从这个阶段开始呈现适度的减速趋势。在图中则表现为，在中等收入特别是中等偏上收入阶段，国家之间在增长速度上也产生一定的"趋中"倾向。

至于在中等偏上收入阶段后期，特别是临近高收入门槛的时候，由于这些国家以往仰仗的生产要素驱动、资源重新配置效应以及技术上的后发优势等增长源泉式微乃至消失，一般来说国家会遭遇减速，并且由于应对政策的恰当与否，在国家之间再次出现分化趋势。正是由此开始，单个国家要么迈入高收入国家行列，要么落入中等收入陷阱。

下面我们来看收入分配状况与发展阶段的关系。库兹涅茨利用早期的跨国数据刻画了一条倒U形曲线，即收入不均等程度（以诸如基尼系数衡量）随着一国人均收入水平的提高而上升，到达峰值即库兹涅茨转折点之后开始下降（Kuznets，1955）。这与人们后来的观察不符，也因其被许多“涓流经济学”理论引为依据，因而受到普遍的批评。我们可以采用与前面的分析类似的方法，利用世界银行关于国家和地区人均GDP及其对应的基尼系数数据进行观察和认识。

图2.1包含了全部低收入及中等收入国家和地区共119个样本，从中看不出人均GDP与基尼系数之间的关系。库兹涅茨曲线预期的变化轨迹——在这个阶段，随着人均收入提高收入不平等程度趋于提升——显然得不到数据的支持。图2.2和图2.3分别展示全部中等收入国家和地区，以及中等偏上收入国家和地区的收入分配状况（样本数分别为94个和40个），同样没有显示出收入水平与收入差距之间的库兹涅茨式关系。不过，从这两张图中可以发现，中等偏上收入更多集中在具有很高基尼系数的区域。图2.4是包括全部有数据国家和地区的情形。由于这里的153个样本是在之前情形的基础上增加了高收入国家和地区样本，因此，图中显示的较为显著的收入分配随人均收入提高而改善的趋势，主要来自这些新增样本（高收入国家）的贡献。①

从图2的数据描述可以概括几个初步的发现。第一，至少从这个横截面数据看，库兹涅茨曲线是不成立的：既不存在随收入提高呈现的收入不均等程度上升的现象，也没有一个自然而然的转折点。第二，虽然总体而言在每一个发展阶段，收入分配状况在国家之间存在差异，但是，也可以看到收入分配状况与发展阶段有一定的关系，主要是在中等偏上收入及以后阶段才显现。如前所述，中等偏上收入阶段是一个易于受困在中等收入陷阱的发展阶段，而经济增

① 需要注意的是，这里也显示出国家（特别是中等偏上收入国家）之间的分化：随着人均收入提高，一些国家收入分配状况得到改善的同时，另一些国家却没有显示出收入分配状况的改善。

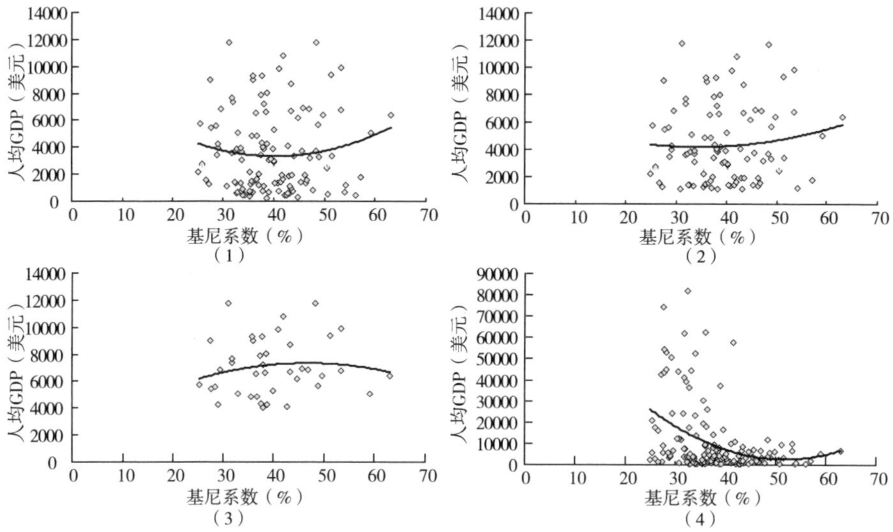

图 2　发展阶段与收入分配状况

资料来源：World Bank，*World Development Indicators*，世界银行官方网站：https：//data. worldbank. org/。

长减速和收入分配恶化是这一陷阱的两个基本表现。第三，高收入国家呈现较小的收入不均等，实际上是经过税收和转移支付后的基尼系数，标志着再分配的作用和重要性。

结合第二和第三个发现可以得出结论：在特定的发展阶段（这里主要指进入中等偏上收入阶段之后），再分配政策需要介入收入分配过程和基本公共服务供给领域。在中等偏上收入阶段乃至临近高收入门槛时，传统增长源泉式微导致资本报酬递减现象严重化，正常情况下，一国的经济增长速度会加快其回归均值的节奏。做大蛋糕的速度放慢时，分好蛋糕愈显重要。然而，恰是造成增长减速的同样一些原因，也导致劳动力市场初次分配功能失灵，社会流动性下降，同时再分配政策尚未完善，使这个阶段易于受到收入差距扩大的困扰。

诚然，这个发展阶段显现的再分配倾向和实际政策措施，并不注定是沿着真正改善收入分配状况的方向。实际上，在蛋糕不再做大的情况下，重新分配蛋糕的做法往往还会受到既得利益和各群体相对政策谈判力的影响，在某些国家的博弈结果反而是进一步扩大了收入差距。然而，这个现象同样说明，这是一个必须重视再分配政策本身和恰当选择再分配方式的发展阶段。随后我们将从中国的发展阶段出发，揭示社会发展领域面临的挑战，以便提出适合于中国国情的再分配路径和机制。

三、随发展阶段变化的中国社会流动性

可见，需要在分析中加入“发展阶段”这个视角，才能更好地理解经济发展和社会发展现象，合理解释其成败得失。中国的经验表明，在中等偏上收入阶段乃至临近高收入门槛之时，在经济增长丧失其传统源泉因而发生减速的同时，社会流动性和初次分配的分享性质也趋于减弱。

改革开放以来，中国经济高速增长的成果，主要通过劳动力市场机制得到了广泛的分享。这种发展的分享性质及其实现机制，与特定发展阶段和发展类型密切相关。

在20世纪80年代到21世纪前10年的时间里，中国处于一个有利的人口机会窗口期，即劳动年龄人口迅速增长，人口抚养比持续下降。相关领域改革通过清除劳动力流动的制度性障碍，把农业剩余劳动力和城市企业冗员吸纳到迅速成长的新就业领域，实现了资源重新配置。通过扩大对外开放，劳动力丰富的资源优势被转化为制造业的比较优势，进而在国际分工体系中赢得劳动密集型产品的竞争优势，同步实现了经济增长与就业扩大从而收入提高。

中国在国际分工中主要发挥劳动密集型产业的比较优势，意味着在国际贸易中以丰富的劳动要素与发达国家的资本要素和技术要素进行交换。① 从整体看，这种按照比较优势原则进行国际贸易的结果，意味着中国作为劳动密集型产品出口国，劳动要素的回报率得以提高，城乡劳动者通过劳动力市场初次分配机制分享了改革开放的发展成果。

具体来说，在有大量农业剩余劳动力和企业冗员的时期，虽然工资上涨较慢，居民收入主要依靠就业扩大和劳动参与率提高得到整体增长；而在刘易斯转折点到来之后，劳动力短缺改变了劳动力市场上的供求关系，提高了工人相对于雇主的谈判力，导致工资上涨从而增加了城乡居民收入。

随着中国延续30年（1980—2010年）的人口机会窗口迅速关闭，二元经济发展阶段最显著的劳动力无限供给特征也趋于消失。具体表现为，随着农业

① 20世纪80年代到21世纪前10年，中国对发达国家的货物出口占比始终在75%以上；同时，中国从发达国家进口的货物比重同样很高。但是，这两个比重都处于下降趋势。

剩余劳动力转移速度减慢，城乡就业扩大和资源重新配置都不再按以往的节奏进行，劳动密集型制造业的比较优势也加速减弱，国际贸易以发达国家为主要对象的特点也趋于弱化。

这些变化也反映在社会发展领域，不仅收入分配的改善速度减慢，社会流动性也趋于降低。我们可以从横向和纵向两个视角观察社会流动性及其变化趋势。社会流动性是一个有关各群体社会身份变化的复杂问题，涉及社会阶层结构格局、居民幸福感和对社会公正的认同，以及社会是否具有凝聚力等。通常，通过劳动者在劳动力市场上选择迁移空间即横向流动，个人和家庭实现自身、人口队列之间以及代际职业变化等纵向流动。后面将讨论一些相关显示性指标，在一定程度上揭示社会流动性的变化趋势。

改革开放以来，中国经历的刘易斯式二元经济发展过程，主要表现是以农业剩余劳动力转移为核心的大规模人口流动，由此导致产业结构和区域格局的巨大变化。1978—2018 年，农业劳动力比重从 70.5% 下降到 26.1%，城市化率从 17.9% 提高到 59.6%。然而，作为劳动力大规模转移以及人口变化的结果，近年来这个劳动力转移速度已经进入显著减慢的阶段（参见 Cai et al.，2016，图 3）。劳动力跨城乡、跨地区和跨部门横向流动速度的放慢，必然对职业、收入地位和社会身份方面表现出的社会纵向流动产生不利影响。

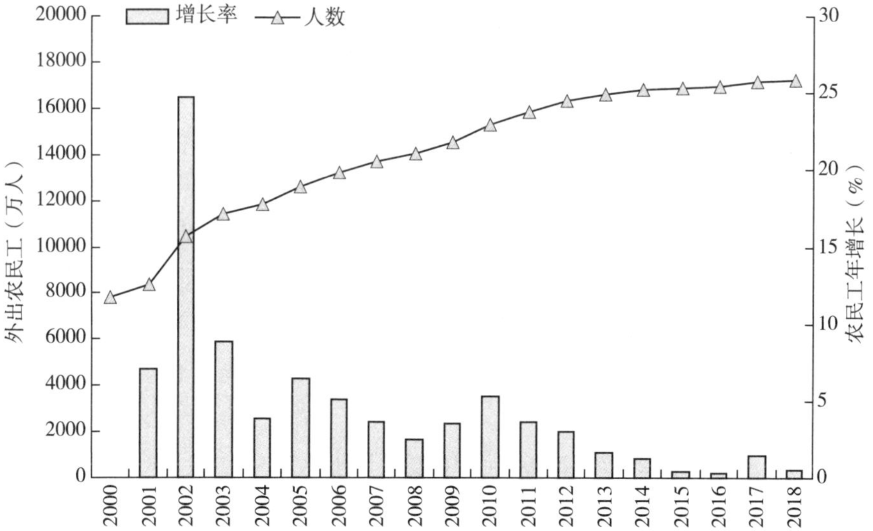

图 3　外出农民工增长趋势

资料来源：较早的数据估计见蔡昉（2016，第 30 页），更新的数据见国家统计局（2019）。

一般来说，在一个经济高速增长、产业结构迅速变化、教育水平大幅提高，以及劳动力大规模、大范围横向流动的发展阶段，职业结构趋于向人力资本含量和社会地位更高的水平提升，与此相应的变化也比较迅速，因而整个社会的流动性较强。同时，社会在创造更多向上流动机会的同时，并不以相同的概率使另一部分人向下流动（即向上流动多而向下流动），这意味着经济发展具有分享性，而社会流动具有帕累托改进的性质。

因此，我们可以抓住影响职业结构变化的两个重要因素，对社会流动变化趋势进行观察：一是产业结构升级优化，这是职业结构变化的需求侧因素；二是劳动年龄人口受教育程度提高，这是职业结构变化的供给侧因素。两者呈现较快的改善则促进了职业结构的高度化，相应导致社会纵向流动性的增强。

为了展示这个趋势，我们根据第五次（2000 年）和第六次（2010 年）人口普查数据计算了两个指标。第一是分年龄组的受教育年限，即根据分年龄组的受教育阶段，分别赋予其受教育年限数值，即“未上过学”为 0 年，小学为 6 年，初中为 9 年，高中为 12 年，大学专科为 15 年，大学本科为 16 年，研究生为 19. 3 年（按硕士生和博士生人数的加权平均值计算）；第二是分年龄组的职业高度化指数，即计算每个年龄组中职业被定义为“专业技术人员”和“办事人员及相关人员”的合计占全部就业人员比重。从这两个指标，既可以观察十年间受教育程度和职业构成的变化，也可以观察在同一时点上，受教育程度和职业构成的年龄分布。

如图 4 所示，我们可以从数据中得到两个重要的观察结果。首先，2000—2010 年劳动年龄人口的人力资本水平（人均受教育年限）和职业高度化水平（专业技术人员和办事人员或简称“白领职业”占全部就业人员的比重），都得到显著提高。① 这是与这个时期的经济增长、结构变化和教育发展一致的。其次，从同一时点上的各年龄组比较来看，平均受教育水平随年龄提高而降低，相应的，职业高度化水平也随年龄提高而下降。由此可见，人力资本无疑是保障个人职业提升的正面且重要的影响因素，而人口老龄化会同时影响人力资本和职业变化趋势。

进一步观察，在 2002—2006 年，16 岁及以上人口中“白领职业”占比平均

① 在这一点上，中国因其经济和教育都处于高速发展而与发达国家不尽相同。例如根据研究，在英国的职业结构变化中，教育所起的作用并非决定性的（Goldthorpe，2016）。

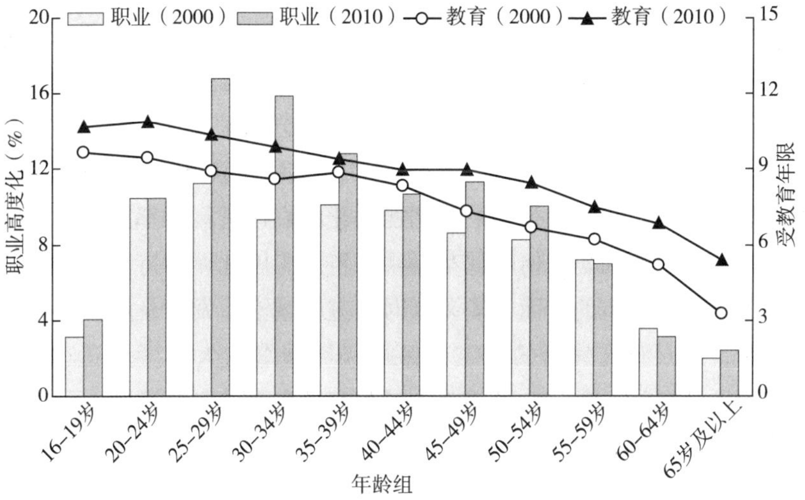

图 4　分年龄人群的教育水平和职业构成

资料来源：国家统计局网站：http：//www. stats. gov. cn/。

为 12. 5%，到 2012—2017 年，这个平均比重提高到 18. 9%。然而，随着促进职业结构升级的因素逐渐发生变化，可以预期职业高度化的过程可能发生减速。

前述与人口红利消失相关的因素变化，特别是在人力资本积累速度放缓的同时，继 2006 年以来制造业增加值占 GDP 比重下降，第二产业就业于 2012 年以后开始减少，劳动生产率较低的第三产业成为主要的就业吸纳领域①，都产生使职业结构升级势头减弱，进而使社会流动性下降的效应。

通常，根据一个社会所处的发展阶段或环境，社会流动就其性质来说有两种。其一，在高速成长和结构变化过程中，社会流动以正和博弈（从而帕累托改进）的方式发生。改革开放时期中国城乡居民对发展成果的分享，迄今为止主要以这种社会流动的方式进行。其二，在经济总量和产业结构都处于相对静态的条件下，更为高度化的职业位置日益变得有限，一些群体沿着社会阶梯的向上流动可能导致另一些群体社会位置的下滑，向上与向下成为社会流动性变化这枚硬币的两面，以相同的概率发生。

社会流动接近于以零和博弈的方式进行，相应则会产生一个社会流动的

① 例如，2018 年，第一产业、第二产业和第三产业的就业比重分别为 26. 1%、27. 6% 和 46. 3%，而劳动生产率（劳均增加值）分别为 3. 2 万元、17. 1 万元和 13. 6 万元。

“合成悖论”。也就是说，每个人和家庭都力争上游就形成这样一个局面：处于社会流动阶梯下端的群体力图打破既有格局的努力，与处于社会流动阶梯上端的群体力图维护既得利益的努力，在方向上相背而行，产生冲突，造成社会凝聚力与和谐性的降低。这种合成悖论反过来强化社会流动的零和博弈性质，造成收入分配状况恶化和格局固化，引起社会各阶层或缺乏获得感，或缺乏安全感。

人口规模扩大、经济增长和产业结构变化的高速进行，都只是特定发展阶段的现象，而社会流动是任何时代都必须保持的。因此，保持和提高社会流动性的途径不应该是唯一的，而是需要与时俱进。诚然，发展是解决发展中问题的根本办法，应对经济减速的问题，保持蛋糕继续做大无疑是正确的①；同时，我们随后将看到，通过改革消除中国现存的各种体制性障碍，可以显著提高社会流动性，更合理地分配蛋糕。

四、哪些体制性因素阻碍中国的社会流动?

社会流动性缺乏，不仅是收入差距持续扩大的根本原因，而且会使这种差距在代际传递，造成社会分层的固化，进而导致社会凝聚力的下降。因此，政府旨在缩小收入差距的政策努力，既包括实施累进税收和转移支付等再分配制度②，也应包括有利于促进社会流动的更广泛的社会政策。在目前中国，阻碍社会流动的最大体制障碍是城乡间、地区间、群体间享受基本公共服务供给的差异，而造成这个系统化差异的根本症结仍然是现行的户籍制度。

中国在形成计划经济体制初期建立的户籍制度，初衷是通过严格的人口居住地登记和分割性、排他性的基本公共服务供给，阻止人口的跨城乡和跨地区流动。在1958年户籍制度正式出台以后，除了上大学、参军和计划招工等有限机会外，居民极少有其他渠道跨地区迁移，其中城乡之间的迁移限制尤其严格。职业变更通道被阻断以及体制形成的城乡收入差距，使得计划经济时期的中国具有社会流动性极低的特征。

20世纪80年代中期以后，随着改革的推进和经济增长加速，劳动力跨城

---

① 针对发达国家情形，Wolf（2019）似乎就持这样的观点。

② 高收入国家较为合理的收入分配状况，实际上是在再分配上显现的。例如，剔除收入差距较大的智利和墨西哥后，其他OECD国家经过税收和转移支付调整后的基尼系数算术平均值，从0.473下降到0.306，降低幅度高达35.3%（作者根据OECD数据库官方网站https：//data. oecd. org/数据计算）。

乡、跨地区流动得到逐步放松，并在程度上和范围上不断扩大。但是，在户籍制度限制人口迁移和劳动力流动的初衷已被突破的情况下，原来服务于这个目的的那种割裂基本公共服务供给的体制，仍未实现根本性的突破，长期以来形成的二元社会结构也得以保留，不仅阻碍人口横向流动的彻底性，更由于造就了一个特殊的人口群体，固化了利益结构，产生抑制社会流动的效应。

这个特殊群体就是在城市居住和就业，却没有获得城市户口的农民工。2018 年，全国共有 1.73 亿离开户籍登记地所在乡镇的农民工，其中绝大多数在城市务工和居住。但是，这个群体仍然未能享受到平等的劳动力市场待遇和均等的基本公共服务。根据中国社会科学院人口与劳动经济研究所进行的城市劳动力调查数据①，我们可以观察在相关待遇上，农民工与具有本地户籍的职工之间的差异，以及 2010 年到 2016 年的改善幅度（表 1）。

表 1　城镇劳动力市场的差别对待

	2010		2016	
	农民工	本地劳动力	农民工	本地劳动力
周工作时间（小时）	57.0	43.7	55.2	43.9
月收入（元）	2158	2368	4839	5206
小时工资（元）	9.8	13.5	24.1	33.0
养老保险覆盖（%）	26.4	77.9	32.6	80.8
失业保险覆盖（%）	10.4	51.8	31.6	71.1
医疗保险覆盖（%）	26.3	74.1	37.5	82.6
子女在本市上学比例（%）	—	—	67	100
享受最低生活保障比例（%）	—	4.2	0.7	1.9

注："子女在本市上学比例"仅统计高中及以下情况；问卷中未询问城市劳动力子女的上学地点，均默认为本地。

资料来源：根据中国社会科学院人口与劳动经济研究所"中国城市劳动力调查"数据计算。

首先，农民工在工资获得方面因户籍身份受到歧视性对待。与具有城市户

① 2016 年下半年进行的第四轮中国城市劳动力调查（China Urban Labor Survey，CULS），系由中国社会科学院人口与劳动经济研究所组织实施，包括上海、福州、武汉、沈阳、西安、广州六个城市。调查收集到的有效样本涉及 260 个社区的 6478 个家庭和 15448 人，其中包括 3897 个本地家庭共 9753 人，2581 个外来家庭共 5695 人。调查采用分层概率抽样方法，样本对所调查的城市具有代表性。详见 https://www.culs.org.cn。

口的本地工相比，农民工的劳动报酬仍然系统性地偏低，改善并不显著。2016年农民工获得的小时工资仅为本地工的73%。虽然农民工往往通过加班的方式增加月工资收入，如他们每周实际工作小时数比本地工高26%，但仍不足以填补与本地工的收入差距。

以往的诸多研究表明，在农民工与本地工的工资差别中，有一个显著的部分可以归结为对户籍身份的歧视因素。例如，王美艳（2005）利用较早的CULS数据，在控制教育水平等人口特征之后，发现43%的工资差异可以用歧视性因素解释。

其次，农民工参加基本社会保险的比例明显偏低。例如，基本养老保险、失业保险和基本医疗保险对农民工的覆盖水平，分别仅相当于本地工的40%、44%和45%。这种状况也主要与农民工户籍身份造成的就业不稳定有关。其中三个重要因素分别为：（1）雇主不愿意为农民工参保，（2）农民工本人在企业参保和参加居民社会保险的意愿都不强，以及（3）很多农民工经由作为中介的劳务派遣公司实现就业，与派遣公司和就业单位都只有十分松散的关系。

最后，农民工在其他基本公共服务方面也缺乏均等权利。例如，享受城市最低生活保障的比例仅相当于本地居民的35%；子女在本市上学的比例仅为67%。另据国家统计局（2019）数据，从农民工子女就读的学校类型看，小学阶段82.2%在公办学校就读，11.6%在有政府支持的民办学校就读；初中阶段84.1%在公办学校就读，10%在有政府支持的民办学校就读。农民工在城市的住房情况是：购买住房的仅为19%，租房居住的占61.3%，雇主提供住房的占12.9%，仅有2.9%享受保障性住房。

五、结语和政策建议

正如在较高的发展阶段虽然发生减速现象，仍然可以通过增长模式的转变实现相对缓慢却仍然合理的可持续增长速度一样，合理规范初次分配过程，以“尽力而为、量力而行”的原则，从基本公共服务均等化入手实施具有中国特色的再分配政策，也可以保持社会流动性，扩大经济发展的分享性，从而不断提高居民福祉。

本文的分析揭示，中国面对的特殊挑战，一般意义上说，是社会流动受到现行体制格局的阻碍，更具体来说，是劳动力更充分流动和融合受到了户籍制度改革滞后的羁绊。鉴于此，在新的发展阶段保持和扩大社会流动性就会遇到一个悖论：一方面，实施再分配政策需要政府发挥更积极的作用；另一方面，改革的对象同时也是政府执行的现行制度。从以下方面着眼和入手推动政策调整，可望打破这个改革推动者与改革对象同为一身的两难。

首先，增强基本公共服务供给的普惠性，逐步剥离及至彻底割断户籍制度与公共服务供给的关联。在户籍制度被根本取消之前，地方政府应加快转向以常住（即在本地居住 6 个月及以上）身份为依据提供基本公共服务。目前，基本社会保险、最低生活保障、义务教育、政策性住房等基本公共服务，都是地方政府的责任。改变以户籍身份区分待遇的公共品供给方式，有利于打破阻碍社会流动的系统性障碍。

其次，强化中央政府对户籍制度改革相关成本的支出责任，提高中央与地方在改革推动上的激励相容性。突破户籍身份限制提供基本公共服务也好，推动以农民工市民化为核心的户籍制度改革也好，地方政府都面临着改革本身的外部性，形成改革的激励不相容问题。

户籍制度改革可以通过增加劳动力供给、创造再配置效率以及扩大消费，有利于经济增长（Lu et al.，2014），相应还可增加中央税、地方税和共享税收入。然而，这种改革红利并不能为某个特定地区独享，而户籍制度改革涉及的成本，却几乎全部由地方政府支出，因而造成后者对推动改革缺乏主动性。鉴于户籍制度改革对中国经济发展的巨大正外部性，中央政府买单是打破僵局的关键，也符合政策制定和制度安排的内在逻辑。

最后，完善公共财政体系，把地方政府推动经济发展的动机转化为促进社会发展的激励。一旦户籍制度及相关领域改革所涉成本由中央政府支付，地方政府显然可以从农民工市民化中获得净收益。进一步，如果合理界定公共财政的功能及其界限、完善政府财力和支出责任在中央和地方之间划分，使地方有必要的提供公共服务的能力、责任和自主权，同时又能避免地方公共品供给中的逐利性和恶意竞争，地方政府便会在公共品供给上提高水平、增强普惠性，以吸引移民①，各地政府的这种竞争则会疏通迁移通道，提高居民享受基本公共服务的数量和质量，进而加大社会流动性。

---

① 梯波特—麦奎尔模型（Tiebout-McGuire Model）描述的对应行为是：地方政府通过改变公共品供给倾向和力度有意识地吸引或排斥移民，居民则根据自身对公共品的偏好通过迁移选择自己生活的社区（Tiebout，1956；McGuire，1974）。

参考文献

Barro, Robert and Xavier Sala-i-Martin, 1995, *Economic Growth*, New York: McGraw–Hill.

Baumol, William J., 1986, Productivity Growth, Convergence, and Welfare: What the Long-Run Data Show, *The American Economic Review*, Vol. 76, No. 5, pp. 1072 – 1085.

Cai, Fang, 2016, China's Economic Growth Prospects: From Demographic Dividend To Reform Dividend, Cheltenham, UK: Edward Elgar.

Cai Fang, Guo Zhenwei, and Wang Meiyan, 2016, A New Model of Urbanism Will Help China Boost Growth, in Ligang Song, Ross Garnaut, Fang Cai and Lauren Johnston eds., *China's New Sources of Econoic Growth Vol. 1 : Reform, Resources, and Climate Change*, Canberra: ANU E Press, pp. 43 – 64.

Cai, Fang and Yang Lu, 2013, The End of China's Demographic Dividend: The Perspective of Potential GDP Growth, in Ross Garnaut, Fang Cai and Ligang Song, eds., *China: A New Model for Growth and Development*, Canberra: ANU E Press, pp. 55 – 74.

Eichengreen, Barry, Donghyun Park, and Kwanho Shin, 2011, When Fast Growing Economies Slow Down: International Evidence and Implications for China, *NBER Working Paper*, No. 16919.

Eichengreen, Barry, Donghyun Park, and Kwanho Shin, 2013, Growth Slowdowns Redux: New Evidence on the Middle-income Trap, *NBER Working Paper*, No. 18673.

Goldthorpe, John H., 2016, Social Class Mobility in Modern Britain: Changing Structure, Constant Process, *Journal of the British Academy*, No 4, pp. 89–111, DOI 10.5871/jba/004.089, 18 July.

Kuznets, Simon, 1955, Economic Growth and Income Inequality, *American Economic Review*, Vol. 5, pp. 1 – 28.

Lu, Yang and Cai Fang, 2014, China's Shift from the Demographic Dividend to the Reform Dividend, in Ross Garnaut, Fang Cai and Ligang Song eds., *Deepening Reform for China's Long-term Growth and Development*, Canberra: ANU E Press, pp. 27 – 50.

McGuire, Martin, 1974, Group Segregation and Optimal Jurisdictions, *Journal of Political Economy*, Vol. 82, No. 1, pp. 112 – 132.

Pritchett, Lant and Lawrence H. Summers, 2014, Asiaphoria Meets Regression to the Mean, *NBER Working Paper*, No. 20573.

Tiebout, Charles M. A, 1956, Pure Theory of Local Expenditures, *Journal of Political Economy*, Vol. 64, No. 5, pp. 416 – 424.

Wolf, Martin, 2019, Hypocrisy and Confusion Distort the Debate on Social Mobility, *Financial Times*, 3 May.

国家统计局（2019），《2018 年农民工监测调查报告》，国家统计局官方网站：http://www.stats.gov.cn/tjsj/zxfb/201904/t20190429_1662268.html，最后浏览日期为 2019 年 5 月 2 日。

王美艳（2005），《城市劳动力市场上的就业机会与工资差异——外来劳动力就业与报酬研究》，《中国社会科学》第 5 期，第 36—46 页。

印德尔米特·吉尔、霍米·卡拉斯等（2008），《东亚复兴：关于经济增长的观点》，北京：中信出版社，2008 年。

前沿

Guide

Comparative

区块链革新与智能合约的经济影响

丛林　何治国

区块链，一类具有去中心化特征的分布式账本技术，从作为比特币这一加密货币的支撑技术之后得到广泛普及。此后，它虽以各种形式出现，但通常具有存储数据和执行计算机程序的功能，该功能使得它在其他很多方面也得到了广泛应用，如智能合约、具有防篡改功能的支付技术，以及通过首次发行货币的融资等。业内很多人认为，区块链技术有望像互联网重塑线下商业那样颠覆

---

* 丛林（Lin William Cong），美国康奈尔大学 SC Johnson 商学院 Rudd Family 商业管理讲席教授，金融学副教授及金融科技计划主任，Kauffman 创业基金会青年学者，华尔街区块链联盟顾问，中国基金业协会特邀讲师，美欧经济金融协会和计量经济协会等多组织成员。研究领域包括金融经济学、信息经济学、金融科技、商业和经济学中大数据人工智能应用、创业学和中国经济。何治国，美国芝加哥大学布斯商学院 Fuji Bank and Heller 金融学讲席教授，清华大学经济管理学院阿里巴巴公益基金特聘教授，美国国民经济研究局教授研究员。主要研究领域为银行和公司金融、金融市场和危机、资产定价、契约理论、中国金融市场和金融科技。
本文翻译和改编自“Blockchain Disruption and Smart Contract”，原文起稿于 2016 年初并被*Review of Financial Studies* 接受发表于 2018 年 5 月。作者在原文创作和本文编译中都深刻意识到区块链技术及其商业应用日新月异，所以文中提到的例子或者趋势估测可能与最终的实际发展不符。但是，其严谨分析中反映的经济力量以及机制应该是超越区块链具体实现方式和时间而通用长存的。作者感谢 Matthieu Bouvard、Alex Edmans、Andreas Park、Maureen O'Hara、Edward “Ned” Prescott、Hongda Zhong 以及匿名审稿人对本文极富洞见的讨论。感谢 Jingtao Zheng 出色的研究助理工作，该工作对于形成本文初稿有着非常重要的帮助。感谢 Susan Athey、Tom Ding、Itay Goldstein、Brett Green、Campbell Harvey、Gur Huberman、Wei Jiang、Andrew Karolyi、Jiasun Li、Minyu Peng、Chung-Hua Shen、Dominic Williams、David Yermack 等人（转下页）

现有的商业与金融服务。但很多人也对该技术真正的创新性与适用性保持怀疑，就更别提它经常与洗钱和贩毒交易相关了。① 图1左边的谷歌搜索指数显示出近些年来区块链技术的迅速普及，右图显示出与区块链和智能合约相关的开源项目在过去几年间经历的快速增长。

图1　区块链与智能合约的趋势

注：左图显示了谷歌相对搜索指数，绘制了每个条目在时间序列上相对于其峰值（标准化为100）的变化情况。右图显示了从2013年1月到2018年4月，Github（全球编码程序的一个主要开源开发平台）上关于区块链和智能合约的项目数量。

本文认为，尽管关于区块链和分布式账本有着非常多的定义、描述及其应用，但是该技术以及它的各类化身都有一个共同的核心功能，即提供“分布式共识”，也可以称作“去中心化共识”。分布式共识是对世界状态的一种描述，该状态被系统中的所有参与者一致性接受并据此采取行动，如货物是否交付、支付是否完成等。经济学家一直认为，共识就好像提供了“真理”一样，它让持有不同观点和动机的参与者得以互动，这对包括道德、合同签署以及法

在芝加哥大学布斯商学院、哈佛商学院、圣母大学门多萨商学院、香港中文大学经济学院、蚂蚁金服、美国经济学会年会、美国国民经济研究局证券市场竞争与产业组织研究中心、金融研究评论金融科技研讨会、纽约大学斯特恩商学院金融科技会议、美国联邦储备银行（费城）金融科技会议、南加州大学FOM会议、第25届SFM会议、中欧国际工商学院行为金融学与金融科技论坛、SFS Calvacade亚太会议、AMAC金融科技与智能投资研讨会、TAU金融会议，以及美国国民经济研究局金融市场监管会议上提出的中肯建议和意见。原文受到中国国家自然科学基金（项目号71503183）的部分资助。

① 《经济学人》（2015）的一篇文章声称“比特币背后的技术可以改变经济运行”，Netscape的共同创始人Marc Andreessen甚至说：“就是它！分布式信任网络正是互联网一直需要但从未拥有过的技术！”（Fung，2014）然而，也存在批评区块链的声音，可参见Narayanan and Clark（2017）、Jeffries（2018）以及Stinchcombe（2017）。

律执行在内的诸类社会功能都具有重要意义。关键的是，这种共识是以去中心化的方式产生并维护的，由此区块链的倡导者认为，该技术可以提高系统的弹性、减少中心化第三方抽取的租金等。② 例如，在比特币的区块链上，参与者可以检查和验证历史交易记录，从而避免数字货币的“双重花费”问题，并且使每个人都不再需要一个值得信赖的中心化仲裁或第三方。③ 当然，我们所说的去中心化并不是非黑即白，而是相对于传统系统来说的相对去中心化。

在公有链、很多许可链与分散的记录者使用最新的技术进行互动，以达到分布式共识的过程中，产生了两种经济力量：一方面，得益于区块链的防篡改与自动化特征，程序化分布式共识的达成使得对或有事件的合同订立变得更加容易；另一方面，形成上述分布式共识需要大量的信息分发进行验证。一个很直接的结果是，区块链在应用过程中伴随着“分布式共识”与“信息分发”之间的根本冲突。前者增强了合同的可缔约性、改善了社会福利，而后者可能对社会有害。最近，一些媒体和行业研究也认识到了这一点。例如，2017 年加拿大银行在 Jasper 项目中指出：“更强大的数据验证需要更广泛的信息共享。而一旦系统的核心定义特征受到限制，信息透明与维护隐私之间的平衡就成为这类系统可行性的根本问题。”④

本文首次分析了区块链去中心化过程引发的这一核心冲突。正如我们在文献综述中更详细地讨论的，区块链与经济相关的研究领域有两个：（1）生成和维护分布式共识的区块链机制；（2）区块链技术运用对真实世界的影响。通过强调区块链技术中普遍存在的权衡问题（而不是分析比特币协议中特定的策略性挖矿博弈）以及研究该技术对产业组织的影响，本文在这两个前沿领域上都有所贡献。

首先，我们提供了一个简单的框架来思考在贸易金融中区块链是如何帮助达成分布式共识的。与现实世界中的第三方仲裁者相似，区块链的记录者会收

② 正如比特币创始人中本聪所言，“由于 20 世纪 90 年代以来，与电子货币有关的公司纷纷倒闭，这让很多人很自然地认为电子货币是一项失败的事业。而我认为，正是这些系统的集中控制性摧毁了它们。比特币是我们第一次尝试一个不基于信任的去中心化系统。”

③ 简称“双花问题”（double spending），是数字货币系统的潜在缺陷，它是指在对历史交易记录缺乏共识的情况下，一个相同的电子货币可以被多次使用。该问题的产生可能是由于电子记录被复制或者伪造。

④ 参见 Gillis and Trusca（2017）以及 Chapman et al.（2017）。de Vilaca Burgos et al.（2017）同样强调了这一点。

到有关真实世界状态的信号，但他们也存在误报（篡改或操纵）信号的动机。在快速发展的实时通信技术的帮助下，一份精心设计的区块链协议可以有效地降低个人操纵和误报信息的可能，从而使信息的聚集更加有效。与传统合同相比，区块链技术可以帮助产生分布式共识，从而更好地反映真实世界的或有状态，并使或有合同的订立变得更加容易。但是，有效共识的形成取决于分散的记录者观察和接收到更多的信息。⑤ 尤为重要的是这一信息分发过程会改变信息环境，从而改变区块链参与者的经济行为。

其次，我们分析了区块链技术对市场竞争和产业组织的影响。具体而言，我们的模型中有两个诚实型在位者卖方，以及一个可能为诚实型进入者卖方。诚实型卖方总是会交付货物，而欺诈型卖方则不会。在每个时期，买方以固定的概率集体出现（显示了集中化的市场行情），根据卖方报价决定是否购买商品，随后退出市场。每个卖方仅可以观察到自己的顾客，而不能观察到其他卖方提供的报价及其客户情况；我们将这一经济环境称为“传统世界”。根据格林和波特（Green and Porter，1984）的研究，在传统世界的经济环境中，行为人之间不能进行有效的信息沟通。

在传统世界中，一方面，由于合同的不完备性，卖方无法根据货物是否成功交付而进行市场定价，此时由于柠檬问题（也就是次品问题）的存在，市场进入不会发生。另一方面，在均衡的时候，两个在位者很可能会达成合谋。然而，由于在位者卖方无法区分是买方没有出现还是另一个卖方窃取了其市场份额，因此激进的价格战会经常发生，使得在位者卖方之间的合谋变得很难维持。

相比之下，通过分布式共识，区块链技术使得行为人能够根据服务结果签订合同并自动进行附条件的转账。在“区块链世界”中，诚实型进入者现在能够充分证明其诚实性，并进入市场。这消除了信息不对称，加强了竞争，改善了社会福利和消费者剩余。即使在假定卖方质量为私有信息的情况下，我们仍然发现，分布式共识可以缓解关于服务质量的信息不对称，从而提升消费者剩余和整体福利。

但是，如前所述，分布式共识形成的过程中，也不可避免地会使记录在区块链上的整体服务活动更容易被观察到，进而促使卖方之间形成隐性合谋。与

---

⑤ 部分信息可以被加密。在公有链（如区块链）中，共识一般由所有用户一起形成。

传统世界中的卖方无法观察到其他人的经济活动不同，在区块链世界中，卖方通过充当记录者，可以有效地推断出区块链上的整体服务活动，因此能够在任何合谋均衡中完美地发现违背合谋的行为。与该直觉一致的是，我们的确发现，相对于传统世界而言，在只有在位者可以参与的区块链上，卖方之间总是更有可能维持合谋均衡。

由此，本文的模型刻画了由区块链技术导致的潜在的竞争增加与合谋加剧之间此消彼长的关系。更为一般化地，我们发现，在引入区块链（在位者和进入者均可在链上）和智能合约之后，可能的动态均衡结果集合被扩大，与传统世界相比，区块链世界中均衡的社会福利和消费者剩余可能会更高或更低。

本文的发现与现在广泛存在的对区块链可能严重危害市场竞争的担忧如出一辙，尤其对于以强大的金融机构为专属会员的许可链而言，这一发现尤为重要（Kaminska，2015）。本文强调了区块链可能会造成合谋的重要机制，并探究了模型的政策含义。例如，一个经常被忽略的监管方案是：对区块链的使用者和共识生成者予以分离，这样卖方就不能通过使用与共识生成相关的信息来达成合谋。

通过从经济和金融角度对区块链和智能合约进行概念化描述，本文旨在证明区块链不仅仅是降低数据存储成本或共享成本的数据库技术，相反，它对于共识生成、产业组织、智能合约设计以及反垄断政策等也具有深远的经济含义。总之，本文证明了在区块链降低信息不对称、促进市场进入的同时，也同样会导致更多的合谋行为。

本文的研究对于区块链这一新兴领域的文献具有重要贡献，目前，该领域文献主要来自计算机科学家。在与经济相关的区块链研究中，主要包括两方面：（1）用于生成和维护分布式共识的区块链机制；（2）区块链技术对真实世界的影响。第一个领域又可以进一步分为两类：一类是分析区块链共识形成的一般过程，强调去中心化过程中的权衡取舍等；另一类则是分析博弈论中行为人的互动，其中包括区块链协议（例如比特币挖矿协议）中激励条款的设置与市场微观结构等。目前大多数研究都集中于后一类研究，而本文在补充第一类研究的同时，也丰富了区块链技术对实体经济影响的文献。作为最早描述各类区块链和智能合约在经济和商业环境中应用的论文，本文也对之后的学术研究提供相关的制度背景参考。

在关于区块链技术的应用与经济影响的研究中，哈维（Harvey，2016）对于加密金融的机制和运用进行了早期综述。⑥ 耶马克（Yermack，2017）评估了区块链技术对公司治理的潜在影响。与本文关于智能合约的讨论相互补充的文献有巴托莱蒂和蓬皮亚努（Bartoletti and Pompianu，2017）的研究，两位作者运用实证研究方法，验证了智能合约在各种区块链平台上是如何被解释和编程的。而本文通过仔细考察区块链的典型特征，分析它们如何与信息不对称相互作用，以及如何影响市场竞争这两大重要问题，对区块链在智能合约上的应用进行研究。

与本文关于分布式共识形成机制的分析相关的，是对比特币挖矿博弈的研究。克罗尔等人（Kroll et al.，2013）指出，比特币矿工遵循的“最长链条规则”，本质上是一个纳什均衡。比艾等人（Biais et al.，2019）一般化了挖矿博弈并分析了多重均衡的情况。⑦ 不同于研究特定的区块链协议（如比特币），或研究矿工之间的策略性行为或市场微观结构，本文以全局化的视角分析了区块链的一般化特征，并直接关注去中心化过程中的信息分发如何影响分布式共识的质量。与之相关的，阿巴迪和布伦纳梅尔（Abadi and Brunnermeier，2018）的研究表明，在许多区块链中，市场进入都会提高竞争程度，从而对用户产生正向效应。更重要的是，去中心化这一区块链的核心功能同时具有优势和劣势。在信息分发过程中形成的力量会使本应该去中心化的系统反而变得更加中心化。此外，在本文中，我们关注的是信息渠道，而丛林等人（Cong et al.，2018a）关注的是风险分担渠道和矿池的产业组织。陈龙、丛林和肖弋舟（Chen et al.，2019）对区块链和分布式系统的经济研究和未来发展做出了归纳总结。

本文对合谋的分析还补充了有关产业组织和有监督的重复博弈等方面的文

---

⑥ 其他关于区块链运用的文章包括：Malinova and Park（2018）对于交易的研究；Tinn（2018）对于时间戳与合同订立的研究；Cao et al.（2018）关于审计的研究；Chiu and Koeppl（2019）以及 Khapko and Zoican（2018）关于清算的研究；Cong et al.（2018b，c）关于加密代币的估值和平台发展的研究。

⑦ Eyal and Sirer（2014）以及 Nayak et al.（2016）研究了比特币区块链中含有挖矿者发起的扣块攻击的“自私挖矿”，以及相关的“顽固挖矿”。Easley et al.（2017）以及 Huberman et al.（2017）分析了比特币系统的交易费用，并探讨了在挖矿和交易中伴随的低效率和基础设施融资拥挤等问题。Cong et al.（2018a）分析了矿池如何加剧了挖矿军备竞赛和能源消耗，以及与之相关的产业组织问题。

献（可参见 Tirole，1988）。我们在模型构建部分借鉴了波特（Porter，1983）以及格林和波特（Green and Porter，1984）的研究，他们使用古诺模型研究了不完美公共监督下的合谋。最近波伏瓦等人（Bourveau et al.，2017）实证研究了合谋如何影响企业的金融信息披露（本文称之为信息分发）。本文使用伯特兰德模型，通过将技术创新背景下有监督的重复博弈与其他可观察到或可订立合同的信息联系起来，从而对合谋行为进行研究。⑧

1. 区块链的分布式共识

众所周知，区块链有很多功能，如分布式数据存储、数据匿名、数据混淆和共享账本等。由于除区块链之外，解决这些问题的方法众多，所以尽管区块链在这些方面有着很重要的影响，但这只是它的附加功能。本文致力于探讨区块链的核心功能，即提供分布式共识。因此，本文的模型并不适用于某些使用传统中心化方法形成共识的私有链或许可链。换言之，本文不分析各种协议的技术细节或技术带来的好处，而是强调分布式共识的经济含义，以及去中心化过程中伴随的信息分发。

在本节中，我们首先概述区块链这一技术，强调该技术的核心功能在于形成分布式共识，并分析该过程中可能引发的权衡问题。随后，我们对分布式共识的形成和信息分发过程建模，并探讨区块链技术在金融行业中的各类应用。

1.1 区块链与智能合约

关于区块链的研究可以追溯到 20 世纪 90 年代（Haber and Stornetta，1990）。然而，直到 2008 年，由于中本聪应用区块链技术提出比特币这一加密货币之后，才让这一概念变得非常流行（Satoshi Nakamoto，2008）。⑨ 区块链最简单的形式就是一个分布式数据库，该数据库以“区块”为单位，对不断

⑧ 本文关于稳定性均衡的分析与 Fudenberg and Maskin（1986）的研究相关；本文关于区块链和智能合约在金融服务和交易中的应用与最优合同理论相关，尤其是与信息不对称和不完全信息下的最优合同理论相关（可参见 Baron and Myerson，1982；Hart and Moore，1988；Tirole，1999）。

⑨ Böhme et al.（2015）对比特币的设计原理、特征、风险和监管等方面进行了综述。Narayanan et al.（2016）对比特币的技术细节进行了深入分析。正如“施蒂格勒的命名法则”中揭示的那样，关于比特币的内涵和法则早在很久之前就被人提出，中本聪只不过是将各种因素汇集在一起而已。具体内容可参见 Narayanan and Clark（2017）。

增长的公共交易记录进行自动维护，从而防止公共信息被篡改或修订。每个区块都包含一个时间戳，及其到前一个区块的链接。此后，市面上又逐渐出现了其他形式的区块链，它们在排他性、透明性和记录维护方面各有不同。

所有类型的区块链都不同程度地旨在创建一个数据库系统，在该系统中，各个参与方都可以用去中心化的方式维护和编辑数据，而没有任何个人可以对系统进行集中控制。因此，区块链架构的一个重要特征就是，它能够以一个统一的视角更加有效地维护世界发展的状态和事件发生的顺序，即共识。

共识对于许多经济功能和社会功能至关重要，它为共享和信任同一账本的每个人带来的好处显而易见。在有共识的情况下，问题的解决不再需要若干天，柠檬问题和欺诈问题可以被有效缓解，公共记录列表也会被不断更新，这些结果都非常有可能改变参与者的事前动机。在传统世界中，法院、政府、公证机构等为我们提供了这样的共识，但该共识的实现通常需要很多的劳动力投入，不仅成本较高，而且易于出现篡改、垄断等问题。从这点上考虑，尽管有些人提出区块链在电力消耗、信息分发（本文关注的重点）等方面存在劣势，但区块链的支持者仍然认为该技术通过实现分布式共识可以对现在的很多行业起到颠覆作用。

1.1.1 分布式共识

为了在不完全依赖某个中心化权威下生成并维持分布式共识，区块链协议在设计的时候，就需要对分散的区块链记录者做出的负责又准确的记录工作进行奖励，奖励机制的设计通常符合激励相容约束。从某种意义上说，尽管在不同的项目和应用中，区块链的算法各不相同，但所有的分布式共识本质上都是不同形式下的“多数表决”。

工作量证明（Proof-of-Work，PoF）和权益证明（Proof-of-Stake，PoS）是维护共识的两个重要设计。工作量证明用来奖励那些通过解决复杂密码难题从而验证交易并创建了新区块（即挖矿）的记录者。它防止诸如拒绝服务（Denial-of-service，DoS）之类的攻击，并确保一旦有一个人观察到账本的有效状态，在该区块之前的交易就不能被拒绝。通过这样的设计可以保证参与者对交易的有效性达成防篡改的可靠共识，因为一旦存在恶意实体想篡改交易记录，他就必须具备足以与整个现有网络竞争的算力。不同于工作量证明，在权益证明中，哪一个账户是下一个区块的创建者取决于账户拥有的原始加密货币

（即权益）。此外，其他比较有名的设计包括实用拜占庭容错算法（Practical Byzantine Fault Tolerance，PBFT）、股权授权证明（Delegated Proof-of-Stake，DPoS）等。⑩ 本文并不打算对具体的设计进行比较，而是打算将分布式共识算法进行抽象并加以建模，以期对现有的大多数算法设计都有所启示。

虽然许多算法的设计在当前看来都不够完美，但与过去相比，这些算法已经有了非常大的提升。例如，虽然区块链上发生过几起黑客攻击事件，比特币也因为浪费电力而受到批评，但各方已提出通过改进协议设计和进一步分权等建议来解决这些问题。⑪ 此外，从业人员也正在积极地研究另一个问题，即在修改区块链协议时缺乏有效共识，而该问题会导致用户在选择遵循哪些区块链时造成分叉和暂时混淆。

1.1.2 智能合约

智能合约的概念最早是由尼克·萨博（Nick Szabo）在1994年构想出来的（可参见 Tapscott and Tapscott，2016）。尽管智能合约尚未有一个被大家公认的定义，但关于它的核心功能却是明确的，即低成本传输，或基于分布式共识实现的自动化传输。上述事实使得智能合约天然就有一个功能性定义，即智能合约是数字化合同，它允许合同中的条款可以基于防篡改的分布式共识而自动执行。

本文对智能合约的定义与法律学者对它的定义（Lauslahti et al.，2016；Szabo，1997，1998）基本一致。值得一提的是，智能合约并不只是数字化合同（许多数字化合同依赖于中心化的权威机构实现共识，进而决定是否执行），也不需要人工智能（相反，他们非常像机器人）。

如果没有分布式共识，那么提供共识的一方通常拥有巨大的市场势力（如拥有数据垄断权力的第三方）。而传统的第三方，如法院或仲裁机构，通常需要很多难以用算法处理的人工干预，这可能会更大程度地导致较高的不确定性和执行成本。相反，智能合约可以增加合同的可订立性，便于以自动化算

---

⑩ 股权授权证明（DPoS）与权益证明（PoS）的工作原理基本一致，除了在DPoS中，个体可以通过投票的方式选举一个首要用户，从而让该用户代为执行自己的股权。实用拜占庭容错算法（PBFT）在处理恶意节点的时候使用的是稳健的同步协议。

⑪ Lighting是在比特币区块链基础上构建的一个数字货币系统，它通过大幅降低在区块链上加载的信息从而增加了系统算力。初创公司BOINC也通过输送算力致力于解决科学问题来减少挖矿的资源浪费。

法和无冲突的方式交换金钱、财产、股份、服务或任何有价值的东西。[12]

区块链达成的分布式共识能大大减少不能合约化的或有事件的范围，而这也正是不完备合同理论中备受关注的一点（Hart，1995）。尤其是，智能合约可以提高附条件合同的可签约性与可实施性，适用范围可以是基金赎回的锁定期要求，也可以是进口商在收到货物之后的自动转账等。换句话说，合同可订立性的增强需要更多的信息分发，而该过程对总体社会的影响远非显而易见。

1.1.3 信息分发

达成分布式共识需要将信息分发给系统中的部分参与者。无论是从实践还是从监管的角度看，信息分发伴随的经济权衡都非常值得关注。就比特币而言，生成并维护共识的方式是将所有交易信息（使用公钥加密的所有者地址）分发给区块链上的所有用户，因此共识中记录的所有交易细节（除身份信息之外）都是公开信息。在推动区块链在现实世界应用的过程中，一个很直接的问题就是如何保护商业隐私。例如，金融机构通常不愿意向其他无关方透露交易细节；交易者也希望隐藏自己的身份以防止被抢先交易等（Malinova and Park，2018）。此外，正如本文讨论的，更多的信息分发还可能影响产业组织和市场竞争等。

面对分布式共识与信息分发之间的权衡，很多人提议在分布式共识形成的过程中运用更先进的加密技术从而更加有效地隐藏敏感信息。例如，有学者（Cao et al.，2019，2020）提供了在审计领域的应用、经济影响和技术实施方案。另一个直接的折中方案是，只在部分重要状态的子集上达成分布式共识，或要求对区块链网络中较少的节点（记录者）进行状态验证。[13] 除了隐私问题以外，信息分发还会带来哪些问题？这些问题会降低区块链共识的有效性吗？现有的研究在这些方面还知之甚少。

---

⑫ 尽管关于智能合约的一个更弱的定义要求中心化的一方执行合同，但是拥有共识仍然能够显著地降低合同在订立和执行过程中的摩擦，如最近佐治亚州通过使用智能合约进行土地注册等（Weiss and Corsi，2017）。

⑬ 如 Aune et al.(2017) 讨论了如何使用第一阶段哈希运算来确保时间优先，此时交易者无须披露交易细节，也不用在之后披露交易信息。该做法可以防止其他人在交易被记录到分布式账本之前抢先交易。与该技术直接相关的是计算机科学中的“零知识证明合约”，该合约允许参与者在不披露任何细节信息的情况下就某些事实达成共识。

1.2 分布式共识与信息分发的模型

我们构建了一个简单的经济学模型来描述分布式共识的机制，强调记录者在其中发挥的作用以及在该过程中不可避免的信息分发。模型设定以区块链在贸易金融中的应用为背景，该场景被大家广为熟知。

1.2.1 贸易金融的例子

想象如下场景：对很多国际出口商（卖方）而言，他们需要在运送商品时格外小心（如红酒，运送温度对于保持红酒的品质而言非常重要）。能否成功地将这些商品卖给进口商（买方）需要许多其他相关各方的参与，如物流提供商、国际港口、公证机构、金融中介等。

下面我们将分析在卖方将商品运送给买方的过程中，信息流是如何形成共识的。图2中我们使用 $\tilde{\omega}$ 代表商品运送过程中的一种或有状态。参与交易的各方，如卖方和买方，可以通过点对点的信息收集来监督商品的状态（如地点、运输温度等）。上述信息收集工作可通过传感器、智能输入设备、实时数据处理或更为一般化的物联网（Internet-of-Things，IoT）来完成。为了更好地进行监督，物联网的传感器还可以安装在任何与物流相关的其他参与方上。这样，买卖双方就可以全程收到关于商品运送的信息。

区块链上的其他各方可能也会接收到相关的信息，这些信息可以帮助买卖双方更好地监督商品的运送过程。如其他卖方也可以安装物联网传感器，从而更有效地监督商品的交付状态。即使没有安装物联网传感器，对于在同一港口收取其他商品的其他买方而言，他们也可以收集到有关该商品移交的信息。此时，这些信息还没有被记录在区块链上。值得指出的是，（通过物联网和提供离线信息的价值中介“Oracles”）信息上链是当前智能合约发展的主要挑战和瓶颈之一，许多技术细节有待解决。⑭

区块链上很重要的一步，就是要生成关于“该商品是否已被成功交付”的分布式共识，这就需要联系区块链上的验证者，通过汇总他们收集到的信息，让商品的状态被整个社区知道和承认，进而才能将这些信息记录在区块链上。在本文关于贸易金融的例子里，信息收集过程中需要联系买卖双方、物流提供方、港口等相关各方。此外，还需要联系其他装有物联网传感器的卖方，

⑭ 关于物联网的应用和经济研究，Cong et al.（2019）提供了简单综述。

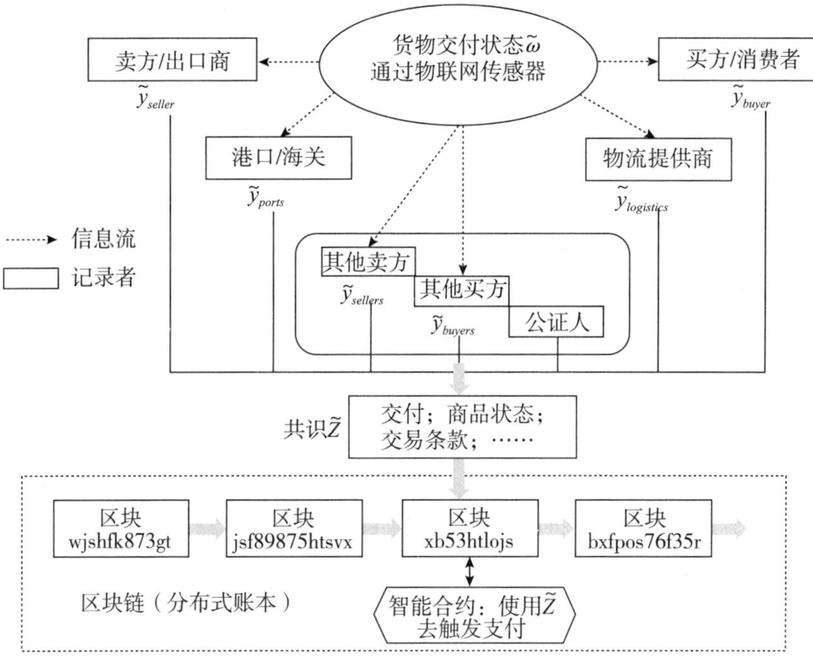

图 2　区块链在国际金融中的应用流程图

注：卖方将商品发送给买方，$\tilde{\omega}$ 代表货物是否被成功交付这一或有状态。通过使用实时的物联网技术，记录者可以监督商品的交付状态，并提交他们的信息报告 $\tilde{y}_k$ 。区块链协议将这些报告汇总在一起形成分布式共识 $\tilde{z}$ 。该共识与其他智能合约一起被储存在一个新的区块里，并最终被加入区块链中。

因为这些卖方在发生纠纷的时候可以较为专业地核验交付是否成功。在区块链的应用场景中，我们称这些被联系的参与人为“记录者”。被联系的各方可能不一定会真实地报告他们收集到的信息（本文的模型允许该情况的存在）。最后，其他买方也可以相互沟通信息，这是为了“一致性核查”的目的。

被联系的各方将他们各自收集到的信息 $\tilde{y}_k$ 提交到区块链上，随后区块链协议根据各方提供的信息 $\{\tilde{y}_k\}$ 生成分布式共识 $\tilde{z}$ 。这样，一个新生成的区块就被加入到之前的整个链条之中，正如图 2 的下半部分所示。而在更多区块被加进来之前，当前被新加入的区块需要通过一系列的检验，从而保证该区块的共识信息与之前区块链上的共识信息（可以理解为基于之前输入的信息而生成的共识）是一致的。⑮

⑮　正如在比特币的例子中一样，该处理方式涵盖了新加入的区块仍然需要进一步验证的情形，所以这里“新加入的”也可以理解为“敲定的”或“确定的”。

在这个例子中，其他卖方可以通过两种方式在区块链上接收信息，一种是通过他们自己装有的物联网传感器，还有一种是在被联系核查交易信息时接收到的额外信息。在我们看来，这两种方式有所不同，而第二种方式作为生成分布式共识的关键步骤，对区块链技术更为关键。暂且不谈信息分发导致的合谋，这些专业化的卖方接收的信息越多，形成高质量分布式共识的可能性也越大。需要提醒的是，信息分发存在一个下限：即便所有需要被验证的信息都被加密了，仅仅核查信息这一行为也可以透露一些信息（这一点至关重要，将会在我们的经济学模型中有所体现）。

1.2.2 模型设定

为了阐述去中心化如何在生成有效共识的同时导致更多的信息分发，我们现在将上述贸易金融的例子模型化。该模型分析对于公有链和使用分布式共识机制的许可链同样适用。我们的模型不是为了还原某一具体共识机制的细节，而是抽象刻画大多数机制的共同特征和经济学原理。

假设一份智能合约提及某一或有结果 $\tilde{\omega}$ ，该结果对应于商品或服务的交付状态。如果商品或服务成功交付，则随机变量 $\tilde{\omega}$ 取值为1，否则为0。我们用 $\tilde{z}$ 表示区块链上关于或有结果 $\tilde{\omega}$ 的分布式共识，$\tilde{z}$ 的取值范围同样为 $\{0,1\}$ 。

正如在贸易金融的例子中描述的那样，区块链的参与者在实时物联网技术的帮助下，可以接收到很多信息。⑯ 尽管我们可以设定参与人接收到的信息是否为真实信息 $\tilde{\omega}$ ，但是给定我们在其后会引入参与人报告虚假信息这一动机，该设定带来的复杂性就显得不太必要。（实际上，附录 A 在更为一般化的模型设定下考虑了这一可能的情况，并且使用多种线性模型证明了结果的稳健性。）

在实践中，为了形成分布式共识，区块链关联了一系列记录者，这些记录者都是分散化的区块链参与者（体现了区块链的去中心化特征）。⑰ 挖扩过程中保持对记录的共识是加密货币（如比特币、以太坊等）的重要特征。Ripple 和 R3 CEV 虽然使用它们自己的共识过程，但仍然依赖于众多的记录者。记录过程通常包括竞争、记录保存以及块后验证的分配等，它本身就是一个有趣的研究领域。

假设区块链协议关联了一组数量为 K 的潜在记录者，他们属于集合 $\mathbb{K}$ =

---

⑯ 显然，该技术并不适用于验证主观感受。

⑰ Zurrer（2017）的表 1 中更细致地展示了更多有关记录者的例子。

$\{1,2,\cdots,K\}$，所有记录者都具备同质性。简便起见，我们将共识的有效性记为 $-\mathrm{Var}(\tilde{\omega}-\tilde{z})$。⑱ 共识的有效性是许多金融科技公司广泛标榜的信任基石。

一旦被联系，每个记录者 $k\in\mathbb{K}$ 提交一份取值为 $\{0, 1\}$ 的报告 $\tilde{y}_k$，由此产生一个报告的集合 $Y=\{\tilde{y}_k\}_{k\in\mathbb{K}}$。正如我们在之后阐述的，记录者可能会谎报信息，即 $\tilde{y}_k\neq\tilde{\omega}$。更为一般化地，我们研究如下情形，在该情形下，共识函数为：

$$\tilde{z}(Y)=\begin{cases}1, \omega.p.\ \sum_k \omega_k \tilde{y}_k\\ 0, \text{其他}\end{cases}$$

记录者 k 报告真实信息的概率为 ω_k，ω_k 是非负数，且和为1。我们也假定当 $K\to\infty$ 时，$\omega_k\to 0$，以此来刻画去中心化这一关键概念。该共识函数表明，如果大部分记录者都报告了商品成功交付的信息，那最终形成的共识就更可能是商品交付成功。在模型中，我们关注去中心化的度量参数 K 如何影响共识的质量以及整个系统的信息分发。⑲

1.2.3 记录者的信息与信息误报

假设区块链上每个记录者都观察到了 $\tilde{\omega}$ 的实现，即交付状态的实现。虽然关于比特币的支付验证通常涉及双重花费问题，并且要求有限的信息分发（如交易方的真实身份需要被隐藏），而对一般经济活动的信息验证通常更为复杂，并且需要更细致的信息。如许多贸易金融的区块链需要使用来自当地船舶、港口、银行和边境海关的信息以追踪商品的交付状态，这些信息的收集通常需要借用传感器或者物联网设备，而且交易细节也并非完全公开（例如，Corda 或者一些超级账本区块链）。⑳ 此外，记录者还可能会收到一些关于交易

---

⑱ 在现实中，共识的有效性取决于共识的目的以及共识在每个区块链中具体的使用情况。本文的设定从定性角度刻画了一个普遍特征，即参与者各方希望提高对真理反映的确定性。

⑲ 对于更一般化的设定 $\tilde{z}(y)=\tilde{z}(\sum_k \omega_k \tilde{y}_k)$，其中 $\tilde{z}$ 是在 $\{0, 1\}$ 内取值的函数，我们的结果仍成立，而且满足 $E(\tilde{z})$ 是可微和递增的性质。此外，当参数取值为0或1时，函数也相应地取值为0或1。这意味着，如果记录者的报告全部都是准确的，那么共识就反映了真实世界。这些要求与当前的区块链协议基本一致。

⑳ 对于更复杂的商业情形，记录者很可能只能观测到关于真实世界的含有噪音的信息。此外，其他关于区块链公共信息披露的规则也可能会影响记录者的信息质量，进而影响分布式共识的质量。我们在附录 A 中通过引入一般线性模型，从而对这些问题进行探讨。

的额外信息。例如，IBM 目前正在开发为记录者提供更多发运货状态信息的贸易金融区块链，其背后的原因就是为了生成关于货物是否已交付的共识记录，这就需要与链下的合作、与货运公司的交叉验证以及进出口控制等。

记录者还可能有谎报信息的动机，如在贸易金融的例子中，记录者可能是参与交易的相关方；在比特币的例子中，矿工很可能会为了“自私挖矿”或双重花费而隐藏自己的私有信息。[21] 此类动机在传统世界中也可能存在，如商业仲裁者可能会偏袒某个当事人，传统在线支付面临着双重花费问题（也正是这个问题激发了比特币最初的诞生）。事实上，媒体和从业人员的讨论主要集中在区块链如何帮助减少信息篡改、操纵以及黑客攻击等方面。

在本文的简化模型中，我们假定每个风险中性的记录者提交一份y_k 的报告，从而最大化其标准化效用函数 $U(y_k;Y)$，具体地，记录者面临的最大化问题如下：

$$\max_{y_k \in \{0,1\}} U(y_k;Y) = b_k \cdot \left|\tilde{z}(Y) - \tilde{\omega}\right| - h_k | y_k - \tilde{\omega} | \tag{1}$$

其中 b_k 和 h_k 是正数，对于所有的 k 而言，这两个系数都一致地有上界并且以 0 为下界。b_k 描述了记录者 k 从误报（当真实状态为 $\tilde{\omega}$ 时，报告的却是 $1-\tilde{\omega}$）中获得的收益。h_k 表示了误报的成本，该参数取决于贸易金融中不同的协议设计，h_k 可能是在一个区块链联盟中的名誉损失，也可能是在物联网传感器中伪造信号的成本。而在比特币的例子中，这一成本体现在不准确的记录需要更长时间才能得到确认，并且被逆转的可能性很高，就更不要提在工作量证明中篡改记录所需的巨大算力了。

1.2.4　信息分发和共识质量

每个被联系的记录者选择报告 y_k 从而最大化自己的效用，在均衡处，我们有：

$$\tilde{y}_k^* = \begin{cases} \tilde{\omega}, 若 b_k \omega_k < h_k \\ 1 - \tilde{\omega}, 其他情况 \end{cases} \tag{2}$$

由于在给定其他人的均衡策略的情况下，记录者 k 误报信息从而改变共识的可能性为 ω_k，所以误报的收益为 $b_k \omega_k$。而误报的成本为 h_k。此时，均衡的共识为：

---

[21] 在本文的模型中，虚假报告会产生信息噪音，而记录者被黑客攻击同样可能会产生噪音信息。

$$\check{z} = \begin{cases} \tilde{\omega}, \omega.p. \sum_{k \in \mathbb{K}^*} \omega_k \\ 1 - \tilde{\omega}, 其他情况 \end{cases} \tag{3}$$

其中 $\mathbb{K}^* \equiv \{k \in \mathbb{K}: b_k \omega_k < h_k\}$ 是真实报告的记录者的集合。分布式共识的质量为：

$$-Var(\tilde{\omega} - \tilde{z}) = -Var(2\tilde{\omega} - 1)\left(1 - \sum_{k \in \mathbb{K}^*} \omega_k\right)^2, 其中 \mathbb{K}^* \equiv \{k \in \mathbb{K}: b_k \omega_k < h_k\} \tag{4}$$

由于 $Var(2\tilde{\omega} - 1)$ 与 K 相互独立，因此，集合 $\mathbb{K}^*$ 越大，分布式共识的质量就越高。去中心化的好处体现为：被联系的记录者的数量（K）可以提高共识的质量。具体地，K 通过弱化每个记录者操纵信息的动机，使得真实报告的记录者的集合 $\mathbb{K}^*$ 逐渐地趋近$\mathbb{K}$。如当 $b_k = b > 0$、$h_k = h > 0$ 以及$\omega_k = 1/K$ 时，共识的质量与 $-\mathbb{I}_{\{K \leq \frac{b}{h}\}}$ 成比例，即 K 越大，共识的质量也越高。

对于更一般化的满足约束条件的 b_k 和 h_k，共识具有完美性，即当 $K \to \infty$ 时，$\tilde{z} = \tilde{\omega}$。本文的第 2 节将重点关注该情形，讨论在完美情况下，分布式共识如何改善合同的可订立性并增加市场进入（进而加强市场竞争）。此外，我们还将在第 3 节中讨论不完美共识。

1.2.5 与之相关的信息经济学文献

值得强调的是，本文的分析有别于将信息经济学应用于金融和贸易领域的现有文献。这其中最主要的区别在于：本文分析的区块链的核心功能，即记录者可以通过分发信息达成分布式共识，是“去中心化”的第一个阶段。这对应图 2 关于贸易金融的例子中，系统将交易双方、港口、其他卖方或买方的信息关联起来，共同创造了一个分布式共识的过程。随后，这一共识被进一步分发给区块链上的所有行为人，这涉及的是信息分发的第二阶段。

之前关于金融经济学的文献通常研究的是已有信息的分发，即信息分发的第二阶段。这之间最典型的就是关于信息披露及其透明度的研究，如美国关于公司债券市场信息披露的 TRACE 系统。[22] 虽然透明度会影响交易者的动机和市场运作的效率，但即使没有 TRACE 在事前和事后关于透明度的要求，交易行为和信息的聚集仍会发生。换句话说，在传统世界中，当更多的公共信息有

---

[22] 具体可参见 Goldstein et al.(2006) 以及 Bessembinder and Maxwell (2008)。此外，Bloomfield and O'Hara (1999) 同样发现做市商可以运用交易信息维持合谋。

害的时候，监管者或行为人可以选择分发更少的信息。

与此相反，本文强调了信息分发的第一个阶段：共识形成过程中的信息分发，该过程是分布式共识以及防篡改功能得以实现的重要环节。信息分发越多，共识的质量越高。这一点与查普曼等人（Chapman et al.，2017）的思想一致，他们也发现，为了减少信息分发而做出的限制去中心化的尝试，往往会降低系统操作的弹性，而操作弹性本应该是区块链技术相比于中心化平台的一个重要优势。

总体而言，共识的质量和信息分发的程度取决于具体的区块链协议，而叙述不同的共识机制或推导最优的区块链设计不在本文的讨论范围内。本文的主要工作是概述区块链在金融行业的应用，并强调去中心化过程中的信息分发问题。

1.3 区块链在金融行业的应用

区块链技术和智能合约在现实世界中得到了广泛应用，有时甚至超出了金融科技行业的范畴。本小节将主要讨论区块链在现实世界中的各类应用，这里的讨论不仅仅是区块链应用的概念证明。㉓ 熟悉区块链应用的读者可以跳过本小节，直接阅读本文的第1.4小节。

1.3.1 贸易和贸易金融

让我们回到本文第1.2节中关于国际贸易的例子，及与之相关的融资活动。根据WTO（世界贸易组织）近期的报告，国际贸易及其相关融资活动达到了每年10万亿美元以上。㉔ 尽管技术进步推进了众多金融服务领域的发展，但贸易金融很大程度上还是以纸张为基础的人工过程，它涉及世界各地不同司法辖区的众多参与者，而且在供应链上出现的人为错误与延误也时有发生。㉕一个进口商无法达成交易的原因可能是为其提供信用证的银行在出口商所在国家的知名度不高；而一个出口商无法提前获得融资的原因可能是银行担心货物

㉓ Bartoletti and Pompianu（2017）使用1673271笔交易分析了834份来自比特币和以太坊的智能合约。他们分析了智能合约的五个主要使用场景（金融、公证、游戏、钱包和图书馆），其中三个与货币转移和交易有关，其余两个与记录共识信息有关。超过2/3的用户使用智能合约进行资金的管理、收集或分配。

㉔ 如参见《2017年世界贸易统计报告》，https：//www.wto.org/english/res_e/statis_e/wts2017_e/wts17_toc_e.htm。

㉕ 小的供应商要等60—90天才能收到货款。缓慢的支付过程阻碍了它们获得流动性资金。

不能及时且成功地交付，担心进口商不能如期支付货款等。

区块链技术可以帮助缓解上述贸易摩擦。具体地，该技术可以提供两类解决方案。一类是货物流动，通过使用现代通信技术，如物联网、提供离线信息的“价值中介”（Oracles）等，区块链可以更好地跟踪货物的运输、储存和交付过程（例如，货物的物理位置与移动、货物保存的温度是否适当等）。另一类是与贸易有关的资金流动（例如，信用证和贸易金融等）。尽管目前这两类解决方案还自成一体，但预计业界在之后会开发出一套整合的系统，该系统由托运人、货运代理人、海运承运人、港口和海关当局以及银行等部门组成，是一个参与各方在区块链上相互关联实时交互的网络。

2016 年，巴克莱（Barclays）和金融科技初创企业 Wave 声称，它们将成为最先使用 Wave 区块链平台完成全球贸易交易的机构（Taylor，2016）。软件巨头 IBM 在区块链应用以及贸易金融的智能合约方面一直处于领先地位（Haswell，2018）。2017 年 3 月，IBM、马士基（Maersk）与 Hyperledger Fabric 合作，宣布完成了基于区块链技术的端到端数字化供应链试点项目，该供应链包括各贸易方、港口和海关当局（Allison，2017）。㉖ 2017 年初，IBM 进一步为中国制药行业推出了 Yijian 区块链技术应用系统，并与一家集团公司合作开发了一个基于区块链的原油贸易融资平台（Higgins，2017a）。㉗

近期，区块链技术在货运和物流行业的应用也取得了一些进展。2017 年 9 月，马士基携手安永、微软、韦莱韬悦（Willis Towers Watson）和一些保险公司，试图在 Guardtime 开发的区块链 KSI 上安全地共享货运数据（Hackett，2017）。2017 年 11 月，有报道称，包括 ShipChain 这类初创企业在内的全球区块链货运联盟吸引了传统货运行业中全球巨头的加入，如思爱普（SAP）和联邦快递（UPS）等。

1.3.2 可信支付

由于缺乏信任，长距离以及陌生个体之间的支付通常非常困难。环球银行

㉖ 这个试点项目是 Schneider Electric 从里昂发往纽瓦克的一批货物，涉及鹿特丹港、纽瓦克港、荷兰海关总署、美国国土安全部科学技术理事会以及美国海关和边境保护局（Allison，2017）。

㉗ 其他以区块链为基础的平台还对贷款、签发信用证、出口信贷和保险等服务提供支持，如香港贸易金融区块链、TradeSafe、数字商业链（Digital Trade Chain，DTC）等。最近，由区块链初创公司 R3、金融贸易的技术支持者 TradeIX，以及其他几家大型银行构建的“Marco Polo 贸易金融平台”进入了试点阶段（Pamler，2018）。

金融电信协会（SWIFT）虽然可以缓解该困难，但是通常伴随着多个机构之间的低效率协作以及高昂的费用。在电子支付体系中，由于双重花费问题的存在，支付问题也变得更加严重。

而比特币通过点对点的匿名交易有效解决了双重花费问题。这一解决方案不仅安全而且带有时间戳，从而使交易不会被篡改（Nakamoto，2008）。[28] 更重要的是，通过向全网中的参与者广播比特币交易，以及让矿工通过不断竞争新区块的记录权从而赚取比特币的设计，这类分布式账本技术可以提供关于交易是否发生的实时分布式共识。

根据设计，要维持比特币区块链上的分布式共识记录，挖矿者需要解决棘手的 NP－完全计算问题（即挖矿，PoW 的一种形式）。由于解决该问题需要非常大的算力，这也使得比特币区块链不太适用于大规模的金融交易。随后的平台，如 Lightning（建立在比特币区块链上）和 Stellar（一个独立的区块链），通过本地渠道和多重签名账户等方式提高了计算机的处理能力，使得很多不必要的信息不必作为分布式共识的一部分而存储在区块链上。[29]

也就是说，区块链的脚本语言是受限的。以太坊是市值仅次于比特币区块链的第二大区块链平台，它通过允许使用图灵完备语言和更复杂的应急操作（Turing，1937），提供了智能合约的原型（Buterin，2014）。所有关于合约状态的有效更新都可以得到记录和自动执行。一组自愿参与者（以太坊的矿工）维护分布式共识中状态的记录，而其他交互方利用共识信息自动执行合同条款。就像网站构建在 Internet（互联网）协议上一样，其他应用［如 Monax 和 Phi（String Lab）］，也通过构建在以太坊上，丰富和优化其智能合约的功能与执行能力。

传统的金融行业参与者也在积极采用区块链技术解决支付问题。如越来越多的大银行和支付网络开始采用 Ripple 这一结算基础设施工具（Ripple 成立于 2012 年，最初被称为 Ripple Labs），辅助其开展全球金融交易和实时跨境支付服务；一组验证节点（通常数量很大）使用 Ripple 的交易协议 RTXP 以实现分布式共识（RTXP 是一个替代工作证明的迭代共识过程，交易在各个验证节

---

[28] 日本的很多零售商已经开始接受比特币作为支付工具（具体可参见 *The Economist*，2017）。

[29] 交易对手也建立在比特币区块链上，但是允许他们使用更灵活的智能合约，如通过“销毁证明”（Proof-of-burn，POB）来形成共识。销毁证明是指客户支付的比特币会被销毁，而节点通过验证货币升值获得奖励。

点上被反复广播，直到达成协议）；数字转账通过电子化方式连接到银行账户，或使用其自带的加密货币 Ripples（XRP）自动实现。

1.3.3 其他应用

除了在支付和贸易金融方面的应用，区块链和智能合约还可应用于交易所和交易平台、投票甚至银团贷款等方面。2015 年，纳斯达克推出 Linq 平台来管理和交易上市前的股份；2017 年初，纳斯达克在爱沙尼亚塔林股票交易所运用区块链技术成功完成了代理投票的测试（Shin，2017）。智能合约还通过为金融衍生品制定标准交易规则，简化了场外交易的金融协议。Symbiont 提供了一个界面非常简单的产品，该产品被用于在发行智能证券时规定相关的条款和条件，以及整合市场数据等方面。[30] 此外，由瑞银（Credit Suisse）、12 家其他银行和 Symbiont 主导的一个区块链项目被用于开展银团贷款（Terekhova，2017）。最后，沃尔玛与 IBM、京东合作，最近推出了用于跟踪食品生产、安全和分销的区块链。

1.4 实践过程中的验证与信息问题

本文的理论证明了在形成分布式共识过程中信息分发的负面作用。业内人士也表达出对区块链在信息分发和信息隐私方面的关注，如 R3 CEV（一个活跃的区块链联盟）非常直率地表示，R3 的 Corda 系统试图通过只允许参与交易的各方以及有正当理由需要了解交易的人获得交易细节，解决信息分发问题。但即使如此，证明交易唯一性的请求（它本身就是一种信息）还是被分发给一些独立的观察者，使得市场的信息环境发生了局部改变。

尽管上述措施有可能确保信息的保密，但目前的讨论忽略了两个重要方面。第一，只联系较少的记录者可能会降低共识的有效性。第二，加密数据意味着这些数据在某些状态下不能被验证，因此它们不能被用于智能合约；进一步地，加密数据也仍然是数据，因为即使单纯的验证请求行为仍然会将与真实状态相关的信息传递给记录者（后文的模型将体现这一点）。正如德维拉卡·布尔戈斯等人（de Vilaca Burgos et al.，2017）在递交给巴西央行的一份报告中指出的那样，单纯地将敏感数据加密并不是一个可行的解决方案，因为在该情形下智能合约将无法

---

[30] Symbiont 是超级账本项目（Hyperledger project）的成员之一，这是一个跨行业的开源合作项目，由非营利机构 Linux 基金会主导，旨在通过制定通用标准来推进区块链技术的发展。

决定交易是否有效。

上述观察表明，限制信息分发往往是以牺牲共识体系的有效性为代价的。如 R3 的 Corda 验证模型将信息分发限制在公证人范围之内。㉛ 但正如上文提到的加拿大银行的报告所述，查普曼等人（Chapman et al. ，2017）认为，与很多公有链中每个节点都为系统提供信息不同，Corda 的模型需要从公证人那里复制数据以确保业务的连续性，这使系统再一次变得集中化，而这可能导致“单点故障”（SPoF）问题的发生。事实上，在 Jasper 项目的第二阶段，Corda 中的公证员角色就是由加拿大银行扮演的，而如果银行的服务发生中断，就会阻碍所有支付交易的进程。

本文强调了这一冲突，即关联较少的记录者会减少信息分发，但会以牺牲高质量的分布式共识为代价。在第 2 节中我们将进一步分析信息分发会对产业组织和市场竞争带来什么影响。

2. 区块链冲击与产业组织

为了理解区块链对现实世界的影响，我们借鉴格林和波特（1984）的研究，在标准动态产业组织的模型下刻画了分布式共识的形成过程。我们发现，去中心化的智能合约有助于市场进入、促进竞争，但更多的信息分发也可能助长合谋，损害竞争。

2.1 模型设定

考虑一个风险中性的世界，其中时间是无限和离散的，我们标记为 t，$t = 0,1,2\cdots$ 。每个行为人都有一个贴现因子 $\delta \in (0,1)$ 。在每个 $t \geq 0$ 的时期，买方出现的概率为 λ ，每个买方需要一单位的商品。买方会在向卖方询价之后，选择最有吸引力的报价。这里我们用 $\mathbb{I}_t$ 指代买方是否在 t 期出现这一总体经济状态。在本文的论述中，“买方”、“顾客” 和 “消费者” 始终可以互换。

商品在买卖双方交付的过程与本文第 1. 2 节中的描述类似。值得说明的是，尽管本文以贸易金融为背景建模，但是本文的商品还可以被理解为一种服务，如资金转移、贷款发放或贸易融资等。买方（如果存在的话）只存在一

㉛ 这一限制是为了防止拒绝服务（DoS）攻击，即在知情的情况下，节点通过使用一些现有状态集构建无效的交易，并将其发送给公证员，从而导致这些状态被标记为已消费。

期，之后退出经济。

有三个卖方长期存在，他们要么是诚实型的，要么是欺诈型的。欺诈型卖方不会发货，而诚实型卖方总是发货。买方从与卖方 i 的交易中获得的期望收益为 q_i。具体地，有 q_i 的概率，消费者获得 1 单位的效用，有 $1-q_i$ 的概率，消费者获得的效用为 0。

在博弈刚开始的时候，即 $t=0$ 期，已知有两个诚实型卖方 A 和 B（他们都已经建立了良好的声誉），以及一个新进入者 C，进入者 C 的类型为私有信息，其他人对 C 只有共同的先验信念，即 C 为诚实型卖方的概率为 π，下文用 π 来表示 C 的声誉。

在每个 $t \geqslant 0$ 的时期，每个卖方都被随机分配一个 $q_i, i \in \{A,B,C\}$，q_i 服从独立同分布。产品质量 $q=(q_A,q_B,q_C)$ 为公共信息，刻画了卖方之间的暂时差异。我们会在第 3.3 节中分析当产品质量为卖方私有信息时的情况。我们令 q 中的元素以递减顺序 $q^{(1)}$，$q^{(2)}$ 和 $q^{(3)}$ 排列，这意味着即便买方选择在位卖方，也会对福利产生影响。我们将商品质量分布的累积分布函数和概率密度函数分别记为 $\Phi(q)$ 和 $\phi(q)$，支撑集为 $[\underline{q},\bar{q}]$。卖方的生产成本为 μ，当 $\mu < \underline{q}$ 时，表示诚实型卖方的交易可以提升福利。

卖方 C 可以通过支付一笔任意小的成本 $\epsilon > 0$ 进入市场，这意味着 C 只有在预期进入市场能够获得严格为正的利润的情况下，才会选择进入。[32] 这使我们可以将进入者卖方是否诚实这一信息不对称作为相关的进入壁垒。我们进一步假设，进入者在获得客户之前没有损失吸收能力。[33]

2.2 传统世界

如下我们将从合同订立空间与信息环境的关键假设开始，对传统世界中的模型进行分析。

2.2.1 合同订立的空间与信息

假设 1 在传统世界中，任何付款都不取决于服务交付是否发生。每个卖

---

[32] 给定任意小的进入成本，C 的进入决策是在质量 q_C 实现之前决定还是在实现之后决定并不重要。

[33] 在该情形下，潜在的进入者不能采取激进的渗透定价方案。卖方在没有顾客之前没有吸收损失的能力是排除卖方采取激进的渗透定价方案的充分条件（其中进入者为了进入遭受巨大损失）。该条件是符合现实的，由于缺乏随时间推移而积累的服务利润，新进入者通常没有足够多的初始资本激进地降低价格。实际上，我们需要的全部条件就是 C 对损失 L 的容忍程度不能超过 $[\underline{q}-\pi\bar{q}]^+$。

方只能观察到自己的买方及其相关的交易信息。

假设1的前半部分反映了现实世界中合同的不完备性，这种不完备性要么限制了共识的有效性，要么使得合同订立的成本过高；关于订立和执行完备合同的成本，请参阅哈特（Hart，1995）和梯若尔（Tirole，1999）的研究。在我们的模型中，这意味着卖方会私下向买方报一个不随货物交付状态而变化的价格 $p_i(q)$；[34] 假设1的后半部分意味着卖方不能观测到其他卖方的报价，这可以理解为卖方根据其私有信息以及与买方的私下互动提供了一个"定制化"的报价。换句话说，除了交易信息之外，行为人之间不存在任何形式的信息沟通，这一假设借鉴了格林和波特（1984）以及波特（1983）的模型设定，它在我们求解卖方的合谋均衡时起到一定作用。

2.2.2 伯特兰德竞争和市场进入

首先，我们考虑竞争性均衡的情况，在竞争性均衡下，卖方会持续降低报价直到竞争者退出。设想一个诚实型进入者 C。如果 $\pi q_c < \max\{q_A, q_B\}$，任何在位者卖方总是会争着将价格降低到 μ，以便在这个时期获得顾客，从而防止 C 在该期进入并引发未来更高程度的市场竞争。由于没有诚实的声誉，进入者 C 只有在 $\pi q_c \geqslant \max\{q_A, q_B\}$ 的情况下，才有机会获得顾客。[35] 实际上，只有当新进入者的品质认知度高于所有在位者的时候，他才能够吸引到顾客。此时，如下命题成立：

命题 2.1 在竞争性均衡中，诚实型卖方 C 第一次服务客户的时间为时期 $\tau \equiv \min\{t \geqslant 0 \mid \pi q_{C,t}, \mathbb{I}_t \geqslant max\{q_{A,t}, q_{B,t}\}\}$ 或此之后。因此，如果 $\pi \bar{q} < \underline{q}$，$C$ 永远不会进入市场。

在本文的剩余部分，我们关注 $\underline{q} > \pi \bar{q}$ 的情形；换言之，进入者 C 的声誉非常低，以至于在传统世界中不会发生市场进入。在任意时间 s，预期的未来消费者剩余和社会福利分别为：

$$\prod_{buyer} = \mathbb{E}_s\left[\sum_{t=s+1}^{\infty} \delta^{t-s}\, \mathbb{I}_t(\min\{q_{At}, q_{Bt}\} - \mu)\right] = \frac{\delta\lambda}{1-\delta}\mathbb{E}[\min\{q_A, q_B\} - \mu] \tag{5}$$

---

[34] 卖方发出要约这一假设在消费者或买方是短期存在且分散的情况下是符合现实的。例如，银行通常会对国际转账服务进行报价，然后客户可以决定去哪家银行转账。对于这一特定的交易协议，本文的主要结果是稳健的。

[35] 尽管如此，如果在位者使用渗透定价方式，进入者 C 还是有可能得不到任何市场份额。注意当 $\pi \bar{q} < q$ 时，不管 q 取何值，C 都不会进入市场（即使 C 采取渗透定价），因为此时 C 可以承受的最大损失小于 $q - \pi \bar{q}$。

$$\prod_{total} = \mathbb{E}_s\left[\sum_{t=s+1}^{\infty} \delta^{t-s}\,\mathbb{I}_t(\max\{q_{At}, q_{Bt}\} - \mu)\right] = \frac{\delta\lambda}{1-\delta}\mathbb{E}[\max\{q_A, q_B\} - \mu] \qquad (6)$$

欺诈型卖方的存在使得高质量的进入者 C 无法进入市场，造成了典型的柠檬问题。我们稍后将说明，如何借助区块链技术部分或完全地解决该问题。

2.2.3 合谋均衡

除了竞争性均衡之外，传统世界中还可能会出现合谋均衡。给定卖方 C 不会进入市场，我们仅需要考虑在位者之间是否会形成合谋策略。

我们将每个卖方的策略限制为格林和波特（1984）讨论过的标准超级博弈策略。具体来说，考虑如下参数为 $\{T, f\}$ 的合谋策略，该策略分为两个阶段：

（1）合谋阶段：每个时期，在卖方的类型实现以后，卖方 A 要价 q_A，卖方 B 要价 q_B。A 和 B 获得的买方比例分别为 $\mathbb{I}_t f(q_A, q_B)$ 和 $f(q_B, q_A) = \mathbb{I}_t(1 - f(q_A, q_B))$ ㊱，其中 $f(x, y) \in (0,1)$ 是提议的匿名配置函数，它也可以是卖方类型实现的函数。该配置函数 f 包括卖方总是平等划分买方，或所有买方都与更好的卖方交易等情形。

（2）惩罚阶段：一旦其中一个卖方没有任何买方，就会触发惩罚阶段。更具体地说，惩罚阶段可以由以下任意一种情况触发：（i）买方在这段时间没有出现；或者（ii）其中一个卖方偏离合谋均衡，即通过报出更低价格获得了所有买方。一旦惩罚阶段被触发，A 和 B 就会在固定时期 T 内进行伯特兰德竞争。

回想一下，卖方观察不到其他卖方的报价，而只能观察到自己客户的情况。然而，由于可以使用自己的私有信息推断该期是否出现了客户，因此这种有私人监督的重复博弈本质上是一种不完美情况下的公共监督博弈。这里的不完美性体现在，即使没有任何卖方偏离合谋均衡，惩罚依旧会被触发。

文献中关于动态重复博弈的一个标准结论是可持续的均衡主要取决于贴现因子 δ 的大小，无名氏定理（Folk Theorem）就是其中最有名的例子。因此，我们可以推导出贴现因子的下限，并将其表示为 $\delta_{(T,f)}$。而在它之上存在着一个均衡，该均衡对应着特定的 T 和 $f(x, y)$。

引理 2.2 定义 $f(q_i) \equiv \mathbb{E}_{q_j}[f(q_i, q_j)]$ 为质量为 q_i 的卖方吸引的买方比例，则一个有着参数 $\{T, f\}$ 的合谋策略需满足如下条件才是一个均衡：

$$(M_1 - M_2)\lambda\delta(1 - \delta^T) \geq M_3(1 - \lambda\delta - (1-\lambda)\delta^{T+1}) \qquad (7)$$

㊱ 当卖方报价比合谋时的报价更低时（即低于 q_i），我们的分析仍是稳健的。

其中 $M_1 \equiv \mathbb{E}[f(q_i)(q_i-\mu)]$，$M_2 \equiv \mathbb{E}[[q_i-q_j]^+]$，$M_3 \equiv \max_{q_i}\{(1-f(q_i))(q_i-\mu)\}$。

这里，M_1 为卖方在合谋阶段每一期的期望收益，M_2 为卖方在惩罚阶段每一期的期望收益，M_3 为卖方偏离均衡策略时获得的最大收益。当贴现因子足够小（卖方不够耐心的时候），偏离均衡获得的收益会高于其在未来受到惩罚时获得的收益。此时，不存在稳定的合谋均衡。

命题 2.3 当贴现因子 $\delta < \delta_o^{Traditional} \equiv \inf_f \delta_{(T,f)}^{Traditional} = \inf_f \frac{1}{\lambda}\frac{M_3}{M_1+M_3-M_2}$ 时，对于任何 (T,f)，都不存在合谋均衡。

在参数为 (T,f) 的合谋均衡下，社会福利取决于 f，而消费者剩余由 (T,f) 以及合谋价格共同决定。消费者剩余与惩罚的期数 T 有关，这是因为当没有买方这一情况出现触发了惩罚阶段时（每一期该情况发生的概率为 $1-\lambda$），买方可以获得正的消费者剩余。

2.3 区块链世界

通过记录者验证信息，区块链技术可以帮助参与者达成有关商品交付状态的共识。正如在第 1.2 节中详细介绍的，这一验证过程通常涉及信息分发。

为了强调这一经济力量，我们首先研究在完美共识下的情况，即当 $K \to \infty$，$\tilde{z} = \tilde{\omega}$ 时，基于区块链技术如何形成共识。该情形刻画了许多现存的区块链，如比特币、Ripple 和 Symbiont 等，在这些区块链上，验证请求或交易信息被分发给足够多的参与者，其中包括重要的机构参与者（注意，这里并不是说区块链上的所有人都是记录者）。进一步地，本文将在第 3.2 节中分析，在非完美共识下，共识质量与信息分发之间的权衡。

假设 2 区块链通过关联无限的参与者（包括卖方和一组连续分布的买方），从而形成有效的分布式共识。更具体地，卖方通过观察其顾客出现的情况或通过在被联系过程中推断出顾客出现的总体情况，知道当前市场的总体状态，由此形成共识 $\tilde{z} = \tilde{\omega}$。

回忆一下，$\tilde{\omega}$ 是关于交付状态（成功与否）的信息。假设 2 意味着：(1) 自我执行的智能合约完全依赖于参与者对货物状态的共识；(2) 卖方可以观察到区块链上整体的经济活动。这一点与假设 1 形成了鲜明的对比。此外，我们还注意到，区块链系统可能具有更丰富的信息，通过使用这些信息，模型结果可以得到进一步扩展。而本文的论述仅需要较弱的条件，即仅要求卖方可以观察到总体的经济活动。

本节的余下部分，我们将探讨区块链和智能合约如何提高市场进入和市场竞争，并展示该技术如何导致更多的合谋行为，在此之上，我们还会进一步讨论其中的政策含义。

2.3.1 智能合约与市场进入的增加

在区块链的世界中，进入者可以根据商品的交付状态报价，即 $\mathbb{P}=(p^s, p^f)$，其中 p^s 和 p^f 分别为商品交付成功和交付失败时的卖方报价。一个诚实型进入者 C 可以通过提供 $(p^s,0)$ 的价格将自己与欺诈型对手相区别。欺诈型对手并不能从模仿该策略中获得收益，因为他知道最后的结果肯定会以交付失败、自己得到零利润而告终。所以，此时诚实型卖方肯定会进入市场。在竞争性均衡（不存在合谋）中，我们可以得到如下命题：

命题 2.4 在区块链世界的竞争性均衡中，诚实型卖方 C 肯定会进入市场，他们首次进入市场的时期为 $\tau=min\{t\geqslant 0\mid q_{c,t}\mathbb{I}_t\geqslant max\{q_{A,t},q_{B,t}\}\}$ 或者更早。

在区块链世界的竞争性均衡中，预期未来消费者剩余和社会总福利在 $t=s$ 时分别为：

$$\prod_{buyer}=\mathbb{E}_s[\sum_{t=s+1}^{\infty}\delta^{t-s}\mathbb{I}_t(q^{(2)}-\mu)]=\frac{\delta\lambda}{1-\delta}\mathbb{E}[q^{(2)}-\mu] \tag{8}$$

$$\prod_{total}=\mathbb{E}_s[\sum_{t=s+1}^{\infty}\delta^{t-s}\mathbb{I}_t(q^{(1)}-\mu)]=\frac{\delta\lambda}{1-\delta}\mathbb{E}[q^{(1)}-\mu] \tag{9}$$

与（5）式和（6）式相比，消费者剩余（二阶统计量的线性函数）和社会福利（一阶统计量的线性函数）都有所上升。这表明，由智能合约导致的市场进入增加和市场竞争提升，会使整个经济变得更有效率。

2.3.2 许可链中合谋的增多

虽然区块链与智能合约可以鼓励市场进入与竞争，并以此改善消费者剩余和社会福利，但它们也可能导致更差的结果。在这些更差的结果中，动态均衡中的社会福利与消费者剩余水平都低于传统世界。为了说明区块链增加合谋的这一效果，我们首先关注只允许在位者而不允许进入者使用的许可链（此时没有市场进入），随后我们再讨论允许所有人参与的公有链。

2.3.2.1 使用智能合约进行合谋

正如下文阐述的那样，在区块链和智能合约的技术下，卖方可以利用更丰富的或然情况以及由此产生的补偿支付（side payment）来促成合谋。所有卖方都一致性地约定向买方报出一个他们可以要得到的最高价格 q_i ，该价格可以有效地从买方那里榨取全部剩余。卖方还约定，每一期提供最高质量商品的卖方获得所有消费者。如果一个卖方没有为消费者提供最好质量的商品，智能合约就会自动地将该卖方获得的利润转移给其他卖方。㊲ 通过对偏离均衡的行为施加这一自动惩罚，智能合约就可以在任何贴现因子水平下支持稳定的合谋。

上述利用智能合约达成的合谋非常容易被发现，也可以被反垄断法轻易禁止（见本文3.1.2节）。而一个更为相关和有趣的现象是，即使智能合约没有发生明显的补偿支付，区块链仍然可以导致更严重的合谋，而这正是我们接下来要讨论的内容。

2.3.2.2 许可链中的隐性合谋

在隐性合谋中，我们考虑与传统世界中相同的合谋阶段、惩罚阶段和配置函数 f。这里的关键在于，在传统世界中，卖方偏离均衡的行为以及没有消费者出现这两种情况均可以触发惩罚阶段，与此不同，在区块链世界中，由于被联系的参与者至少可以从是否有服务请求发出（获取该信息甚至不需要参与者安装物联网传感器）这一信息中推断出市场中消费者出现的情况，所以此时的惩罚阶段只能由卖方违背合谋策略这一行为触发，这使得卖方可以完美地监督合谋者偏离均衡的行为。㊳

换句话说，由于偏离均衡的行为可以在区块链生成分布式共识的过程中被准确识别出来，因此传统世界中不完美公共监督下的重复博弈现在变为完美的公共监督博弈。可持续的合谋均衡也变得更加容易实现（在均衡路径上不存在惩罚）。

命题2.5 对于给定的 (T,f)，我们定义在许可链中可维持合谋的临界贴

㊲ 为了让智能合约生效，分布式共识形成过程中还需要卖方的身份信息，只有这样，区块链系统才能识别出是否是最优的卖方在服务所有的消费者。更为一般的，在不同的合谋均衡中，即使在缺乏卖方身份信息/特征的情况下，系统还是可以对偏离合谋均衡的行为进行惩罚。

㊳ 为了避免引发价格战，偏离合谋均衡的卖方很有可能想在线下进行货物交付，这牵涉我们关于在位者都是诚实型卖方的假设。然而，更一般化地，智能合约对所有交易者都是有益的，即使对在位者而言，线下窃取市场份额也较为低效。此外，在我们关于贸易金融的例子中，卖方在线上线下转换的灵活性也存在很多问题。

现因子为 $\delta_{(T,f)}^{\text{Blockchain2}}$，回想在命题 2.3 中定义的 $\delta_{(T,f)}^{Traditional}$ 以及 $\delta_0^{Traditional}$，我们有如下命题：

（1）对于任意的 (T,f)，$\delta_{(T,f)}^{Blockchain2} < \delta_{(T,f)}^{Traditional}$。

（2）当贴现因子 $\delta \in [\inf_f\{\delta_{(T,f)}^{Blockchain2}\}, \delta_0^{Traditional}]$ 时，合谋均衡只在区块链世界中存在。

在（2）中，合谋下的消费者剩余要低于在没有区块链的竞争性均衡中的消费者剩余。

2.4 区块链冲击

现在假设有一个允许 3 家公司（在位者 A 和 B，以及新进入者 C）都使用的公有链，那么进入者进入带来的收益会超过合谋增多带来的成本吗？

2.4.1 公有链下的消费者剩余

回想在第 2.3.1 节中求解的竞争性均衡，为了描述经济中其他可能的合谋均衡，我们考虑如下合谋策略：

（1）合谋阶段：每一期，在卖方的类型实现以后，每个卖方根据商品交付的状态提出报价 q_i。令 $\hat{f}(q_i, q_j, q_k) \in (0,1)$ 表示产品质量为 q_i 的卖方服务的消费者份额，此时其他两个卖方的产品质量分别为 q_j 和 q_k。

（2）惩罚阶段：当该期有买方出现，但其中一个卖方没有见到任何买方的时候，惩罚阶段就会被触发。换言之，只有在有些卖方偏离均衡策略的时候，惩罚阶段才会被触发。一旦触发惩罚阶段，所有卖方就会在 T 期进行伯特兰德竞争。

引理 2.6 设定产品质量为 q_i 的卖方得到的消费者份额为 $\hat{f}(q_i) \equiv E_{q_{-i}}[\hat{f}(q_i, q_{-i})]$。在区块链世界中，如果参数满足下式，则上述合谋策略就可以成为均衡：

$$\delta\lambda(1-\delta^T)(\hat{M}_1 - \hat{M}_2) \geqslant (1-\delta)\hat{M}_3 \tag{10}$$

其中 $\hat{M}_1 \equiv \mathbb{E}[\hat{f}(q_i)(q_i - \mu)]$，$\hat{M}_2 \equiv \mathbb{E}[(q_i - max_{j\neq i}\, q_j)^+]$，$M_3 \equiv \max_{q_i}\{(1-\hat{f}(q_i))(q_i - \mu)\}$。

对上述各 $\hat{M}$ 的解释与引理 2.2 中类似，但需要注意的是，此时针对的是三个卖方，而不是两个卖方。（10）式的左边也稍有调整，这是因为在完美公共监督的情况下，惩罚变得更加精准。

2.4.2 区块链冲击下的动态均衡

更一般地，就福利和消费者剩余而言，有区块链冲击的均衡结果集是传统世界均衡结果集的一个非平凡超集。我们使用 Blockchain3 表示有三个卖方的公有链。

定理 2.7 贴现因子的临界值 $\delta_a^{Blockchain3} \equiv \sup_{\hat{f}}\{\delta_{(\infty,\hat{f})}^{Blockchain3}\}$ 定义良好且满足 $\delta_a^{Blockchain3} < 1$ 。对于所有的 $\delta > \delta_a^{Blockchain3}$ ，任何在传统世界中实现的消费者剩余和社会福利都可以在区块链世界中得以实现。此外，区块链世界还存在一些其他的均衡结果，相比于传统世界，这些结果下的消费者剩余和社会福利可能会更高或更低。

在定理 2.7 中，$\delta_a^{Blockchain3}$ 的下标 a 表示“all”，即所有，表明如果贴现因子高于 $\delta_a^{Blockchain3}$ 的话，那么所有的合谋均衡都可以维持。类似地，我们可以定义临界值 $\delta_0^{Blockchain3} \equiv \inf_{\hat{f}}\{\delta_{(\infty,\hat{f})}^{Blockchain3}\}$ ，则此时只需满足一个更弱的条件，即 $\delta > \delta_0^{Blockchain3}$ ，比特币技术就有可能损害消费者福利。

值得说明的是，当所有卖方都参与合谋并且所有的服务都由有着最低质量 q_i 的卖方提供的时候（该质量比仅存在在位者时的商品质量还要低），区块链技术可能会使社会总福利减少。

本文的结论在有更多在位者和进入者的时候也是稳健的，下面的引理阐述了在更一般化的情形下，消费者剩余为何在区块链世界中可能变得更低。

引理 2.8 对于 $m \geqslant n \geqslant 2$ ，如果 $\lambda < \frac{n-1}{n}$ ，则 $\delta_0^{Traditional,n} > \delta_0^{Blockchain,m}$ ，其中 m 和 n 分别代表在有区块链和没有区块链的情况下，参与合谋的卖方的数量。因此，对于所有的 $\delta \in [\delta_0^{Blockchain,m},1]$ ，此时传统世界中 n 个卖方之间不存在合谋，而区块链技术会使消费者剩余变得更低（区块链世界中共有 m 个卖方，这其中包括新进入的卖方）。

3. 讨论与拓展

在本节中，我们将从监管的角度提供一些讨论，并对前文的模型进行若干拓展。

3.1 减少区块链上合谋的措施

本文对区块链可能破坏市场竞争的担忧与市场上其他观察者的观点一致。

尤其当探讨 R3 这类许可链的时候，由于其链上成员都是大型金融机构，这一担忧变得更加严重。正如卡明斯卡（Kaminska，2015）指出的那样，“这种技术真正促进的是那些虽然互不信任但为了维护其所在市场的价值和稳定，仍需要合作并形成卡特尔的团体”。本文强调了一种区块链可以阻碍竞争的特定经济机制，并严谨地分析了合谋为何发生以及如何发生的情况。实际上，实证研究也发现，更大程度的信息共享可能会导致合谋发生（Bourveau et al.，2017）。下面我们将在本文的分析框架下讨论如何通过监管和市场措施抑制合谋。

3.1.1 区块链竞争与企业竞争

虽然我们关注的是多个卖方在单一区块链上竞争的情况，但在实践中，也可能存在多个区块链以供卖方和买方选择。由于买方总是选择能够提供最优价格的区块链，因此区块链之间的竞争似乎不利于卖方在一个区块链上达成合谋行为。虽然区块链竞争也许可以缓解在特定区块链上的合谋行为，但从长远看，如果某个区块链由于网络效应占据支配地位，监管者仍然需要通过拆分区块链平台、防止合谋等方式进行干预。虽然这种“拆分大玩家”的方法对传统工业企业也适用，但这一点对于区块链尤其重要。这是因为，虽然合作是区块链生态系统中不可或缺的组成部分，但合作也可能会扰乱系统运作。对于一个即将被启用或想要增强竞争程度的新区块链平台而言，不同的机构用户和散户必须就如何使用这个平台进行协调与合作；而协调问题已经在比特币、以太坊等加密货币的市场先行者具有支配地位这一事实中得到了充分体现。[39]

当然，上述讨论也提出了其他问题：如为什么相比于在同一个区块链上的卖方而言，区块链之间的合谋更加困难？政府可以做些什么来促进协调，从而改善区块链平台的设计？这些都是非常有趣并且有待未来研究的问题。

3.1.2 监管节点与设计

在传统世界中，观察和收集更多的市场信息通常有助于监管机构更好地发现合谋。类似地，在区块链中，尤其是在私有的许可链（通常没有自动将监管机构纳入商业生态系统）中，增加一个监管节点，可以帮助监管者更好地监督市场参与者的经济行为，减少参与者之间的合谋。然而，如果是这样的话，区块链世界和传统世界就不再有差别：因为无论在哪个世界中，有权调查

㊴ 作者感谢 *Review of Financial Srudies*（RFS）主编 Itay Goldstein 为我们指出了这一点。

和惩罚公司的政府都可以达到相同的结果。如同在我们的模型中，通过监督买方（如果买方存在的话）是否购买了最高质量的商品，监管者就可以发现并阻止合谋行为。

然而，得益于区块链上的实时防篡改记录，我们相信区块链世界比传统世界具有更大的优势。因此，监管者不必担心报告错误和时间延迟，他们能够以相对较高的频率发现和遏制合谋与市场失灵。此外，回溯性审计也不再易于操纵，第1.3节中的Hyperledger Fabric案例体现了这一点。

监管者还可以参与区块链协议的设计，如政府可以保留全网广播的部分加密信息的访问权限，访问权限的设定不仅能够消除利用智能合约开展的合谋行为（见第2.3.2节的讨论），还可以基于对交易和定价行为的统计分析更好地发现合谋行为。[40]

3.1.3 用途与共识生成的分离

在模型中，卖方可以利用区块链上的信息更精准地惩罚其他卖方偏离均衡的行为。同时，他们之所以可以观察到区块链上的信息，是由于他们在帮助生成分布式共识的过程中，信息被分发并记录在区块链上。从这个角度看，一个较为明显的解决方案是将那些帮助生成分布式共识的参与者与分布式共识的使用者分离开来。如在我们的模型中，如果卖方只能使用区块链技术与买方签订智能合约，而不能参与信息的记录行为，则他们就不能再使用加总的市场信息进行合谋。

正如本文第1.2节中关于贸易金融的例子中谈到的，将卖方从信息记录的活动中排除有很大的难度。这是因为那些被排除的参与者很可能是最有资格验证记录的人（例如，他们可能是来自同一行业、有着丰富经验的其他卖方）。现在大多数公有链还没有将这两个群体分离，部分区块链，如Symbiont，倾向于将记录者和终端用户分离，然而该方案还有待进一步探讨。

在区块链从业者之间，关于用途与共识生成相分离的讨论还比较新颖，然而，它反映了在去中心化（一个有弹性的体系需要更广泛的参与者）和中心

---

[40] 当区块链上存储和处理的信息量很大的时候，监管层也有其他方面的担心。在区块链在贸易金融的应用中，大部分数据都为私人数据，从而他们需要遵从监管［如遵从“通用数据保护条例”（GDPR），该条例从2018年5月25日起生效，并且适用于所有在欧盟国家的区块链平台］。在该情况下，区块链应该被设计为一个私有链或许可链，由一个或多个制定使用条款的实体进行运营，这些实体作为控制者，负责在遵循法律的条件下对个人数据进行编译。

化（只有少部分有经验的参与者才能提供高质量的输入信息）之间的另一权衡，该权衡构成了未来关于区块链应用政策讨论的重要方向。[41]

3.2 不完美共识

在第 2 节中，我们假设有无数的区块链参与都作为记录者参与共识的生成（ $K\to\infty$ ），此时即为完美共识的情况。如果假设只有有限的区块链参与者可以作为记录者，即 $|K| = K < \infty$ ，此时就是不完美共识。假设在不完美共识下，正确记录商品交付状态的概率为 ψ ，其中 $\psi = \sum_{k\in\mathbb{K}^*}\omega_k \leqslant 1$ ，且 $\mathbb{K}^* = \{k\in\mathbb{K}: b_k\,\omega_k < h_k\}$ ［具体见式（3）］。

ψ 本质上以简化形式刻画了在不完美共识下的共识质量，许多其他协议具有与此相一致的特征。[42] 简单地说，一次成功（失败）的交付可能被记为交付成功的概率为 ψ（ $1-\psi$ ）。在不完美共识下，诚实型进入者能否在区块链的帮助下通过智能合约（p^s, p^f）进入市场，并将自己与欺诈型进入者区别开呢？

现在我们允许进入者可以承担初始损失，假设进入者承担初始损失的能力为 L，它帮助诚实型进入者将自己与欺诈型进入者区分开来，该假设放松了第 2 节脚注㉜中“排除激进型定价策略”的假定。在分离均衡下，诚实型卖方在阶段性博弈中求解如下最大化问题：

$$\max_{(p^s,p^f)}\psi\,p^s + (1-\psi)\,p^f$$

$$s.t.\ \psi\,p^s + (1-\psi)\,p^f \geqslant \mu,\ -p^f \leqslant L, \text{以及} (1-\psi)\,p^s + \psi\,p^f < 0$$

三个不等式分别为诚实型卖方的参与约束、进入者有限的损失承担能力，以及欺诈型卖方不会模仿诚实型卖方的约束。如在最后一个不等式中，欺诈型卖方有 $1-\psi$ 的概率被记录为成功交付商品，此时他获得的收益为 p^s ；同时，他有 ψ 的概率被记录为交付商品失败，此时他获得的收益为 p^f 。当参数满足 $\psi \geqslant \frac{\mu + L}{\mu + 2L}$ 的条件时，上述最大化问题有解，即欺诈型卖方不会模仿诚实型卖方，

---

[41] 根据 Chapman et al.（2017），在记录者而非使用者之间充分地去中心化，仍然可能保留区块链在弹性和有效共识方面的优点。

[42] 考虑一个在真实状态 $\tilde{\omega}$ 下有噪音，但不存在虚假报告（即虚报信息的收益 b 非常小）的信息环境。假设所有的记录者信息对称并且他们能够以 $\theta > 1/2$ 的概率观察到真实的货物交付状态。在一致同意的规则下，$\psi = \theta^K$ 。类似的，在多数同意的规则下，$\psi = \sum_{k=[\frac{K}{2}]}^{K}\binom{K}{k}\theta^K(1-\theta)^{K-k}$ 。

而诚实型卖方选择进入市场并获得正的利润。由此，我们得到如下命题：

命题 3.1 当共识的质量足够高，即 $\psi \geqslant \frac{\mu + L}{\mu + 2L}$ 时，使用智能合约有助于诚实型进入者进入市场。

当卖方的生产成本 $\mu = 0$ 时，只要共识的质量能够比现实世界稍微具有一些信息含量（即 $\psi > \frac{1}{2}$），智能合约就有助于诚实型进入者进入市场。

本文在模型中假设有一组连续到达的消费者，这意味着有一组需要被连续验证的交易。如果每一次验证都以独立抽样的方式选取记录者，那么即使在不完美共识的情况下，由于大数定律的成立，也可以保证关于消费者到达的总体情况被显现出来。因此，不完美共识并不影响合谋均衡的实现。总的来说，不完美共识只是略微削弱了市场进入与市场竞争。换句话说，达成完美共识只带来了微弱的福利改善。

正如我们在前文中所说的，减少合谋的关键在于分离卖方和记录者，并减少对卖方的联系程度。为了模型化这一过程，我们假设，对于每一次货物交付，卖方被联系参与信息核查的概率为 $\hat{\zeta}$，则消费者在该期出现但卖方对此毫不知情的条件概率为 $1 - \zeta \equiv (1 - \hat{\zeta})^n$，其中 n 表示交易的次数。值得注意的是，在合谋阶段，卖方违背合谋被发现的概率为 ζ 而非 1，这就使得惩罚阶段被更少地触发，从而合谋均衡变得更加难以维持。即便如此，如果交易数量很大，违约被发现的概率趋近于 1，均衡也会接近于完美公共监督下的均衡，除非卖方被严格限制充当记录者（$\hat{\zeta} = 0$）。

3.3 信息不对称与服务质量的私有信息

在之前的分析中，我们都假设卖方的服务质量为公共信息，在本节中，我们允许卖方的服务质量为私有信息。私有信息下的合谋通常比较复杂（Athey and Bagwell，2001；Miller，2011），因此，我们在本节中仅关注竞争性均衡（以及在合谋惩罚阶段的竞争性阶段博弈）。我们将分析智能合约如何帮助缓解市场进入后配置的无效率，并推导出均衡市场状态下对应的智能合约。

特别地，我们发现，依赖交付状态成功与否设定的智能合约可以将诚实型卖方和欺诈型卖方区分开来。更为一般化地，区块链可以提供关于服务质量 q 的共识。通过假设区块链的分布式共识可以帮助我们在有噪音的信息环境中订立合同，我们对此进行了建模分析。值得说明的是，当卖方的服务质量为公开信息的时候，该设定并不重要。但是当卖方的服务质量为私有信息的时候，它能够帮助缓解信息不对称。

具体地，我们假设当服务的质量为 q 的时候，商品质量为残次的概率为 $1-q$（买方得到 0 单位的效用），商品质量令人满意的概率为 q（买方得到 1 单位的效用）。区块链提供了关于商品质量的信息，该信息可以被用于智能合约。这里“商品残次”或“令人满意”是所有人都潜在同意的事情（而非对商品质量的主观感受）。

在这一拓展的智能合约下，我们现在有三种状态：成功交付并且顾客满意（s），成功交付但商品残次（sd），交付失败（f），对应状态下的卖方报价为（p^s, p^{sd}, p^f）。

3.3.1 传统世界中的配置无效率

在没有智能合约的情况下，进入者总会声称他是诚实型卖方，提供高质量的商品（空口白话）。相似地，在位者卖方也不能将他们彼此区分开来。根据之前的逻辑，由于柠檬问题，进入者不会进入市场，并且提供不同商品质量的在位者无法彼此区分。在此情况下，我们有如下引理：

引理 3.2 在传统世界中，卖方提出相同的报价 $p_i=\mu$，每个买方（随机地）选择其中一个卖方。在每个时期，买方的期望剩余和社会福利均为 $\mathbb{E}[q_c]-\mu$。

3.3.2 在区块链世界中的智能合约均衡

智能合约扩大了卖方的报价空间。一个诚实型进入者可以通过提供 $p^f=0$ 的报价从而把自己与欺诈型进入者区分开来（欺诈型进入者在该报价下没有模仿动机）。同时，如何选定 p^f 对于在位者并不重要，因为在位者总是会交付货物，即 p^f 发生的概率为 0。我们进一步假设 $p^{sd}\leqslant p^s$，即当顾客收到残次的商品时，他们支付给卖方的价格会更低一些。这一假设是在证券设计文献中常用的标准单调性假设。[43] 商品质量为 $q_i=q$ 的卖方 i 赚得的利润为 $S_q(\mathbb{P})=qp^s+(1-q)p^f-k$，而每个买方获得的效用为 $B_q(\mathbb{P})=q(1-p^s)+(1-q)(-p^{sd})$，其中 $1-p^s$ 是消费者从买到满意的商品中获得的净效用（即买到满意商

---

[43] 可参阅 Innes（1990），Hart and Moore（1995），以及 DeMarzo and Duffie（1999）。在买方向卖方询价并且选择最优报价的市场机制下，我们的设定在非正式第一价格拍卖（first-price auction）中有一个自然的重新解释（参见 DeMarzo et al.，2005；Cong，2017）。

品获得的 1 单位效用减去此时的商品报价 p^s)。

卖方会提供很多不同的智能合约，但是在均衡状态下，只有一类智能合约会存在，如下命题进一步刻画了这类智能合约的特征（回忆 Φ 是关于 q 的累积分布函数)。

命题 3.3 对于每个阶段博弈，存在一个基本唯一的竞争性均衡，在该均衡下，卖方提供的智能合约为 $\mathbb{P}^* = (p, p-1, 0)$ 。商品质量为 $q_i = q$ 的卖方提供的智能合约为 $(p_q, p_q - 1, 0)$ ，其中，

$$p_q = 1 - q + \mu + \int_{\underline{q}}^{q} \left[\frac{\Phi(q')}{\Phi(q)}\right]^2 dq' \tag{11}$$

这里，p_q 随 q 递减，买方都选择商品质量最高的卖方。

值得注意的是，高质量的卖方通常倾向于提供更高的产品保证。即使高质量的卖方报一个更低的价格，卖方的期望收益还是会随着他提供的商品质量的提高而变大，这是由于该卖方得到的顾客满意度更高。

在均衡合同 $(p_q, p_q - 1, 0)$ 下，不管最终的消费者是否满意，卖方获得的收益都为 $1 - p_q$ 。这一竞争性均衡的本质为现金拍卖，该拍卖中有一个商品质量为 $q_i = q$ 的投标者，他对自己的服务有一个 $q - \mu$ 的私人评价，并且报价为 p_q 。在均衡中，买方选择质量最高的卖方，该卖方在买方到来的每一期获得第二高的评价 $\mathbb{E}[q^{(2)} - \mu]$（收入等价定理)。此时的经济结果与商品质量 q 为公开信息时候的情形完全一样［见式（8）和式（9）］。此时我们有如下推论：

推论 5.4 在竞争性均衡中，智能合约可完全解决信息不对称问题，而且社会福利和消费者剩余与卖方质量信息的公开与否相互独立。

也就是说，对智能合约的形式施加限制可能会增加消费者剩余，其方式类似于证券设计对发行者收益的影响。对于关注消费者剩余的监管者来说，应该同时考虑合谋与智能合约的形式，这也是有待未来研究的一个话题。

4. 结论

本文发现，区块链等去中心化账本技术有着分布式共识、防篡改、自动执行等特征，该技术扩大了合同订立的空间，促进了智能合约的出现。然而，在达成分布式共识的过程中，该技术还会改变区块链的信息环境，通过促使合谋导致社会福利发生损失。

本文分析了区块链这一根本冲突如何重塑了产业组织和竞争格局，通过加

强市场进入与竞争，区块链可以提高社会福利和消费者剩余，但是该技术同样可能导致更多的合谋行为。总体而言，区块链和智能合约技术下对应的市场均衡有着更为丰富的经济现象。此外，我们还讨论了可以进一步提高消费者剩余的监管和市场措施，如区分共识的信息提供者和共识的使用者等。

本文在简化模型的框架下刻画了区块链的重要特征，分析了在共识生成与信息分发之间的重要权衡。如何订立稳健的共识协议、如何在特定区块链上设计合适的激励机制从而维持共识等问题，虽然超出了本文的讨论范围，但都是未来研究中非常有趣的话题，关于这一话题的探讨需要计算机科学家和经济学家的共同努力。

（中国政法大学　黄健栓　译　中央财经大学助理教授　朱菲菲　译校）

因篇幅所限，本文省略了附录部分，特向作者和读者致歉，需要者可向《比较》编辑室索取：bijiao@ citicpub. com。——编者注

参考文献

Abadi, J., and M. Brunnermeier. 2018. Blockchain Economics. Working Paper.

Allison, I. 2017. Maersk and IBM Want 10 Million Shipping Containers on the Global Supply Blockchain by Year-End. *International Business Times*, March 8. https://www.ibtimes.co.uk/maersk-ibm-aim-get-10-millionshipping-containers-onto-global-supply-blockchain-by-year-end-1609778.

Athey, S., and K. Bagwell. 2001. Optimal Collusion with Private Information. *RAND Journal of Economics* 32: 428-65.

Aune, R. T., M. O'Hara, and O. Slama. 2017. Footprints on the Blockchain: Trading and Information Leakage in Distributed Ledgers. *Journal of Trading* 12: 5-13.

Baron, D. P., and R. B. Myerson. 1982. Regulating a Monopolist with Unknown Costs. *Econometrica* 50: 911-30.

Bartoletti, M., and L. Pompianu. 2017. An Empirical Analysis of Smart Contracts: Platforms, Applications, and Design Patterns. In *Financial Cryptography and Data Security*, eds. M. Brenner, K. Rohloff, J. Bonneau, A. Miller, P. Y. Ryan, V. Teague, A. Bracciali, M. Sala, F. Pintore, and M. Jakobsson, 494-509. Cham, UK: Springer International Publishing.

Bessembinder, H., and W. Maxwell. 2008. Markets Transparency and the Corporate Bond Market. *Journal of Economic Perspectives* 22: 217-34.

Biais, B., C. Bisière, M. Bouvard, and C. Casamatta. 2019. The Blockchain Folk Theorem. *Review of Financial Studies*, 32: 1662-715.

BlockchainNews. 2017. UPS-Backed Blockchain Consortium Seeks to Disrupt the Freight and

Logistics Industry. CCN, November 17. https://www.ccn.com/bita-looking-disrupt-freight-logistics-industry/.

Bloomfield, R., and M. O'Hara. 1999. Market Transparency: Who Wins and Who Loses? *Review of Financial Studies* 12: 5-35.

Böhme, R., N. Christin, B. Edelman, and T. Moore. 2015. Bitcoin: Economics, Technology, and Governance. *Journal of Economic Perspectives* 29: 213-38.

Bourveau, T., G. She, and A. Zaldokas. 2017. Naughty Firms, Noisy Disclosure. Working Paper.

Buterin, V. 2014. Ethereum: A Next-generation Smart Contract and Decentralized Application Platform. White Paper.

Cao, S., L. W. Cong, and B. Yang. 2018. Auditing and Blockchains: Pricing, Misstatements, and Regulation. Working Paper.

Cao, S., L. W. Cong, M. Han, Q. Hou, and B. Yang. 2019. Blockchain Architecture for Auditing Automation and Trust-building in Public Markets. *IEEE Computer*. Accepted.

Chapman, J., R. Garratt, S. Hendry, A. McCormack, and W. McMahon. 2017. Project Jasper: Are Distributed Wholesale Payment Systems Feasible Yet? Working Paper.

Chen, L., L. W. Cong, and Y. Xiao 2019. A Brief Introduction to Blockchain Economics. Information to Facilitate Efficient Decision Making: Big Data, Blockchain and Relevance, edited by Kashi Balachandran, World Scientific Publishers, Forthcoming.

Chiu, J., and T. Koeppl. 2019. Blockchain-based Settlement for Asset Trading. *Review of Financial Studies* 32: 1716-53.

Cong, L. W. 2017. Auctions of Real Options. Working Paper.

Cong, L. W., Z. He, and J. Li. 2020. Decentralized Mining in Centralized pools. Forthcoming, *Review of Financial Studies.*

Cong, L. W., Y. Li, and N. Wang. 2018b. Tokenomics: Dynamic Adoption and Valuation. Working Paper.

Cong, L. W., Y. Li, and N. Wang. 2018c. Token-based Platform Finance. Working Paper.

Cong, L. W., B. Li, and T. Zhang. 2019. Alternative Data in FinTech and Business Intelligence. *Handbook of FinTech and Blockchain*, edited by Maurizio Pompella and Roman Matousek, Palgrave MacMillan. Book chapter under review.

de Vilaca Burgos, A., J. D. de Oliveira Filho, M. V. C. Suares, and R. S. de Almeida. 2017. Distributed Ledger Technical Research in Central Bank of Brazil. Working Paper.

DeMarzo, P., and D. Duffie. 1999. A Liquidity-Based Model of Security Design. *Econometrica* 67: 65-99.

DeMarzo, P., I. Kremer, and A. Skrzypacz. 2005. Bidding with Securities: Auctions and Security Design. *American Economic Review* 95: 936-59.

Easley, D., M. O'Hara, and S. Basu. 2017. From Mining to Markets: The Evolution of Bitcoin Transaction Fees. Working Paper.

The Economist. 2015. The Trust Machine. October 31, https://www.economist.com/leaders/2015/10/31/the-trust-machine.

The Economist. 2017. A Yen for Plastic. November 4.

Eyal, I., and E. G. Sirer. 2014. Majority is not Enough: Bitcoin Mining is Vulnerable. In International Conference on Financial Cryptography and Data Security, 436 – 54. New York: Springer.

Fudenberg, D., and E. Maskin. 1986. The Folk Theorem in Repeated Games with Discounting or with Incomplete Information. *Econometrica* 54: 533 – 54.

Fung, B. 2014. Marc Andreessen: In 20 years, Well Talk about Bitcoin Like We Talk about the Internet Today. *Washington Post*, May 21.

Gillis, M., and A. Trusca. 2017. 'Not There Yet': Bank of Canada Experiments with Blockchain Wholesale Payment System. *CyberLex*, June 19.

Goldstein, M. A., E. S. Hotchkiss, and E. R. Sirri. 2006. Transparency and Liquidity: A Controlled Experiment on Corporate Bonds. *Review of Financial Studies* 20: 235 – 73.

Green, E. J., and R. H. Porter. 1984. Noncooperative Collusion under Imperfect Price Information. *Econometrica* 56: 87 – 100.

Haber, S., and W. S. Stornetta. 1990. How to Time-stamp a Digital Document. In Conference on the Theory and Application of Cryptography, 437 – 55. New York: Springer.

Hackett, R. 2017. Maersk and Microsoft Tested a Blockchain for Shipping Insurance. *Fortune Finance*, Sept 5. http: //fortune. com/2017/09/05/maersk-blockchain-insurance/.

Hart, O. 1995. Firms, *Contracts, and Financial Structure*. London: Clarendon Press.

Hart, O., and J. Moore. 1988. Incomplete Contracts and Renegotiation. *Econometrica* 56: 755 – 85.

Hart, O., and J. Moore. 1995. Debt and Seniority: An Analysis of the Role of Hard Claims in Constraining Management. *American Economic Review* 85: 567 – 85.

Harvey, C. R. 2016. Cryptofinance. Working Paper.

Haswell, H. 2018. Maersk and IBM Introduce TradeLens Blockchain Shipping Solution. IBM News Room, August 9. https: //newsroom. ibm. com/2018-08-09-Maersk-and-IBM-Introduce-TradeLens-Blockchain-Shipping-Solution.

Higgins, S. 2017a. IBM Unveils Blockchain Platform for Oil Trade Finance. Coindesk, March 28. http: //www. coindesk. com/ibm-blockchain-platform-oil-trade-finance/.

Higgins, S. 2017b. Walmart, JD. com Back Blockchain Food Tracking Effort in China. CoinDesk, December 14. https: //www. coindesk. com/walmart-jd-com-back-blockchain-food-tracking-effort-china.

Huberman, G., J. D. Leshno, and C. C. Moallemi. 2017. Monopoly without a Monopolist: An Economic Analysis of the Bitcoin Payment System. Working Paper.

Innes, R. D. 1990. Limited Liability and Incentive Contracting with Ex – ante Action Choices. *Journal of Economic Theory* 52: 45 – 67.

Jeffries, A. 2018. Blockchain is Meaningless. Verge, March 7. https: //www. theverge. com/2018/3/7/17091766/blockchain-bitcoin-ethereum-cryptocurrency-meaning.

Kaminska, I. 2015. Exposing the 'If We Call It a Blockchain, Perhaps It Won't Be Deemed a Cartel?' Tactic. *Financial Times*, May 11. https: //hackernoon. com/ten-years-in-nobody-has-come-upwith-a-use-case-for-blockchain-ee98c180100.

Khapko, M., and M. Zoican. 2018. How Fast Should Trades Settle. Working Paper.

Krishna, V. 2009. *Auction Theory*. Hoboken, NJ: Academic Press.

Kroll, J. A., I. C. Davey, and E. W. Felten. 2013. The Economics of Bitcoin Mining, or Bitcoin in the Presence of Adversaries. In Proceedings of WEIS, Vol. 2013.

Lauslahti, K., J. Mattila, T. Seppälä, et al. 2016. Smart Contracts – How will Blockchain Technology Affect Contractual Practices? Technical Report, The Research Institute of the Finnish Economy.

Malinova, K., and A. Park. 2018. Market Design for Trading with Blockchain Technology. Working Paper.

Miller, D. A. 2011. Robust Collusion with Private Information. *Review of Economic Studies* 79: 778 – 811.

Nakamoto, S. 2008. Bitcoin: A Peer-to-Peer Electronic Cash System. Working Paper.

Narayanan, A., J. Bonneau, E. Felten, A. Miller, and S. Goldfeder. 2016. *Bitcoin and Cryptocurrency Technologies*. Princeton, NJ: Princeton University Press.

Narayanan, A., and J. Clark. 2017. Bitcoin's Academic Pedigree. Communications of the ACM 60: 36 – 45.

Nayak, K., S. Kumar, A. Miller, and E. Shi. 2016. Stubborn Mining: Generalizing Selfish Mining and Combining with an Eclipse Attack. In Security and Privacy (EuroS&P), 2016 IEEE European Symposium, 305 – 20. Piscataway, NJ: IEEE.

Palmer, D. 2018. R3 Pilots Blockchain Trade Finance Platform with Global Banks. Coindesk, February 21. https://www.coindesk.com/r3-pilots-blockchain-trade-finance-platform-with-global-banks/.

Porter, R. H. 1983. Optimal Cartel Trigger Price Strategies. *Journal of Economic Theory* 29: 313 – 38.

Shin, L. 2017. Why Nasdaq is Even More Optimistic about Blockchain Than It Was 3 Years Ago. Forbes, Feb 21.

Stinchcombe, K. 2017. Ten Years in, Nobody Has Come up with a Use for blockchain. Hackernoon, December 22. https://hackernoon.com/ten-years-in-nobody-has-come-up-with-a-use-case-for-blockchain-ee98c180100.

Szabo, N. 1997. Formalizing and Securing Relationships on Public Networks. First Monday 2.

Szabo, N. 1998. Secure Property Titles with Owner Authority. Online at http://szabo.best.vwh.net/securetitle.html.

Tapscott, D., and A. Tapscott. 2016. *Blockchain Revolution: How the Technology behind Bitcoin Is Changing Money, Business, and the World*. New York: Penguin.

Taylor, C. 2016. Ornua Involved in Groundbreaking Blockchain Transaction. Irish Times, September 7. https://www.irishtimes.com/business/technology/ornua-involved-in-groundbreaking-blockchain-transaction-1.2782748.

Terekhova, M. 2017. Credit Suisse – led Blockchain Solution Makes Progress. Business Insider, August 23. https://www.businessinsider.com/credit-suisse-led-blockchain-solution-makes-progress-2017-8.

Tinn, K. 2018. Blockchain and the Future of Optimal Financing Contracts. Working Paper.

Tirole, J. 1988. *The Theory of Industrial Organization*. Cambridge: MIT Press.

Tirole, J. 1999. Incomplete Contracts: Where Do We Stand? *Econometrica* 67: 741 - 81.

Turing, A. M. 1937. On Computable Numbers, with an Application to the Entscheidungsproblem. Proceedings of the London Mathematical Society 2: 230 - 65.

Weiss, M., and E. Corsi. 2017. Bitfury: Blockchain for Government. HBS Case Study January 12: 818 - 031.

Yermack, D. 2017. Corporate Governance and Blockchains. *Review of Finance* 21: 7 - 31.

Zurrer, R. 2017. Keepers—Workers that Maintain Blockchain Networks. Medium, August 5. https://medium.com/rzurrer/keepers - workers - that - maintain - blockchain - networks - a40182615b66.

特稿

Feature

Comparative

从历史看华盛顿共识

对话约翰·威廉姆森

库尔特·舒乐　特蕾莎·威廉姆森　罗伯特·余

约翰·威廉姆森因提出“华盛顿共识”（Washington Consensus）一词而闻名，该词描述了驻华盛顿的多家机构——国际货币基金组织、世界银行与美国财政部——给发展中国家设定的理想条件。他还做出了许多颇有影响的研究成果，涉及汇率、外部失衡调整及其他宏观经济学议题，撰写并编著了与这些研究相关的著作，包括：《与增长挂钩的证券》《国际货币改革：特别建议组合》《谁需要开放资本账户》《减缓繁荣萧条周期：稳定向新兴市场的资本流动》《华盛顿共识之后：重启拉美的增长和改革》《拉丁美洲的调整：已有的进展?》等。

约翰·威廉姆森于2012年从彼得森国际经济研究所高级研究员任上退休。自称属于“咸水派”经济学家的他曾出任联合国发展融资高级别专家组（High-Level Panel on Financing for Development）项目主任（2001年）与世界银

* Kurt Schuler，金融稳定中心（Center for Financial Stability）金融史高级研究员。Theresa Williamson，约翰·威廉姆森的女儿，担任催化社区（Catalytic Communities）的城市规划师与创始执行理事，该机构是通过社区开发支持里约热内卢贫民区发展的非政府组织。Robert Yee，普林斯顿大学历史学博士生。

行南亚区主任经济学家（Chief Economist，1996—1999 年），并颇具影响。① 他还担任过伦敦经济学院、里约热内卢天主教大学、华威大学、麻省理工学院、约克大学与普林斯顿大学的教授。

2018 年 9 月 29 日库尔特·舒乐与罗伯特·余在约翰·威廉姆森位于美国马里兰州切维蔡斯（Chevy Chase）的家中采访他。约翰的女儿特蕾莎也在场。2017 年年中，特蕾莎曾经对约翰做过一次深度访谈。那次访谈中有关约翰的职业生涯的某些部分被纳入本文。数年来约翰还接受过其他一些访谈，例如关于他担任世界银行南亚区主任经济学家时期工作的世界银行口述历史项目。② 本次访谈不打算过多重复之前做过的内容，而是希望让不够熟悉约翰的工作的人借此了解其研究成果的概貌。我们还希望深入他的思想，展示他对自己职业生涯的洞见，给其他经济学者提供借鉴。为内容和格式需要，访谈内容做了事后编辑整理。

专栏 1　约翰·威廉姆森的纪年表与部分著述

1937 年，生于英国赫里福德

1955 年，毕业于赫里福德男生高中

1958 年，毕业于伦敦经济学院（经济学学士）

1962—1963 年，普林斯顿大学，助教

1963 年，毕业于普林斯顿大学（经济学博士），论文题目为“专利许可与使用费期限”（Patent Licensing and Royalty Terms）

1963—1968 年，约克大学，讲师，随后任准教授

1965 年，发表首部专著《爬行钉住汇率制》（*The Crawling Peg*）

1967 年，麻省理工学院，访问助理教授

1968—1970 年，英国财政部，经济顾问

1970—1977 年，华威大学，教授，随后任荣誉教授

1972—1974 年，国际货币基金组织，顾问

---

① 咸水派是 20 世纪 70 年代创造的一个说法，以描述依然受到凯恩斯的强烈影响、主要集中在美国东西海岸各大学的经济学家，以区别淡水派经济学家。后者希望替换凯恩斯主义的核心内容，主要集中在美国中部地区（特别是五大湖附近）的各所大学。

② 参见文末参考文献的 C 部分。

1972 年，发表《应用经济学回顾：国际流动性》(Surveys in Applied Economics：International Liquidity)，载于 *Economic Journal*

1977 年，发表《世界货币改革的失败，1971—1974 年》(*The Failure of World Monetary Reform*, *1971-1974*)

1978—1981 年，里约热内卢天主教大学，经济学教授

1980 年，麻省理工学院，访问教授

1981—2012 年，国际经济研究所（后来的彼得森国际经济研究所），高级研究员

1983 年，发表《汇率体制》(The Exchange-Rate System)；教科书《开放经济与世界经济》(*The Open Economy and the World Economy*)

1987 年，编著《政治经济学与国际货币》(*Political Economy and International Money*)

1990 年，编著《拉丁美洲的调整：已有的进展》(*Latin American Adjustment*：*How Much Has Happened*?)

1992 年，访问伦敦经济学院（教授）

1994 年，发表《估算均衡汇率》(*Estimating Equilibrium Exchange Rates*)；编著《政策改革的政治经济学》(*The Political Economy of Policy Reform*)

1995 年，发表《货币委员会的作用》(*What Role for Currency Boards*?)

1996—1999 年，世界银行，南亚区主任经济学家

1996 年，发表《以爬行区间作为汇率体制》(*The Crawling Band as an Exchange-Rate Regime*)

2001 年，联合国发展融资高级别专家组，项目主任

2003 年，编著《华盛顿共识之后：重启拉美的增长和改革》(*After the Washington Consensus*：*Restarting Growth and Reform in Latin America*)

2004 年，发表《美元调整：幅度与标杆》(*Dollar Adjustment*：*How Far*? *Against What*?，与弗雷德·伯格斯滕合著)

2006 年，访问伦敦经济学院（研究员）

2007—2008 年，英格兰银行，霍布伦－纽曼学者（Houblon-Norman Fellowship）

2012 年，从彼得森国际经济研究所退休；出版纪念文集《非常时代的全球经济：约翰·威廉姆森荣誉文集》(*Global Economics in Extraordinary Times*：*Essays in Honor of John Williamson*)

2015 年，发表《国际货币改革：特别建议组合》（*International Monetary Reform: A Specific Set of Proposals*）

2017 年，发表《与增长挂钩的证券》（*Growth-Linked Securities*）

早期生活与教育

问：您可以讲讲自己的童年和家庭生活吗？

答：我出生在自己家里。父亲是位种植玫瑰的苗圃园主，当一家大苗圃在大萧条时期破产时，他买下了其中一小块，开始自己打理生意。我的母亲和姐姐（后来成为有名的语言学家①）则是我的主要行为榜样。

整个童年时期，我们都住在同一个地方。当时正值第二次世界大战，父亲经常不在家。战争时期实行配给制，甚至延续到战后很多年。我唯一一次出国是在 1954 年春，由学校组织的为期一周的巴黎之行。

问：您初次听说经济学这门学科是什么时候？

答：是来自我就读的赫里福德男生高中的校长。在去伦敦经济学院大约一年之前，我本打算学习土木工程。可当时的数学老师认为我的数学还不够好，于是同样教数学课的校长给他的一位在斯旺西大学（University College of Swansea）担任经济学讲师的校友写了封信，并鼓励我到伦敦经济学院就读。我先考虑去学习经济地理学，主要因为地理是我更擅长的科目，另外也由于这门课在我们学校教得比较好。但校长说直接读经济学要好得多，我听从了他的建议。

我觉得，去伦敦经济学院的念头以前就出现过。我不确定源自何时，或许是因为我之前就读学校的校长，他曾于两次世界大战间歇期在那里学习。我当时并不清楚自己想学何种科目，只是想到伦敦中心区念书，因为那里是做大事的地方，这是一个来自赫里福德这种冷清小城市的少年的可怜愿望。当然，伦敦市中心也不是只有伦敦经济学院这一所大学。

---

① 露丝（凯）·威廉姆森［Ruth（later Kay）Williamson，1935—2005］，尼日利亚语领域的权威。

问：到伦敦经济学院之后，是谁把经济学作为一种科学观念传递给您的？

答：我从未上过比尔·菲利普斯①的课，但他对我影响极大。他把关于菲利普斯曲线的论文在出版前就给我阅读，我以此作为基础来论述凯恩斯模型虽然在短期内成立，但在长期中会具有古典理论的特征。这还帮助我顺利通过了毕业考试。

另一位令我吃惊的杰出经济学家是迪克·利普西②，他年长我十岁不到，当时刚开始其职业生涯。由于海伦·麦考尔③在交通事故中受伤，利普西来代课时讲授了非常精彩的课程。

那时的经济学是由保罗·萨缪尔森支配的时代④，他把经济学做了系统的数理化，成为时代的英雄。如今我认为这个说法有点过头了。经济学远不止是数学，数学是其中重要的组成部分，但还有很多别的内容，人们需要对现实世界有深刻理解。

问：您是否认为今天的经济学过分强调数学了？

答：是的，数学替代了经济史研究，我对此感到遗憾。我认为人需要开发出能判断哪些事情重要的感觉。

问：经济学家是否在根据新的行为研究反思自己的论断？

答：我希望如此。某些经济学家相信人类本质上是贪婪的。我认为有必要承认贪婪是人类驱动力的重要组成部分，但对我们来说还有其他多得多的因素。例如在伦敦经济学院，我们并没有感到自己都被训练为变得自私自利。

问：从伦敦经济学院毕业后，您做了哪些事情？

答：我在空军服役了两年，这在当时是强制性的，此后去普林斯顿大学的

---

① 奥尔本·普利普斯（Alban William Housego “Bill” Phillips，1914—1975），菲利普斯曲线的发明者。

② 理查德·利普西（Richard Lipsey，1928—），最知名的成果是关于次优理论的研究。

③ 海伦·麦考尔（Helen MaKower，1910—1998），以数理经济学的研究而知名。

④ 显然，对本文的目标读者而言无须做更多介绍。

研究生院度过了三年。当我在 1958 年以一等荣誉毕业时，莱昂内尔·罗宾斯①对我说："年轻人，世界就在你脚下！"我回答说："很不巧，我已经决定接下来去服兵役，因为我没有料到会得到这个（上研究生的）机会。"同样我也没有想到义务兵役制会在下一年结束。当时考虑到无论如何都需要等上两年时间，我觉得还是去空军里干着更合适。

问：您的军队时光是如何度过的？

答：通过训练后，我被分派到空军部位于白厅的科学顾问室。② 我只有在团队聚餐晚会等特殊场合才穿制服。

我在那里做运筹研究。我们设计了一款战争游戏，有 200 架老式的俄国轰炸机对我方发动攻击，而我们的反击威慑力量则来自英国皇家空军。我判断，即使假设俄国人仅用两三枚导弹首先打击我方的雷达，这一攻击也将难以被阻吓。因此结论是不言自明的：需要把阻吓威慑留给其他人去完成，例如美国人，或者英国皇家海军（如果你坚持用本国武装力量的话）。

问：为什么您在服役后去了普林斯顿的研究生院？

答：我咨询了导师，他的答复我记忆犹新："美国有三所大学，哈佛、耶鲁和普林斯顿。如果你申请去哈佛或耶鲁，可能会成功。如果你申请普林斯顿，则肯定会拿下，因为我会请鲍莫尔③录取你。"我后来发现美国的大学不止这三所，当然鲍莫尔确实是普林斯顿的大人物。

我懒于申请更多学校，便选择了普林斯顿。后来我感到，普林斯顿并非最佳选择，对我而言最好的应该是麻省理工学院，它正处于学术巅峰期，在当时大名鼎鼎。

---

① 莱昂内尔·罗宾斯爵士（Lionel Robbins，Baron Robbins of Clare Market，1898—1984），著有《经济科学的性质和意义》（An Essay on the Nature and Significance of Economic Science，1932 年），是让伦敦经济学院成为国际知名学府的领导者。

② 伦敦那块区域是英国主要政府机构的所在地。

③ 威廉·鲍莫尔（William Baumol，1922—2017），在伦敦经济学院获得博士学位，是没有获得诺贝尔奖的最知名经济学家之一，其贡献遍布劳动经济学、环境经济学、货币经济学、金融学等诸多领域。

问：您可以谈谈在普林斯顿的岁月吗？

答：我总共在那里待了三年。最后一年的中间我就拿到了博士学位，因此开始尝试执教。我刚去普林斯顿时还没有真正打算获得博士学位，但每个人都在劝我。你们知道，博士学位被视为在学术圈得到体面教职的必需资质，没有更多选择。

我还记得当时开设的一些课程。第一年有四门：奥斯卡·摩根斯特恩①的博弈论，威廉·鲍莫尔的微观经济理论，迪克·奎特②的宏观经济学。第四门忘记了。

问：您觉得最有意思的课程有哪些？

答：或许是博弈论，尽管我自己并不擅长，但摩根斯特恩在这个知识领域的漫游方式非常有意思，他会讲述各种各样有趣的问题。有一天他问起美国的钢铁产能，我给出了正确答案，因为几周前正好在《经济学人》杂志上读到一则消息，我便准确地说出了每年1.2亿吨，他称赞我很有慧根。他满教室打转，听同学们给出五花八门的答案，但无人说对。等到终于有人给出满意答复时，他便认为这肯定是个聪明人。

问：您曾经提到，鲍莫尔、库恩③和摩根斯特恩是普林斯顿时期对您的思想影响最大的三位经济学家。就您本人关于汇率问题的兴趣，是否有哪位学者的影响最大？

答：弗里茨·马克拉伯④对我的这一兴趣影响较大，但那是在伦敦经济学院时期形成的，是通过阅读文献的方式，而非教授发挥的影响。

---

① 奥斯卡·摩根斯特恩（Oskar Morgenstern，1902—1977），奥地利裔美国人，与普林斯顿大学数学家约翰·冯·诺依曼（John von Neumann）一起创立了博弈论研究及其在经济学领域的应用。

② 理查德·奎特（Richard Quandt，1930—），在数理经济学及其他领域有所建树。

③ 哈罗德·库恩（Harold Kuhn，1925—2014年），数学家，主要贡献包括博弈论以及在经济学中得到广泛应用的非线性规划的库恩—塔克条件。

④ 弗里茨·马克拉伯（Fritz Machlup，1902—1983），与奥斯卡·摩根斯特恩一样是来自维也纳学术圈的奥地利裔美国人，主要贡献包括汇率经济学、经济语义学以及知识基础经济学等。

问：您在普林斯顿讲授的课程有哪些？

答：我讲授过一部分经济学原理和发展经济学。我还记得自己讲的第一节发展经济学课程，那真是一塌糊涂。我首先为课程内容做了个综述，然后开始讲具体内容，接下来准备再做总结。等一部分综述讲完后，所有学生都不再做笔记了，我心里暗叫不妙，于是加快速度完成了整个讲述。最后离下课还剩下20分钟，我已经完全无话可讲了。

问：您的博士论文其实与汇率无关，标题为“专利许可与使用费期限”。这个题目是如何选定的？

答：弗里茨·马克拉伯有一系列选题，他建议我从中考虑，我就选择了这个题目。他给我的论文提供了指导。后来我希望当初是自己挑选题目，而非跟随他的建议。他的做法让我感觉到自己只能在既定题目中挑选，当我同鲍莫尔谈起时，鲍莫尔说如果我打算做别的研究课题，那也是完全可行的，而且大学会提供一些资助。由此我信心大增，便开始埋头苦干了。

汇率问题并没有主宰我在普林斯顿的生活。不过，那时身为经济顾问委员会成员的詹姆斯·托宾①曾来普林斯顿发表过一次晚间演讲，而我在现场提了一个预示自己未来职业的问题。之前我在《经济学人》杂志读到一篇文章，谈到可以实现汇率的逐渐调整，于是我请他对此谈谈感想。他回应说，他也读了《经济学人》杂志，就这样回答了我的提问，却没给出令人满意的解释。

早期职业生涯；爬行钉住汇率制

问：离开普林斯顿后，您开始在约克大学执教。是什么机缘让您去了那里？

答：当时的约克大学在是一所新兴学校，准备认真建设经济学科，例如任命了阿兰·皮科克②作为创始系主任。因此当他们最终联系我时，我很兴奋。我于1963年8月底返回了英国，而大学将在10月份开学，我有一个月时间找

---

① 詹姆斯·托宾（James Tobin，1918—2002），长期担任耶鲁大学教授，1981年获得诺贝尔经济学奖，以货币经济学的贡献最为知名。

② 阿兰·皮科克爵士（Sir Alan T. Peacock，1922—2014），对诸多领域皆有贡献：国民保险经济学、公共财政、艺术经济学、公共选择，以及特定国家经济发展研究等。自20世纪70年代以来，他经常在各种议题上担任英国政府的顾问。

住处安定下来。

我希望住在大学里，期待那里有地方可选。但我看了几个地方，发现并无多大的吸引力。最终我找到的只是一套公寓，楼上是某个与大学有关系的人物。我住在底层，他在二层。那里是约克城的一部分，靠近市中心，但不在主街上，而在一条名为斯凯尔德盖特（Skeldergate）的小街上，稍宽的地方可以让我停车。那里还有空位再停一辆车，但大多数晚上都没人。当时还不存在普遍拥有汽车的现象，相对于停车需求而言，空间多得是。

问：从一名学生突然间转换为一位教授的角色，对您是怎样的感觉？

答：我当时非常在意这种转变。我们过去喜欢开玩笑说，学生每年都在变年轻。我主要给本科生讲授微观经济学。有则笑话说，约克大学的经济系负责讲公共财政，其他所有课程都由约翰·威廉姆森讲。

这是因为，除了我和统计学家之外，经济系在第一年中还有四位教员——皮科克、怀斯曼、多瑟与赫顿①，他们都专长于公共财政。皮科克是系主任；怀斯曼来自社会学研究所（Institute of Social Studies），不是全职教学教授；多瑟则是在一两年后才被聘为全职教授。第二年艾伦·威廉姆斯②来了。他在约克主要因为两件事而出名：可以讲一小时课而无任何讲义，这令学生们感到震撼；更广为人知的则是发起了卫生经济学的研究。如今这已是极为宏大的研究领域，但在当时还默默无闻。

在约克大学的最后一年，我已收到申请教授职位的邀请。最后，我收到了曼彻斯特、诺丁汉与华威大学提供的教职。

问：您对讲授微观经济学的感受如何？

答：我对讲授经济学课程都非常有热情，而且跟具体讲哪个部分无关。当你开始执教时，充满热情总是件好事。

记得到第二年时，我开始讲授国际经济学课程。对象是研究生，但不是特

① 杰克·怀斯曼（Jack Wiseman，1919—1991），卫生经济学教授；道格拉斯·多瑟（Douglas Dosser，1927—），理论经济学教授；约翰·赫顿（John Hutton，1948—），荣休经济学教授，专长于卫生经济学、税收政策和经济计量学等。

② 艾伦·威廉姆斯（Alan Williams，1927—2005），经济学教授。

别正规的讲课，是介于美式体制与当时还留存的英式体制之间的混合模式，没有正式的课程，而是给研究生提供充分的个人指导。

我在约克大学的第一学期就赶上《罗宾斯报告》（The Robbins Report）①发表，呼吁大学扩招，于是一个年龄段的入学率随之从5%提高至40%。这一全国性政策从短期看让学术界获益良多，并极大地促进了经济学的发展。

问：在一次访谈中，您提到对汇率的研究是您的“首要贡献”。② 可否介绍一下您在汇率制度方面的主要发现？

答：的确，很久以来我就有这样的观点：汇率错配（currency misalignment）是一个严重的社会问题，而汇率的波动性——采用汇率变化的通行测算方法——充其量是个小麻烦。“错配”是指对均衡汇率的长期偏离，例如美国、英国、德国、瑞典、瑞士和荷兰等国在近年来的情况。我认为德国等国家因为汇率低估而受损，生活水平低于本应达到的程度。当然，汇率低估造成的后果是否跟高估同样严重，我对此尚不确定。

问：您对汇率问题的第一份重要成果或许是1965年关于爬行钉住汇率制的专著。可否讲解一下，您的思想如何从爬行钉住汇率制发展到如今所说的BBC（篮子、区间和爬行）类型的有管理的浮动汇率制，以及用基本均衡汇率作为测算失衡的方法？③

答：爬行钉住汇率制需要逐步实现汇率贬值，让大家知道贬值会发生，但使利率高到足以补偿贬值货币的持有人。与之作为对照的是可调整的钉住汇率制，汇率在短期内不变，但政府保留调整的权利，当政府最终推动汇率贬值时，则要确保贬值幅度足够大。

我比较晚才认识到较宽的区间对爬行钉住汇率制的补充作用，其方式是扩大了无危机的平价变化的可行范围。

钉住一个货币篮子的优点在于，让你的对外贸易免受篮子内货币汇率变化

① 该报告的全名为：Higher Education：Report of the Committee Appointed by the Prime Minister under the Chairmanship of Lord Robbins 1961 –63。

② 该访谈发表为：[Carlos Lozada]，“A Conversation with John Williamson，Economist，” *Washington Post*，April 12，2009。

③ 可参阅 *Exchange Rate Regimes for Emerging Markets：Reviving the Intermediate Option*（2000）。

的影响。彼此贸易关系密切的一组国家钉住相同的货币篮子，可以使它们之间的贸易免受第三国汇率变化的冲击。

至于基本均衡汇率（fundamental equilibrium exchange rate），我是在国际货币基金组织讨论“根本性失衡”（fundamental disequilibrium）概念时提出的。它可以定义为当某个经济体处于内部平衡的数年中，能实现令人满意的经常项目平衡的汇率水平。

问：您可否介绍下这些早期研究项目给世界带来的现实影响？

答：我可以谈谈自己在约克时就在构思的三个项目。其中的通胀项目应该没有多大影响，但这是件好事，因为它被误解为是前理性预期分析的成果。①关于销售与增长最大化的研究项目也应该对现实世界影响不大。② 我认为它在学术领域有些帮助，但对真实世界没有显著作用。

至于汇率（爬行钉住制度）的研究，起初我认为将要花费两三年，不久后人们就会认识到我的观点的价值并采纳这些政策。然而这并未发生，一直没有发生。我成了旷野中孤独的呼唤者。

我做过几次关于爬行钉住汇率制的讲座，包括在牛津大学。当时罗伊·哈罗德爵士③邀请我去接任他在基督教会学院（Christ Church college）的职位——那在牛津也非常显赫。我没有接受，因为我感觉牛津相对于其他大学而言被过于高估了，而自己依然梦想着帮助新兴的大学变得同样成功。

问：您是什么时候去麻省理工学院的？

答：在约克大学的第四年，当我第二次去美国的时候，应该是 1967 年。当时，查理·金德尔伯格④是麻省理工学院的国际经济学领头人。在他的课程

① “Phillips Curves, Expectations of Inflation and Optimal Unemployment over Time: Comment,” *Economica*（1968）。

② “Profit, Growth and Sales Maximisation,” *Economica*（1966）。

③ 亨利·哈罗德爵士（Sir Henry Roy Forbes Harrod, 1900—1978），牛津大学经济学家，著名的哈罗德—多玛增长模型开发者，《约翰·梅纳德·凯恩斯的人生》（1951）的作者。

④ 查尔斯·金德尔伯格（Charles Kindleberger, 1910—2003），最为知名的著作包括《狂躁、恐慌与崩溃》（*Manias, Panics and Crashes*）和《西欧金融史》（*A Financial History of Western Europe*），都是在威廉姆森来到麻省理工学院后出版的。

中，有位学生下课前问了个问题，查理暗自对我说："这孩子非常聪明。"他就是斯坦利·费希尔①。他后来担任了美联储副主席和以色列银行行长，以及国际货币基金组织副总裁。

约瑟夫·斯蒂格利茨与托尼·阿特金森②当时也在那里。还有一位极富才华的阿根廷经济学家③，可惜英年早逝。他非常年轻的时候就已经卓有成就。

当然，伟大的保罗·萨缪尔森也在那里。他被广泛推崇为全世界经济学家的领袖，不过如今也有很多人认为是米尔顿·弗里德曼。在我看来，萨缪尔森在当时及之后的许多年里赢得了世界头号经济学家之争。

政府顾问

问：在离开麻省理工学院和约克大学后您从事了什么工作？

答：我在 1968 年加入了英国财政部，被任命为顾问。这是个正式头衔，因为除此之外他们没办法支付为聘任我所要支付的薪水。他们以为必须给我能与学术界最优出价相匹配的待遇，但事实上我并没有那么高的要价。我只是希望去财政部看看内部是什么样子，以及能否获得信息上的优势。在那里的确能听到外人得不到的各种各样的见解，但并没有系统性的信息优势。

我的工作有两个不同方面：一是给任何有需要的人提供建议，二是做很普通的预测。我被任命为当时名为欧洲经济共同体的事务负责人。我专门负责法国，雷切尔·洛马克斯④担任我的研究助理，负责德国。她后来升任英格兰银行副行长，并在一段时间负责威尔士事务部（Welsh Office）的工作，是那里的最高级别公务员，之后又去了英格兰银行，做得非常出色。她是个很聪明的女生，那时还是剑桥大学的经济学研究生，来财政部实习，就直接协助我工作。

---

① 斯坦利·费希尔（Stanley Fischer，1943—），美国宏观经济学家，出生于北罗得西亚（现赞比亚），后来搬到南罗得西亚（现津巴布韦），2005 年受邀加入以色列国籍，曾任麻省理工学院教授、世界银行首席经济学家与美联储副主席。

② 约瑟夫·斯蒂格利茨（Joseph Stiglitz，1943—），美国人，2001 年诺贝尔经济学奖得主；托尼·阿特金森，即安东尼·阿特金森爵士（Sir Anthony Atkinson，1944—2017），英国人，在贫困与收入不平等研究领域卓有建树。

③ 米盖尔·西德劳斯基（Miguel Sidrauski，1939—1968），在货币与增长理论方面颇有贡献。

④ 雷切尔·洛马克斯（Rachel Lomax，1945—），还曾担任另外三个英国政府部门的常务次官（顶级公务员）以及世界银行副行长。

在财政部，我加入了一个专设委员会，它决定英国对国际货币改革（汇率和流动性）的态度。该机构的主席是财政部最高级别公务员道格拉斯·阿伦爵士①，其他几位成员也非常资深，还有剑桥大学的波斯纳②和我本人。

刚加入时，他们带着有偏见的眼光看我，觉得我跟他们不搭调，但不久后我就得心应手了。但我没说服委员会接受我的观念，那时我对爬行钉住汇率制过于热心。而他们告诉我，增强汇率灵活性的建议的长期后果将是让英国人永远不愿意再次尝试钉住英镑。我的目标完全不是让行政部门反对钉住英镑。他们没有再次实行爬行钉住汇率制度，但这不是问题所在，我认为爬行钉住汇率制度并不像他们最终的结论那样糟糕。在那之后他们实行了浮动汇率制。③ 而我主张的灵活性是说，当形势需要时，你要调整钉住的目标值。

汇率是该委员会关注的主要议题。那时也是特别提款权（SDR）④ 制度的早期实施阶段，我们面临的问题是 1970 年会不会配置特别提款权，如果能配置，数额会有多大。美国人在 1969 年实施了非常紧缩的货币政策，吸走了欧洲的资金，因此连德国人也能看出在当年增加流动性的好处。我们的委员会支持较大数额的配置，而我属于少数派，认为较少的流动性更有利于英国的国家利益。1970 年 1 月 1 日特别提款权投入使用，金额达到 35 亿美元。

我还给财政部其他部门提供了各种建议，从对外援助（不涉及技术性）到外汇管制（当时仍存在此制度，并有极强的技术性）等。1970 年，我加入了一个下设委员会，专门负责允许（财政部持股 48% 的）英国石油公司（BP）超越外汇管制规则以实现在北美的业务扩张项目。我们当然给开了绿灯。直到 42 年之后，我才首次觉得这一做法可能给世界造成了伤害：英国石油公司污染了墨西哥湾。

我在财政部的另一部分工作是预测欧洲经济共同体的进口。财政部想知道英国的市场在下一年会有多大扩张，而我们的结论是，大致来说英国的出口市

---

① 道格拉斯·阿伦爵士（Douglas Allen，Baron Croham，1917—2011），英国公务员。

② 迈克尔·波斯纳（Michael V. Posner，1931—2006），剑桥大学经济学家。

③ 但英国在 1990—1992 年曾是欧洲货币体系汇率机制（Exchange Rate Mechanism of the European Monetary System）的会员国。

④ 特别提款权（Special Drawing Right，SDR）是国际货币基金组织使用和保有的货币单位，用于外汇交易中的一种资产，其价值根据加权货币篮子计算。

场在1969年会增加10%，长期平均数则是8%。我记得那个委员会的主席说：“我们不可能看到英国出口市场连续两年扩张超过8%，这种事不会发生。”但事实上，如果我没记错的话，英国当年的出口市场增长了16%。因此，我们至少判断对了出口偏离长期平均水平的趋势，但我们在出口预测中辛苦测算出来的数据却没有得到采用。

问：在离开财政部之后，您去了华威大学。是什么因素吸引了您？

答：当时有三个地方——曼彻斯特、诺丁汉与华威大学——在两年前就给我提供了教职。我没有马上接受，但后来意识到应该先接受，再推迟赴任。曼彻斯特的职位已不复存在。诺丁汉的优势在于有鲍勃·科茨①负责经济史学，我可以找到非常好的合作伙伴。此前还有去剑桥或牛津的可能性，但我都拒绝了。查尔斯·达尔文曾上过的剑桥大学基督教会学院还给我提供过院士职位，相当于其他地方的教授。

最终我决定接受华威大学的教职，因为它与约克一样是所新兴大学，不太会有其他校园当时遇到的各种麻烦，例如学生反抗教授等。但这是我可能保有此类念头的最后一周了，因为就在我接受该职位邀约的一周后，华威大学的学生也掀起了反抗行动。最后我发现，自己其实到了一个师生关系面临大麻烦的学校。

在前往华威大学之前，我做的最后一件事就是去谢菲尔德参加一场大学研讨会。从那里回来的火车上，我与彼得·奥本海默②同行，他接过了我在两年前放弃的牛津大学基督教会学院的职位。我跟他商量好，每个学期举办一次华威、牛津和雷丁大学合作的联合研讨会，并将其命名为“中南部教员研讨会”。这个想法在华威大学遭到了凯斯·考林③的反对，他担心合作计划实际上会给牛津帮忙。但我的意见最后占了上风。

问：华威大学经济学派的思想有哪些特色？

答：我到那里是1970年9月。他们的想法是吸引很多教授来经济学系，

---

① 阿尔弗雷德·科茨（Alfred William “Bob” Coats，1924—2007），以经济思想史方面的贡献而闻名。

② 彼得·奥本海默（Peter Oppenheimer，1938—），后来成为皇家荷兰壳牌石油公司的首席经济学家。

③ 凯斯·考林（Keith Cowling，1936—2016），主要贡献在产业结构领域。

并很早就在招募国内那些最聪明但尚无职位的经济学家。但我不清楚他们试图“兜售”的经济学有何与众不同之处。

我负责执教国际经济学这一自己专长的科目。另外还有宏观经济学，我讲过一年级的宏观课程，是学生普遍需要学习的。我应该还讲过其他课程。

我在华威大学度过了两年，然后休假去了国际货币基金组织，他们在我到华威大学一年左右就发来了邀请。弗雷德·赫希①那时即将离开国际货币基金组织，他最后作为国际事务领域的教授回到了华威大学。我后来回华威大学时与他经常交流，但是当时与他并不太熟悉。他同样很关注爬行钉住汇率制，给我留下了很深的印象。

国际货币基金组织；巴西

问：您是在此时加入了国际货币基金组织吗？

答：是的。我记得在 1972 年 1 月收到雅克·波拉克②来信，邀请我去接替即将在春天离任的弗雷德·赫希。我答复说，我无法在春季就任，因为已经答应别人要在当年夏季写出一篇关于国际流动性的研究论文。作为当时国际货币基金组织研究部领导及最实权人物之一，波拉克说他将把职位给我多保留几个月。于是我同意在 10 月 1 日履职。华威大学则同意在我离开期间保留两年教职，这属于通行做法。

雅克·波拉克同马库斯·弗莱明③结成了一对意气相投的工作伙伴。马库斯非常激烈地否决过我的一些想法，但他不失为一个很有趣的人。

当时组建了“20 国委员会”（Committee of Twenty）④，以研究对货币体系的重新设计。该委员会的首次会议定于我到任后召开，在 11 月的感恩节后。

---

① 弗雷德·赫希（Fred Hirsch，1931—1978），英国财经记者与经济学家，最为知名的著作是《增长的社会极限》（*The Social Limits to Growth*，1977）。

② 雅克·波拉克（Jacques Polak，1914—2010），荷兰经济学家，他创始的模型被国际货币基金组织用于指导成员国解决国际收支平衡问题。

③ 约翰·马库斯·弗莱明（John Marcus Fleming，1911—1976），英国经济学家，国际货币基金组织研究部副主任。

④ 此前名为“国际货币体系改革及相关事务理事会委员会”（Committee of the Board of Governors on Reform of the International Monetary System and Related Issues），由国际货币基金组织于 1972 年设立，目的是在 1945 年建立的布雷顿森林体系于 1971 年崩溃后，为国际货币体系改革准备草案。

此前我用了几周时间撰写相关领域的思考，探讨自己感兴趣的题目，包括特别提款权与援助的关系，那是我第一次同马库斯产生争执。

我们第二回爆发冲突是在我向 20 国委员会提交首篇论文之后。从第一次会议可以明显看出，在指标问题上会出现巨大争执。为此我撰写了关于指标的文章，赞同储备积累太多的国家应该做出调整的观点。由于名为“指标”（indicators），马库斯·弗莱明便完全不能接受，他争辩说，政策绝对应该由人来制定，而不是盲目地根据指标。我们在这一议题上的交锋持续了很长时间。

在华盛顿特区，我在乔治城找到一套称心的公寓，尽管没有待足两年。那里有宽敞的客厅，还有主卧和厨房，但没书房。当时算很贵的租金，每月 400 美元。乔治城似乎是最佳地点，附近的氛围令我很惬意，因为年轻人特别多，而我当时感觉自己也还很年轻。

我在国际货币基金组织工作时结婚了。像我这样同基金组织的另一职员成婚，很大概率会是来自不同国籍。例如，我妻子就是巴西人。

问：您在国际货币基金组织的工作状况如何？

答：我被安排有关国际货币体系改革的工作，是负责撰写论文的资历最浅者。之前由凯恩斯参与设计的布雷顿森林体系，因为过于强大的投机压力而走向崩溃。这也是我们一直担心会出现的局面。

在英国财政部时，我们就有一个国际货币体系改革委员会，并非常担心它会最终崩溃，只是没有人知道崩溃时会带来何种后果。我们明白崩溃的必然性，这在很大程度上是常识，因为全球范围内释放出来的投机资金总量太大，在这种力量下不可能维持住汇率。当时的英国首相泰德·希斯（Ted Heath）指示英格兰银行不得允许英镑升值，也不允许买入更多美元。而你要阻止英镑升值的办法就是买入美元，他的指示完全自相矛盾。

问：您如何总结自己在国际货币基金组织的经历？

答：我喜欢自己从事的工作，但我在早期对取得任何成就不抱希望。我认为那些负责人缺乏完成重大成就的正确态度，事实上他们最后也或多或少承认当时经历的是一场惨败。

问：离开国际货币基金组织后，您回到了华威大学。这次回归有哪些特色？

答：离开华威大学时我还是单身汉，归来时已是个居家男人，除妻子外，我还带回来两个小儿子，另有我夫人过去收养的一个十多岁的孩子，一个外甥女和一条狗。回华威大学后的头一年我们又添了个女儿。

我记得经常去参加货币问题研究小组的聚会，在那里同大卫·莱德勒（伦敦经济学院比我晚一届的毕业生，之后去芝加哥大学，为避免到越南而接受了曼彻斯特的教职）和迈克尔·帕金（聪明的年轻人，从未到过芝加哥，却极具其气质）①展开各种争论。1970 年左右，我同帕金打了一次赌，如果记得没错的话，是关于他的工资方程式，由于像当时的标准做法一样缺少预期项，我判断会在 1971 年和 1972 年低估英国的工资通胀率，幅度至少两个标准差。我们很快就能知道谁对谁错。打赌的目的是希望给成本型通胀找到坚实证据，但最终结果是我们赞同需要加入一个预期项。当时的那些会议由哈利·约翰逊②主持，他完全不相信成本推动型通胀理论。

我参与的另一件事是 1976 年春在布鲁金斯学会的一次研讨会，关于石油价格上涨对世界经济的影响。那时人们不太担心发展中国家的一般情况，然而石油生产国举足轻重。1973—1974 年的油价上涨让大家首次见识到石油生产国对全球经济的巨大威力。各商业银行不久后就开始给发展中国家提供贷款，以帮助那些因为石油交易出现经常账户赤字的国家。

还有一个关于石油价格上涨对世界经济影响的研究项目，由亚历克·凯恩克劳斯爵士③牵头，若干英国经济学家参与。在给英方团队提供的论文中，我试图分析这对非石油领域的国际贸易是否有特殊影响。总体而言，我并不认为油价提高意味着世界末日，这与当时的大多数经济学家有分歧。他们倾向于说，石油价格上涨可能让石油生产国成为唯一的资本家。

---

① 大卫·莱德勒（David Laidler，1938—），主要成果包括货币需求与货币理论史的研究；迈克尔·帕金（Michael Parkin，1939—），以畅销经济学入门教科书和广泛的研究领域而知名。两人皆生于英国，并在 1975 年开始担任西安大略大学的教授职务。

② 哈利·约翰逊（Harry Johnson，1923—1977），加拿大人，芝加哥大学教授，或许是有史以来在经济学期刊中最多产的作者。

③ 亚历山大·凯恩克劳斯爵士（Sir Alexander“Alec”Cairncross，1911—1998），苏格兰人，经常担任英国政府的顾问，并撰写英国经济政策和近期英国经济史的著作。

那段时期还有段插曲值得一提。剑桥大学的韦恩·戈德利①教授开始宣传他的一个看法：能让英国走出两难困境的出路是贸易保护！我牵头组织了几位学者，给伦敦的《泰晤士报》写信驳斥他的无稽之谈。②

问：在离开华威大学之后，您成为里约热内卢天主教大学的经济学教授。您在巴西过得好吗？

答：其实，我不是直接去里约天主教大学上任的。起初招聘我的是巴西地理与统计研究所（IBGE，Institito Brasilero de Geografia e Estatistica），而他们真正想要的人是我夫人。幸运的是，那里的所长发现了问题，公开质疑说给一个无所事事的人支付最低工资 28 倍的薪水对这位不落俗套的有良知者亦非好事，然后建议我转入准备开设研究生课程的天主教大学。

我为巴西开发银行的 25 周年大会提交了一篇关于债务的论文。③ 文中指出，全世界有能力把石油贸易逆差转移给发展中国家，但通过商业银行做这种事情是有风险的。当然，巴西政府激烈反对人们对通过商业银行来操作此事的质疑。

我参加了一次关于巴西通胀问题的会议。当时巴西深陷高通胀漩涡，会议举行时已是连续第 97 个月的年通胀率达到中等个位数，后来还将出现几轮超级通胀。那是我第一次见识到巴西在经济分析上的独特思路——最终在 1992 年帮助该国成功实现了稳定！

我记得当时寄给母亲的一封信中，提到那里的街道全是单向行驶，实在令人讶异。这是巴西给我的主要冲击之一，还有那里生产各种类型的产品，以及该国的发展程度。当时的人们基本上没有把巴西当作像样的工业国家，“只不过是个发展中国家”，贫穷的发展中国家之一。因此我非常惊讶地看到巴西工业基础已经发展到足以制造出大多数产品，虽然还不是全部产品，但也已非常多。确实也有一些产品他们做得不是很好，当开放贸易的时候，他们就不再生产，而是从国外进口，我认为这是件好事。实际上他们取得了很大进步，在我看来这具有深远的意义。

---

① 韦恩·戈德利（Wynne Godley，1926—2010）。

② “Protection,” *The Times*（October 11，1976）.

③ “Transferencia de recursos o sistema monetario internacional”（1977）.

我来到巴西第三年的时候，鲁迪·多恩布什①也在那里，他同样娶了位巴西的太太。我们当时做了职位互换，我在那年承接了他在麻省理工学院讲课的任务。

在巴西的最后一学期，我决定把授课内容写成一本教材。② 我的想法大致是每周完成一章，把我同时要讲授的内容写进去。但我没有完全跟上节奏，在夏天去华盛顿之后又花了大约一个月才完成写书的目标，出版了一本还算成功的书，并因此赚了大约 8000 美元。我用这笔钱带着全家人完成了首次从美国到英国的旅行。

智库学者；目标汇率区间

问：1981 年，您成为国际经济研究所（IIE，后来的彼得森国际经济研究所）的高级研究员。回到华盛顿是怎样的情形？

答：我还在完成自己的教材写作，我有过一个极其雄心勃勃的计划，但最后没有完全实现。我是在 7 月初结束里约天主教大学的教学来华盛顿的。

我从 9 月初开始在国际经济研究所工作，而研究所正式成立要等到 10 月初，我提前了一个月为之干活。他们获得批准，通过卡内基基金会（Carnegie Endowment）给我付报酬。基金会是国际经济研究所的发起者，提供了多方面的帮助，在研究所正式成型之前代为管理。

起初，研究所面临的一大问题是我们如何对工作项目分工。大体上我承接了宏观与国际货币基金组织的议题，比尔·克莱恩负责债务议题（尽管他仍关注贸易），加里·赫夫鲍尔负责贸易政策。③ 我记得弗雷德·伯格斯滕④非常担心我们当时在宏观领域的曝光度比贸易政策多太多，但我认为这主要是人们的固有印象所致。1982 年夏，随着墨西哥债务危机爆发，债务问题凸显。研究所成立后的最初 10 个月里，人们还看不出比尔·克莱恩是在负责一个非常重要的议题，但随着墨西哥危机来临，这点就很清楚了。

---

① 鲁迪格·多恩布什（Rudiger Dornbusch，1942—2002），生于德国，1975 年起担任麻省理工学院经济学教授，在宏观经济学领域贡献卓著。

② *The Open Economy and the World Economy*（1983）.

③ 威廉·克莱恩（William Cline，1941—）和加里·赫夫鲍尔（Gary Hufbauer，1939—）同为美国财政部的前任官员。

④ 弗雷德·伯格斯滕（C. Fred Bergsten，1941—），曾任财政部国际事务助理次官。

玛乔丽·迪恩①是《经济学人》杂志的雇员，很有性格，但并不经常写作。她有时评论我说，爬行钉住汇率制将随着对浮动汇率制的厌恶而重新兴起。受到此类评论的鼓舞，我对回归爬行钉住汇率制的思考兴奋不已，很快着手相关工作。②

我在研究所的第一份出版物是一本专著，基于我们在弗吉尼亚州召开的关于国际货币基金组织的一场会议。③ 当时引起轰动的新观念是世界银行发起的、充满争议的结构性调整计划。

问：您一开始对国际货币基金组织的结构性调整持什么样的观点？

答：我认为调整的理念是对的，但危险在于过度狂热，推得太远，试图颠覆对各国长远发展至关重要的某些项目，虽然我认为他们有否定那些项目的理由。随着时间的流逝，我更加确信在某些国家这一理念起到了糟糕的作用，特别是压缩了教育投入。在我眼里，这不是结构性调整本来打算要做的事情。

国际经济研究所关于国际货币基金组织的《政策分析》（*Policy Analysis*）第一稿，正好是在我带家人去英国之前完成的，也就是我花掉写书的稿费那次。其基本背景是，国际货币基金组织正与世界银行越走越近，高收入国家已不再成为它们的担忧对象。当然那是在希腊爆发危机之前。④ 于是我们那时大体认可的原则是，国际货币基金组织也要和世界银行一样，成为主要面对中等收入和低收入国家的机构。

问：您何时开始思考汇率目标区间的问题？

答：是在20世纪80年代，国际经济研究所成立后，由弗雷德·伯格斯滕担任主任。他对目标区间的建议非常热心，是我的忠实盟友。

问：到20世纪80年代还是90年代，您把这一理念拓展为BBC（篮子、区间和爬行）理论？

答：是20世纪90年代，甚至可以说是在之后的10年，当鲁迪·多恩布

---

① 玛乔丽·迪恩（Marjorie Deane，1914—2008），1947—1989年受雇于《经济学人》杂志，《中央银行》（*The Central Banks*，1994）一书的合著者。

② *Exchange Rate Rules*: *The Theory*, *Performance*, *and Prospects of the Crawling Peg*（1981）.

③ *Lending Policies of the International Monetary Fund*（1982）.

④ 指希腊在2008—2009年全球金融危机及之后遇到的麻烦。

什把我的这些观念命名为 BBC 理论的时候。

问：提到爬行钉住汇率制与其他中间汇率制，您如何评价它们在可持续性方面的实际表现？

答：有些国家做得相当好，智利就是最经常提到的例子。但即使智利也认为他们尚未达到稳态，由于没有发达国家对爬行钉住汇率制表现出丝毫兴趣，他们自然以为在成为发达国家后也会实行浮动汇率。浮动汇率制同样不像是一个完美的解决方案，但至少能避免经常性的危机。

问：造成中间汇率制不容易持续的原因主要来自经济还是政治方面？

答：维持竞争力经常是最主要的经济动机，但我认为我们不能把这些货币视为太弱或者太强。至于你提出的问题，我的回答是干扰主要来自政治方面。

问：您是什么时候成为知名的“汇率大师”的？

答：是随着《汇率体制》一文的发表（见 *Policy Analysis* 5，1983）。我首次提出汇率目标观念并主张将其控制在某个预定范围内，是出自与弗雷德合作的一篇文章，我们在比尔·克莱因关于贸易体制的著作《20 世纪 80 年代的贸易政策》（*Trade Policy in the1980s*）里提出了汇率目标区间的概念。①

因此，我给研究所的《政策分析》（第 5 期）撰写的第二篇文章是对之前概念的发展，探讨目标区间的具体含义。设想如下情形，汇率达到区间边缘时允许它越出区间，然后承诺尽快让它返回区间，则目标区间是否依然存在？弗雷德认为，如果达到汇率区间边缘，就该尽力捍卫边界，而我倾向于允许其偶尔越出区间。在我眼中，这正是目标区间制与布雷顿森林体系的本质区别。

《政策分析》（第 5 期）于 1983 年首次出版，到 1985 年再版。在头一年中这应该是我的主要工作内容，后来我显然是忙于其他课题。例如，我与麻省理工学院的唐·莱萨德②合作了一本书。我们举办了一场关于资本逃逸的会议，把成果总结成《资本逃逸与第三世界债务》（*Capital Flight and Third World Debt*），于 1987 年出版。那次会议有查理·金德尔伯格参与。我们抓到

---

① “Exchange Rates and Trade Policy”（with C. Fred Bergsten，1983）。

② 唐纳德·莱萨德（Donald Lessard，1943—），麻省理工学院国际管理教授。

的要点是股权资本流动的巨大潜力，特别是投入发展中国家股票市场的资本。如今这是非常大的业务，但在 1987 年却是惹人嘲笑的话题。

第三世界的债务到 1985 年成了头条新闻。① 那是我加入债务问题讨论的一种方式，我无法抗拒对比尔·克莱因的领域的关注，虽然他是国际经济研究所这方面理所当然的发言人。事实上，比尔完全没有独占欲，他邀请了弗雷德与我合作编著一本关于银行和第三世界债务的出版物《对发展中国家的银行借款》（*Bank Lending to Developing Countries*，即 1985 年的《政策分析》）。回头来看，我对这篇著述的内容有保留意见，它让读者以为我们相信债务免除是不可接受的。其实只是比尔认为不可接受，然后就被表述成了大家集体的意见。

问：您在罗纳德·里根任期内对他的看法如何？

答：我对里根持强烈批评态度。他善于利用一些趣闻逸事来讨好中产阶级民众，说得好像在摆脱规则约束后，一个人就能给大家解决问题。但他忽略的现实是，有千百万人在受到同样问题的困扰，缺乏类似的资源或幸运。

我强烈反对他的税收政策，主要是因为这奖励了富人，惩罚了穷人。社会的平等化要想取得任何进步，你都必须让富人缴纳高税收。

问：您对 20 世纪 80 年代后期的经济学有何看法？

答：自 1985 年起出现了巨大变化，詹姆斯·贝克（James Baker）出任里根的财政部长。“贝克计划”（Baker Plan）于 1985 年的国际货币基金组织和世界银行年会上发布，它基本上承认此前的债务策略效果不佳，而问题在于各国没有足够热心地开展改革。该计划要求推动结构性改革，其含义是像撒切尔在英国或者里根在美国那样，在各自国内实施多项结构性变革。它的部分内容我是赞成的，某些在后来也被我放到“华盛顿共识”里面。但我不是全部赞成，有些内容我甚至觉得过于疯狂，例如由固定增长率的货币供给决定货币政策等。而这些建议随后也被放弃了。

---

① 墨西哥于 1982 年 8 月对外债违约，其他许多发展中国家亦步其后尘。参见之后关于 1985 年经济发展情况的介绍。

问：您可否描述下“贝克计划”的主要内容？

答：各国应该做结构性调整。之前这没有被视为各国应该开展的核心工作，但到那时被列入了，而过去的建议只是说各国应该勒紧裤带搞紧缩政策。

大多数发展中国家当时在结构性调整方面着力并不多，只是单纯做紧缩。在“贝克计划”之前，外界鼓励他们将紧缩视为义务，而不是做结构性调整。因此是“贝克计划”提出了结构性调整的要求。

当然，如果没有空间能同时完成多项工作（如实现出口扩张），也谈不上开展结构性调整。例如，除非有合适的资源并能够生产出产品，否则发展新的出口产业将是无稽之谈。因此首先必须确保有合适的资源，才能促进新的生产活动。这或许要求实行通货紧缩，但紧缩幅度必然小于单纯实施紧缩政策的情况。

由于“贝克计划”标志着西方强国对债务危机的态度发生了转变，大家不再需要装出如果多给各国一些时间，它们就会全额还款的假象，而是承认如果继续当前政策，它们很可能将无法恢复偿付能力。因此，政策必须做出变革。如私有化这样的措施就被醒目地罗列在清单上。“贝克计划”中没有补充关于债务减免的资格条件，它似乎暗中认定了债务减免的必要性，但对于该如何操作则没有概念。

问：在“贝克计划”之后，您又撰写了一期《政策分析》。这次的目标对象是谁？

答：主要是针对银行，讨论为债务减免提供系统却多样的方法。那期《政策分析》的题目是“关于债务减免的自愿办法”（*Voluntary Approaches to Debt Relief*，1988），可不够坦诚的地方是，无法指望银行自愿减免债务。更合适而准确的题目应该是“关于债务减免的不同办法”（*Varied Approaches to Debt Relief*），而对于不采取任何一种办法来减免债务的银行则必须有惩罚措施。当时有强烈呼声要求提供选择空间，而非强迫所有银行采取相同政策。例如，有些人只想减让利息，有些人想核销贷款本金，还有人希望在会计账目上维持债务价值，但可以提供新的贷款。因此完全合理的建议是，只要求所有银行都做出相同的现值让步。关键在于你必须迫使银行对此有所作为。

于是 1989 年，在“贝克计划”之外，又有了官方认可的债务减免，其方式是由国际货币基金组织向各国提供贷款，换取各国同意继续偿付重组后的债务。各国还将通过购买美国零息债券来保证偿付本金和部分利息，这使它们能在 20 年时间里有必要的资金来偿还本金。由于此类债券不付利息，所以其价格很便宜，远低于债务的价值。这成为保证债务本金偿付的一种办法。无论如何，各国都在偿还贷款利息，而重组后债务的利息负担降低了。

华盛顿共识

问：接下来我们要谈“华盛顿共识”了，这个词汇是您在给美国国会的一个委员会提供证词时提出来的？

答：我当时发现，美国国会议员有一个信念，以为拉丁美洲国家在结构性调整方面毫无作为，浪费了时间。① 但我想那是对拉丁美洲真实情况的误解。于是我说：“我们可以召开一次会议，进行讨论，让每个国家介绍它开展的工作。”作为参考，我准备了一份文件《华盛顿提出的政策改革是什么意思》，正是在这份文件中介绍了“华盛顿共识”（Washington Consensus），大体上陈述的是各国按照当时华盛顿的标准应该做些什么。②

问：您最初对华盛顿共识的定义是什么？

答：在国际经济研究所，我们感觉到各国虽然推动了经济政策的重大变革但没有得到承认。所以，我们计划在研究所召开一次会议，与来自不同国家的经济学家及其他专家合作以改变现状。他们都提前拿到了我的文章，其中概括了华盛顿各机构赞同应该实施的各类经济政策变革（调整），然后前来讨论，并提交了他们各自的论文。

我邀请了两位被寄予厚望的华盛顿人士，其中一位是艾伦·梅尔策③，另

---

① U. S. Senate, “Implementation of the Brady Plan: Hearing Before the Subcommittee on International Debt of the Committee on Finance,”（1990），第 36 页。

② “What Washington Means by Policy Reform,” in *Latin American Readjustment: How Much has Happened?*, ed. John Williamson（1989）.

③ 艾伦·梅尔策（Allan Meltzer，1928—2017），卡耐基 - 梅隆大学教授，货币主义学派的领头人之一。

一位是理查德·范伯格①。事实上他们并没有很坚定的态度，但我仍将他们视为一定程度的支持。第三位受邀者斯坦利·费希尔总体上发挥了很好的补充作用。

我认为，华盛顿共识并没有很快变成重大事件，而是要等到我开始利用会议成果敦促各国继续或者启动政策调整的时候。尤其是在巴西，他们当时确实尚未开展太多结构性调整工作。

也是在那个时期，鲁迪·多恩布什开始攻击我的观点。他在参会时表现出非常赞同的态度，但会后变得极具批评性，说“威廉姆森对华盛顿投降了”。

问：华盛顿共识这一说法在首次提出后是立刻流行起来，还是又过了一段时间？

答：大多数人认为，在华盛顿对任何事情都没有共识，或者说，华盛顿应该是个产生分歧而非共识的源头。不过在经济政策领域，我认为在当时比之前或之后都有更多共识。当然不得不承认，目前对其他国家的问题要比对美国的问题有更广泛的共识。自那之后，在我看来这一术语被用得太滥了。

华盛顿共识经常受到的攻击是，它给市场定位的作用太大。可事实是市场本就应该在经济体制中发挥很大作用，我认为这一判断没有错，或者至少是言之成理的。

问：在首次提出这个说法时，您设想的听众是谁？

答：是购买国际经济研究所产品的那些客户，也就是我们认为对美国对外经济政策感兴趣的人士。这里有行政机构和美联储的成员，包括政治任命的官员和公务员、关心政治的人、媒体从业者、学者等，既有美国人也有外国人。这次还应该有国会议员。

问：是否有人认为，您在本质上扮演了美国政府、世界银行或国际货币基金组织的角色，试图左右其他国家的政策选择？

答：我不清楚其他人的想法，但知道自己并没有特别在乎不干涉的理念。

① 理查德·范伯格（Richard Feinberg，1947—），美国政府官员，智库学者，关注拉丁美洲问题的教授。

（我们越早放弃这一16世纪的陈旧观念，结果越好。）它对美国政府，乃至其他任何国家的政府都是适用的。可是对国际货币基金组织和世界银行而言，力争影响客户国家的政策本就是我们的一项责任。

人们指责说，国际货币基金组织和世界银行在操纵其他国家的政策，不是发挥影响，而是发号施令。但我认为它们并没有这样的权威，没有权力操纵哪怕最小国家的事务。

问：华盛顿共识是在什么时候开始偏离您的设想？

答：通过两次事件，我开始发现华盛顿共识被用在与我的设想完全不同的地方，被用于里根和撒切尔推动的所有非自由派的以及有争议的方面。

第一次是我去参加史密森学会（Smithsonian，如今名为伍德罗·威尔逊国际学者中心）拉丁美洲分部的会议。在里根大厦建成前，他们通常在史密森学会的老楼里开会。本来是请我去好好讲一通，可是当听到人们用华盛顿共识表达的意思时，我简直不敢相信自己的耳朵。

另一次是同巴西的前财政部长路易斯·卡洛斯·布雷塞尔-佩雷拉①会面，通常人们叫他布雷塞尔。他告诉我，华盛顿共识已经不在我掌控之下，成为人们口中五花八门的内容。因此，他也会用拉丁美洲的通行含义来使用这个术语。

问：这个术语在拉丁美洲的通行含义是什么？

答：基本上是指新自由主义道路。我的原意是从里根—撒切尔经济学中挑选出经受了考验的部分，而非对其整体上唱赞歌。我的主张里显然有些内容不属于里根—撒切尔路线，例如反对削减教育和医疗支出等。与之相反，固定增长率的货币供给是里根和撒切尔在就任时推行的政策主张，却并未在实践考验中保留下来。

我认为在经济稳定化方面不存在任何特殊的新自由主义色彩。我提的共识是坚决支持经济稳定的。

问：您有没有同许多国会议员或其职员交流，以帮助撰写这一评估意见？

---

① 路易斯·卡洛斯·布雷塞尔-佩雷拉（Luiz Carlos Bresser-Pereira，1934—），巴西经济学家，前财政部长。

答：我没有对国会做调查以考察他们的观点。但通过与国会议员及其职员的非正式交谈，我的观念受到了影响。

问：在认识到华盛顿共识被曲解之后，您做了哪些工作？

答：我作为学者撰写论文来回应。我开始写文章解释自己的立场，并指出对华盛顿共识存在不同的诠释。

我还召集了一场关于政策改革的政治经济学研讨会，其内容后来以“政策改革的政治经济学”为题出版（*The Political Economy of Policy Reform*，1994）。该书主要分析了经济稳定化的政治活动过程，不是聚焦于经济学领域，政治学的内容要多得多。

问：关于华盛顿共识，您遇到过的最令人不快的争论是什么？

答：我觉得是来自弗朗西斯·斯图亚特①的批评。她强烈反对这一共识，并宣称，是我暴露了华盛顿把这些政策强行施加给其他国家的秘密。但我并不这样看，部分原因在于我认为华盛顿共识是好事，更主要是因为我不觉得华盛顿的机构有实力把观点强加给其他国家。哪怕是小国也完全可以按自己的主张行事。

问：关于“华盛顿”的定义是否也在改变，包括美国国会、政府高层人士、国际机构的技术官员、经济机构、美联储及各种智库等？

答：每逢政府更迭时，华盛顿都在变化，如今关于任何议题都没有太多共识了。至于是哪些机构决定着“华盛顿”对外部世界的态度，你们的提问中已说得很清楚了。

问：有一次您说起，您对发明华盛顿共识这个说法感到后悔。

答：那是在小布什总统任期中说起的，因为我感到把经济改革同华盛顿捆绑起来对推动改革来说不是好事。如果是在奥巴马总统任期内就不会这样，但到特朗普时代又变得麻烦起来。不管怎样，他是不相信华盛顿共识的，也不太相信其他的，只沉醉于自己的伟大光荣。

---

① 弗朗西斯·斯图亚特（Frances Stewart，1940—），牛津大学发展经济学家。

问：2000 年，您提到希望对其中几项政策做升级更新。① 如今您还希望对这些修订后的政策再度做更新吗？

答：我希望把专栏 2 中的第 4 项“利率自由化”替换为更宽泛的“金融自由化”，另外在第 5 项中，我或许混淆了思想与愿望。具体来说，对于我相信的竞争性汇率（其含义是汇率由实现合意的经常账户收支来决定，而非取决于名义锚定标准）的优点，我错误地以为华盛顿方面是认同的。

在完成这两处修订后，我会很乐意推荐这些政策。但问题在于，即使认为华盛顿方面可以赞同第 4 项的修订，他们肯定也不会同意第 5 项的修订。如果我说，威廉姆森个人提出的改革建议应该不会有华盛顿共识那样的影响力，这不至于被批评为粗鲁无礼吧？

专栏 2　威廉姆森的华盛顿共识的原版和修订版②

1. 财政纪律
2. 调整公共支出优先次序，偏重既有较高经济回报又有改善收入分配潜力的领域，如基本医疗、基础教育和基础设施等
3. 税收改革（降低边际税率，扩大税基）
4. 利率自由化（修订版本：金融自由化）
5. 竞争性汇率（修订版本：与理想的经常账户收支状况挂钩）
6. 贸易自由化
7. 外国直接投资流入自由化（修订版本：需要提示，这并不必然意味着允许完全自由的资本流动）
8. 国有企业私有化
9. 放松管制（取消产业进入和退出的壁垒）
10. 保护财产权利

问：这一术语的流行程度如何？当其他人撰写有关华盛顿共识的题材时，您有没有感觉到其含义已经随时间改变了？

---

① “What Should the World Bank Think about the Washington Consensus?”（2000）.

② “What Washington Means by Policy Reform”（1990）；“What Should the World Bank Think about the Washington Consensus?”（2000）.

答：当然。许多人认为它只不过代表经济自由化。他们只关注其中的几点内容，第4条，或者第6条到第9条。或者更糟糕的是，他们把第7条错误地解释为要求实行完全的资本自由流动。

这一术语还包含了政策之外的某些含义，例如其中似乎有基于地理邻近程度形成的共同思考方式。比如，美国财政部离世界银行和国际货币基金组织只有三个街区，美洲开发银行则位于另一个方向的一个街区外。在那些地方工作的经济学家似乎也出自范围有限的一些大学。除了在特定政策上的一致看法外，他们也有某种共同的思考方法，因为经济学家彼此交流，由此发展出了一种群体解释作为共同的思考方式。

我承认，经济学家在很多议题上都形成了共同的思考方式。从根本上说，这是因为他们上的是同一批大学，而大学的类型是有限的。他们在这个过程中养成经济学家的思考方式是很自然的事情。不过，他们出身的大学的范围也在逐渐扩大，尽管这一进步的速度比较慢。

问：您与拉丁美洲的巴西有个人联系，那里或许是华盛顿共识的一个例外案例。

答：巴西显然在改革启动上落后了，而且同某些较小的国家相比，巴西对加入其他人发起的计划没那么热心。可是，就改变那些过时政策的实际表现来看，巴西未必有多么落后。

世界银行；联合国

问：在华盛顿共识变得更加知名后，您开始在世界银行工作。您在那里的经历如何？

答：在国际经济研究所的时候，我就对世界银行的政策问题非常感兴趣，并为此提供过几次专家证言，他们也邀请我参加过多次会议。因此，就熟悉他们的研究计划而言，我觉得去那里工作我是够格的。

塞巴斯蒂安·爱德华兹①任世界银行驻拉美的首席经济学家，也是我很要

① 塞巴斯蒂安·爱德华兹（Sebastian Edwards，1953—），拉美经济发展专家，后来成为洛杉矶加州大学教授。（《比较》曾出版他的《掉队的拉美：民粹主义的致命诱惑》一书。）

好的朋友。当时他开始考虑退休，职位即将空缺出来。正好我对首席经济学家的职位感兴趣，而且就是想担任拉美地区的首席经济学家。不过这并不可行，因为世界银行想找一位拉丁美洲的人士。

与此同时，乔·伍德①担任世界银行负责南亚地区的副行长。得知我在打听职位后，他想到给我另找一份首席经济学家的职位，在他能掌控的地方。

问：于是您在初期作为南亚部门的负责人进入了世界银行？

答：非也，我是担任乔手下的首席经济学家，负责指导在南亚区域工作的众多经济学家，包括印度、巴基斯坦、孟加拉国、斯里兰卡、尼泊尔、不丹和马尔代夫等国家。原则上还包括阿富汗，但由于塔利班政府的存在，那里几乎无法开展工作。

对我而言这段经历没有太多亮点，可以说有些令人失望。我组织的两场会议在筹备过程中或许有些特色，但结果未能如愿。一场会议是在斯里兰卡同亚洲经济学家的讨论，主要来自该地区各国的学术界与政府部门，也有世界银行的部分经济学家。另一场则主要是世界银行经济学家的会议，并从外面邀请了发言人，例如来自国际货币基金组织的斯坦利·费希尔。

问：对于20世纪90年代后期发生的事情，您还有其他想介绍的吗？

答：在世界银行的其他经历中值得一提的是，我对世界银行官僚机构的态度并不是很欣赏。世界银行的效率远低于国际货币基金组织。因此在1999年底，当我在那里工作已满三年时，他们提出把任期延长到六年，我谢绝了，离开世界银行回到了国际经济研究所。

问：您拒绝的原因是？

答：反正我认为，我回国际经济研究所比留在世界银行更有价值。在研究所，我同弗雷德·伯格斯滕合著了关于美元价值高估的《政策分析》，但在对策方面的内容比较弱，因为他依然指望用干预来解决高估问题。②

---

① 唐纳德·伍德（Donald Joseph Wood，1941—），1968—1998年在世界银行任职，担任过若干高级职位。

② Dollar Overvaluation and the World Economy (with C. Fred Bergsten, 2003).

我最后还与比尔·克莱因合作撰写了多篇文章。他愿意用自己的世界贸易模型来更新对均衡汇率的估算值。

问：在2000—2005年，您感觉最自豪的项目有哪些？

答：在国际经济研究所期间有几项，包括与弗雷德合作的关于美元高估的成果，另外一个项目依据的理念突然间流行起来，还有一个在研究所之外的项目。

这个突然流行起来的理念是指，只有固定汇率制或自由浮动汇率制是可以长期维持的汇率体制。① 有管理的浮动制和爬行钉住制被排除在外了。但支持这一观点的实证数据只来自西方七国，在更广泛的国际社会层面大体上还没出现能得出该结论的迹象。

另一个项目与巴西有关。当卢拉首次成为总统大选中的领跑者时，人们对巴西的信心立刻下降，因为大家普遍认为卢拉将会也应该对庞大的外债违约。我于是撰写了一篇政策讨论文章，题为“巴西是下一个吗?”（Is Brazil Next?，2002），提出只要能克服信心问题，巴西会有不错的前景。很幸运，正如我在大选前到巴西的一次行程中得到的保证那样，卢拉赞同了我而非其他专家的意见。巴西扫清了前进的道路，从国际货币基金组织接受了空前庞大的一笔贷款，以解决信心问题，接下来进入经济繁荣，并维持到卢拉的任期结束。卢拉比较幸运，贸易条件在他首次出任总统时变得对巴西非常有利，并在其总统任期内保持良好，之后才趋于恶化。而不幸之处在于，卢拉没有在那些好年景中留下足够多的储蓄来救助他的继任者。

我写的另一份《政策分析》是关于汇率制度与资本流动的。② 发展中国家反复经历了过多资本涌入和外流的场景。资本流动的逻辑是把国内投资同国内储蓄的水平分开，然而，如果你因为担心资本外流而必须维持100%的边际储备要求，这一逻辑就不再成立了。只有那些打算在贬值时依然留下的资本才是值得拥有的。

还有一份关于拉丁美洲的《政策分析》是我与佩德罗·巴博罗·库津斯基（Pedro Pablo Kuczynski）合作完成的，题为“华盛顿共识之后”（After the

---

① 对这一所谓的两极观点，可参阅Fischer（2001）；我的观点可参阅*Exchange Rate Regimes for Emerging Markets: Reviving the Intermediate Option*（2000）。

② *Choosing Monetary Arrangements for the 21st Century: Problems of a Small Economy*（2006）.

Washington Consensus)。[1] 文章的目的是重新点燃拉丁美洲对改革的热情。他们曾在 20 世纪 90 年代早期表现出的改革激情此后就消失了，而且在我们看来，他们还没有完全收获早期改革的成果。

我确信，我与佩德罗在普林斯顿读研究生的时候就遇见过。我们还上过同一门课程，应该是鲍莫尔的课。但他还在英国上过学，所以我也许在那时就见过他。我们很自然有些共同话题。之后他又做出了各种成就，直到成为秘鲁总统。

有意思的是，那段时期的对外研究项目还涉及一位我之前遇到、后来也成为拉美国家总统的人：欧内斯托・塞蒂略（Ernesto Zedillo）。我记得我们是于 20 世纪 80 年代后期在伦敦见的面。在塞蒂略出任总统前，他的电话号码在我的笔记本里保存了很多年。我从未想到他会成为墨西哥总统。若不是一次历史意外事件，他或许不会担任总统。在当时的竞选活动中，总统候选人遇刺身亡，作为副总统候选人的塞蒂略因而取代了正位。

他于 1994 年当选，在即将完成任期的 2000 年，联合国秘书长提议成立了塞蒂略委员会（Zedillo Commission），负责评估经济改革选项。塞蒂略于是邀请我去负责该委员会的高级别专家组，其中有罗伯特・鲁宾（Robert E. Rubin）、雅克・德洛尔（Jacques Delors）、曼莫汉・辛格（Manmohan Singh）与孙正义（Masayoshi Son）等人，[2] 目的是为 2002 年的国际发展融资会议发挥影响。[3] 这个机遇让我十分憧憬。

根据对不同方式的发展融资的总结，《塞蒂略报告》（*Zedillo Report*）分析了国际组织的现有格局，认为世界贸易组织与国际劳工组织资金投入不足；在很大部分收入来自海外的今天，全世界迫切需要一个国际税收组织（International Tax Organization）；环境方面的职责则应集中交给一个全球环境组织（Global Environmental Organization）。

由于当今时代并不以支持组建（或改革）国际组织见长，上述建议最终被束之高阁，这也是意料之中的结果。无论如何，必要性才是创新之母，当现实需要变得足够迫切时，国际体系自然会做出响应。因此，随着西方国家意识

---

① After the Washington Consensus: Restarting Growth and Reform in Latin America (2003)。库津斯基之后成为秘鲁总统。

② United Nations, Report of the High-level Panel on Financing for Development (2001).

③ 国际发展融资大会（International Conference on Financing and Development），由联合国资助，于 2002 年 3 月 19—22 日在墨西哥蒙特雷召开。

到无所作为使其因避税行为而损失巨大之后，便要求经合组织（成员仅限于富裕国家的、在经济和社会领域的缩微联合国）安排一系列双边税收条约。每个国家都将针对涉嫌获得应税收入的外国人账户按照惩罚性税率预扣储备金，等获得该笔收入已被报告给有关机构的信息后，再返还储备金（加利息）。关键在于，这种双边税收条约并不限于经合组织成员国之间。

另外，全球气候危机已推动联合国召开了一系列气候会议。尽管此类行动尚未扭转气温上升趋势，世界的公众舆论却似乎已被充分唤起，要求采取决定性措施。

最后，该高级别专家组呼吁在国际发展融资会议之后召开全球化议题的首脑峰会。如果当时能触动他们的话，这本可以给各国领导人带来重塑国际经济的力量。

近期工作；对发展经济学的思考

问：在国际经济研究所后来的岁月中，您做了更多关于资本管制的研究。可否介绍一些这方面的发现？

答：我们对资本管制的理由是非常充分的。没有管制的资本流动往往是顺周期的，因此在商业周期下行时，资本将外流。最糟糕的情况例如亚洲金融危机，各国发现它们拥抱资本流动的结果是遭到重创。

问：您会如何描述资本账户开放的过程？经济学家从2008年金融危机后的资本账户自由化中得到了怎样的经验教训？

答：我并不认为2008年危机是由于资本账户失衡所致，但我认为那是1997年亚洲金融危机的原因。亚洲金融危机的爆发，是因为太多资本在危机前涌入东亚各国，然后又同时撤出。

问：自布雷顿森林体系崩溃以来，我们在开放资本账户方面应该有哪些教训？

答：从1997年亚洲金融危机以来，经济学家形成了一种观点，认为阻止加剧周期波动的资本流动是完全正确的。我在思考，我们能否更进一步，阻止所有不准备接受货币在未来贬值风险的资本流动。例如，那些不准备在某个国家停留一定时间（至少5年或者10年）的资本流动，是否应该被自动排除。

问：各国的资本账户自由化是否太快了？

答：是的。

问：您从国际经济研究所退休后过得怎样？是否在继续经济学方面的写作？

答：我最新写的书是敦促世界走向与增长挂钩的证券体制。① 这种证券不是采取固定利率，而是与某个国家的增长率正向关联的利率。这样以5%速率增长的国家将会比以3%速率增长的国家支付更高的利率。当前为了让增长较慢国家的证券对投资者有足够吸引力，你必须让其发行时的利率高于增长率能达到5%的国家。而新型证券对借款人的优势在于，如果增长率意外下滑，则只需支付较低的利息成本；对投资人的优势则在于，他们可以依靠对相对增长率的准确判断来获利。

问：在曾经参与的经济学领域，您认为在自己职业生涯期间发生了哪些理论和政策方面的主要进步？有没有哪些重要领域您认为出现了退步，即您年轻时的经济学家或政策制定者知道的东西，被如今的经济学家遗忘或忽略了？

答：我所在的经济学领域的巨大进步发生在20世纪30年代，而非我本人生活的时期。我认为我们促进的领域是实证研究，或者说，找出正确的实证信息的能力至少有所进步。

较大的退化是在宏观经济学领域，由于一个已经被严格证明为错误的理论，如今诋毁凯恩斯的情况变得非常普遍。相关论证可以参阅默文·金（Mervyn King）的著作《金融炼金术的终结》。

问：2008—2009年的全球金融危机并没有带来席卷经济学的任何新的重大理论，与凯恩斯的学说在大萧条后的影响无法相提并论。在您看来，这场金融危机是否要求对我们理解国内宏观经济政策或国际政策合作的方式做根本反思？

---

① *Growth-Linked Securities*（2017）.

答：我同意，自2008年以来没有重大的新理论出现。我认为这是因为经济学理论中已没有巨大缺口需要弥补，没有看出做根本性重新评估的必要。

问：您认为自己的学术遗产在哪方面？您对其他人有何期望？

答：显然是汇率政策。我不同意自由浮动汇率的整体理念（边说边摇头），但有关的反对理由还没有得到充分阐述。自由浮动汇率意味着政府不介意汇率水平，而我看这不是明智的态度。我认为你可以设定一个汇率目标，但并不锁定为永久性的固定汇率。这是我主张大多数国家采纳的做法。而如今，对于那些希望实现一体化、在相互间建立内部市场的国家，我认为可以属于例外。

在国际经济研究所出版的图书《参考汇率与国际货币体系》（*Reference Rates and the International Monetary System*，2007）中，我提出了如下理念：各国应该就一系列汇率水平达成共识，干预措施则应该限于让汇率回到参考汇率水平。或者说，如果他们的货币已经偏弱，则不能在干预中使其进一步削弱。如果货币已经偏强，则不能以干预使其更加走强。

但问题在于，首先要让西方七国支持这种观念，① 其次是拟定一个让所有国家都同意作为参考汇率的汇率价格表。我不觉得这是个愚蠢的尝试，它反映了我的理念，即各国在汇率政策上的利益从根本上讲是并行的，而非相互冲突。

问：您认为人类未来面临的最重大议题是什么？

答：毫无疑问是气候变化。我想我们必须为此加快行动，美国本应该带头，而不是落在后面。为防止形势恶化，现在值得付出巨大努力，以坚决的政府行动推行碳税。这是我至迟从1990年来就极力赞成的建议。

（余江　译）

（因篇幅所限，略去了文后威廉姆森的主要著作列表，特向作者和读者致歉，有需要者请向《比较》编辑室索取：bijiao@ citicpub. com）

① 七个主要发达国家的集团：加拿大、法国、德国、意大利、日本、英国和美国。

视界

Horizon

Comparative

美国大萧条与新政再思考

王小鲁

发生于1929 年并延续数年的美国大萧条和后期的罗斯福新政，是 20 世纪经济史上的两个重大事件。关于大萧条的原因，国际经济学界至今众说纷纭。国内占主流地位、也是国外相当流行的观点认为，大萧条之前的美国实行的是自由放任的经济政策，政府很少干预经济；大萧条是自由市场经济的必然产物。大萧条后期的罗斯福新政实际采用了凯恩斯主义的财政和货币扩张政策，从而挽救了美国经济。而一种相反的意见认为，大萧条恰恰是由美国政府和货币当局此前持续的货币扩张政策导致，并不是经济自由放任的产物。也有人认为，大萧条后的经济复苏与罗斯福新政无关，甚至认为新政阻碍了复苏。但这些互相冲突的观点很多是从理念出发，或是基于局部事实和某些方面的情况，及数学模型推演，很少看到有充分数据分析支持的宏观视角论证。

历史真相究竟如何？盘点这一段尘封已久的历史，不仅有厘清历史的意义，也会给今天带来重要启迪。本文运用美国历史统计数据，尝试对大萧条前、大萧条期间和复苏时期的美国经济状况重新进行分析和审视，旨在找到一个接近历史真相的答案。数据分析说明，大萧条确实由此前长期宽松的货币政策导致，萧条期间银行瘫痪、僵硬的宏观政策和金本位制的束缚扩大了萧条的深度和广度，而罗斯福新政主要通过改善民生等政策和更灵活的宏观政策促进了经济复苏，也推动了美国从早期资本主义向兼顾效率和公平的现代市场经济转型。但新政对经济的干预是有限度的，这些政策与凯恩斯式扩张政策有根本的区别。

一、还原大萧条和罗斯福新政的历史真相

1929年秋，美国股市在经历了5年狂涨、股指上升两倍后突然发生大崩盘，引发了实体经济危机，造成一场旷日持久的大萧条。到1932年，股指暴跌到1929年的27%，相当于一年半GNP（国民生产总值；美国早期CDP统计不全，本文用GNP指标衡量经济增长）的价值灰飞烟灭。从1929年到1933年，实际GNP下跌31%，批发价格指数下降32%，大批企业倒闭，失业人数从155万上升到1283万，失业率从3.2%飙升到24.9%。1933年3月罗斯福就任总统，随即着手实行新政。从1934年开始，经济进入复苏阶段，连年快速增长，但由于此前跌幅过深，实际GNP到1937年才恢复到1929年水平，其间经历了整整8年时间（但1938年又有一次短暂下降）。这场大萧条也对世界经济产生了重大影响［数据见美国商务部普查局的《美国历史统计数据：殖民时代至1970年》（U. S. Department of Commerce，Bureau of the Census，1975：*Historical Statistics of the United States*，*Colonial Times to1970*，第1卷，第135页、第199页和第224页；第2卷，第1004页。本文以下引用同一来源的数据，将只注明“普查局”，卷数和页码）］。

1. 关于大萧条的争论

90年过去了，这场大萧条因何而起？后来是哪些因素促使经济走向复苏？至今经济学界各种解释仍众说纷纭，大相径庭。国内主流的解释是，大萧条是美国早期实行的完全自由放任的市场经济必然产生的一场周期性经济危机，只是这一次危机的深度广度都超过以往。始于1933年的罗斯福新政采用了实际等同于凯恩斯主义的扩大政府投资等财政和货币刺激政策，使美国经济走出了萧条。① 这些观点，也是国际经济学界相当流行的解释。有些新古典学派的学者则认为罗斯福新政没有起什么好作用，甚至推迟了复苏。不过这一观点并未被普遍接受（例如，萨缪尔森，中文版1999，第3页；Cole and Ohanian，2004）。

货币学派学者的解释更侧重技术层面的原因。弗里德曼在《美国货币史》

① 但凯恩斯的代表作《就业、利息和货币通论》发表于1936年，晚于1933年开始的罗斯福新政。

一书中认为，大萧条期间，大量银行破产、储户恐慌挤兑导致通货紧缩，而货币当局没有及时采取宽松货币政策，才使危机越发严重。伯南克的《大萧条》也认为1931—1932年银行恐慌是通缩的重要根源，加剧了萧条，还认为当时的金本位制阻碍了美元贬值，具有加重通缩的倾向。这些记述和分析对认识大萧条的过程很有意义。不过，在这两本被一些人称为关于大萧条的经典之作中，讨论局限于货币政策本身，基本没有把实体经济纳入分析范围，而且他们讨论的通缩是萧条已经发生后出现的情况，不能用来解释大萧条的起因。他们也没有把大萧条之前的长期货币宽松和大萧条联系起来考虑（弗里德曼，中文版2009，第7章；伯南克，中文版2013，第1—3章）。

但上述流行观点也受到了挑战。奥地利学派的经济学者罗斯巴德在《美国大萧条》一书中提出了相反的解释。他认为美国大萧条是20世纪20年代美国政府和美联储的货币扩张政策所致。美国政府和美联储为追求眼前经济繁荣采取了一系列降低利率、扩张信贷的政策，通过政府干预促进投资扩张，而原来的居民消费倾向没有改变，故上游产业的投资扩张会遇到下游消费品需求不足的限制，出现上游产业生产过剩（投资浪费），进而导致经济危机。作者还认为，罗斯福新政继承了对经济的政府干预，因此并不成功。这一点与萨缪尔森的观点一致。他说，即使没有新政，经济也会自然恢复。不过这本书以阐述作者自己的理论观点和政策评论为主，少有实证分析支持其论点。作者甚至认为，运用统计分析检验经济理论是“完全错误的方法”，“理论只能在先验的基础上被证实或证伪”。这些先验主义的偏激观点增加了人们对其论点的怀疑（罗斯巴德，中文版2009，第21—27页、第97页）。

另一位美国作者什莱斯在《新政vs大萧条》（中文版2009）一书中强调，胡佛总统的关税保护等保守主义经济政策，以及胡佛、罗斯福都采用的政府干预对经济起了破坏性作用。胡佛1929年旨在保护国内产业的高关税政策引发了欧洲各国的关税报复，结果严重打击了美国出口产业。在企业经营困难时阻止降低工资和推动提高工资，也打击了一大批企业。什莱斯重复了罗斯福新政采用的是凯恩斯主义政策的说法，同时认为新政以“军事化”方式干预市场，对经济“具有毁灭性”影响，甚至提出新政“因不当的联邦政策而使经济复苏以失败告终”等论点。这本书记述了大量人物故事，更像新闻记者之作，为人们了解当时美国的情况提供了很多有价值的活材料。但缺乏经济学分析，许多判断都来自个别事例和个别人观点，有些结论以偏概全，明显违背事实

（什莱斯，中文版 2009，前言、第 67—72 页、第 337 页）。

上述争论究竟哪些更符合事实？幸好美国当年已有比较健全的统计数据可以利用。通过对历史统计数据的分析，可以发现上述关于大萧条和罗斯福新政的广泛流行观点很多难以成立，而对这些流行观点的批评也对错参半。

2. 长期货币宽松是美国大萧条的主要原因

表 1 扼要列出了新政前后不同时期的经济增长率、货币增长率、价格变动率、政府支出增长率等。数据分为大萧条前的 1911—1920 年和 1921—1929 年，大萧条下跌阶段的 1930—1933 年（1933 年是谷底），罗斯福新政开始后，也是复苏阶段的 1934—1940 年这四个时期，各以每一时期的前一年份为基期计算。缺数据的年份采用相近年份数据。1940 年以后，经济高速增长仍然延续，新政的基本政策也被 50 年代上台的共和党人政府继续执行。但因为从 1941 年起美国进入战时经济状态，客观条件发生了很大改变，因此本文的分析重点集中在截至 1940 年的时期。更详细的数据分析见本文第三和第四部分。

表 1　大萧条前后的美国宏观经济数据　（年均增长率，%）

	1911—1920 年	1921—1929 年	1930—1933 年	1934—1940 年
GNP	1.5	4.2	-8.7	7.0
M2	10.1	3.3	-8.8	8.0
批发价格	8.1	-5.2	-8.8	2.5
政府支出	-	2.4[a]	2.1[b]	6.4[c]
社会福利支出	-	-	3.3	10.2
公共建设投资	-	5.2[a]	-2.2[b]	6.6[c]

注：1. GNP 为实际增长率，其他指标为按现价计算的增长率，- 表示无数据。

2. a = 1923—1927 年数据；b = 1928—1932 年数据，c = 1933—1940 年数据。

资料来源：普查局，第 1 卷，第 199 页、第 224 页、第 340 页；第 2 卷，第 992 页、第 1120 页。

从表 1 数据和更多的美国官方统计资料可以发现以下几点：

首先，尽管当时凯恩斯主义理论还未提出，大萧条之前美国已确实经历了长期的货币宽松。但并非如罗斯巴德所说主要发生在 20 世纪 20 年代，而是持续了更久。更宽松的时期是在20世纪10年代。在这10年里，美国GNP的实际年均增长率只有1.5%，而M2（广义货币）的年均增长率高达10.1%。过度宽松的货币供应导致了严重的物价上涨，这期间批发价格年均上涨8.1%。由此可见，大萧条之前美国经济并非完全自由放任的市场经济，政府和货币当局已有深度参与。根据弗里德曼的分析，在1914—1917年，货币快速增长，主要源于黄金大量流入。在金本位制下，美联储本应当采取措施来对冲增长的黄金，却缺乏有效手段（或者是不愿意做赔本生意）。1917—1919年，美国参加一战，政府以巨额赤字支持了军事支出扩张，而该支出的大部分都是通过借债和货币发行筹集的。这解释了20世纪10年代货币快速扩张的原因（弗里德曼，2009，第140—148页、第151页）。

其次，从表1可见，1921—1929年，GNP的实际年均增长率达到4.2%（实际上在1919—1921年还经历过一场程度相对较轻的萧条，1922年结束），而同期M2年均只上涨3.3%，还略低于GNP增长，表面看似乎并未出现货币宽松。但需要注意20世纪20年代初美国物价水平出现了空前剧烈的收缩，此后略有回升，1925年后又继续下降。1929年批发价格总水平仅相当于1920年的61.7%，年均下降5.2%。在物价降幅的绝对值超过GNP实际增长率的情况下，如果货币流通速度不变，全社会货币需求是下降的，但M2仍然以年均3.3%的速度正增长，意味着货币事实上超量供应。而且这是在20世纪10年代货币严重超发基础上的继续。长期货币扩张最后导致股市崩盘、引发萧条的说法是有充分根据的。

罗斯巴德在《美国大萧条》（2009，第102页）中使用了更宽的口径计算以1921年为基期截至1929年的货币增长，得出该时期货币年均增长6.2%，高于美国官方统计的同期年均4.5%的M2增长率，显示货币宽松的幅度更大。但如果不考虑价格水平变化和更早时期的情况，仅20年代的货币宽松程度恐怕还不至于导致大萧条。本文第三部分将根据统计数据分析货币过度扩张导致萧条的内在机理，探讨20年代物价水平剧烈下降的原因。

再次，大萧条爆发后的1930—1933年，经济规模、货币、物价出现了大幅度同步收缩。不过，货币紧缩并非官方有意为之，而是因为银行业在危机中陷入瘫痪，存贷款严重萎缩。1933年与1929年相比，商业银行从2.50万家减少到1.42万家，贷款余额从361亿美元下降到165亿美元，存款余额从494亿美元下降到321亿美元。因此货币紧缩是市场自发反应导致，银行倒闭和居民在恐慌中大量提款、囤积货币，是主要原因。这些情况无疑加深了萧条（普查局，第2卷，第1021—1022页；弗里德曼，中文版2009，第7章）。

3. 罗斯福新政并非凯恩斯主义政策

关于罗斯福新政时期的经济状况，从表1和普查局其他统计数据可以看到如下几点：

第一，罗斯福新政时期（1934—1940年，以1933年为基期计算），经济止跌回升，年均经济增长率达到7.0%（名义增长率8.7%），而该时期流通中现金M0年均仅增长3.2%，狭义货币M1年均增长5.9%，广义货币M2年均增长8.0%，M2只比GNP实际增长率高1个百分点，但低于GNP名义增长率。批发价格指数年均上升2.5%，是物价暴跌后的恢复，到1940年，批发价格总指数还只是1929年的82%。说明这一时期官方的货币政策改变了1929—1933年的通缩趋势，但仍然是很有节制的，保持了货币与经济大体同步增长，基本没有采取凯恩斯式的扩张性货币政策（普查局，第1卷，第199页和第224页；第2卷，第992页）。

第二，新政期间，政府支出总额（包括联邦、州和地方政府支出）年均增长6.4%，政府建设投资支出总额年均增长6.6%，政府债务年均增长6.3%，增幅均高于新政之前，但都低于同期的GNP年均名义增长率（因1933年没有政府支出数据，这里都以1932年为基期，按名义增长率计算，该时期的GNP名义年均增长率为7.0%；而以1933年为基期计算，GNP年均名义增长率为8.7%，实际增长率为7.0%）。其间，政府投资支出占政府支出总额的比重只在1934年从新政前1932年的15%小幅上升到17%，此后一直保持在15%的水平，与新政前没有改变。1932年，政府投资占GNP的比重为3.2%，新政时期只有1934年达到3.3%，此后一直保持在2.9%—3.1%的水平，还略低于新政前。数据并不支持普遍流传的所谓罗斯福新政主要是以扩大政府投资拉动增长的说法。

新政开头几年，联邦政府支出增长较快，从1932年占政府支出总额的34%上升到1936年的55%，基本属于联邦、州和地方政府间的支出结构调整，没有发生政府支出膨胀。罗斯福信奉财政平衡理念，他不认同凯恩斯靠赤字财政扩大政府投资拉动经济的主张，认为财政赤字只能是在紧急情况下不得已的临时措施（数据见表1；普查局，第1卷，第224页；第2卷，第1120—1123页）。

美国商务部普查局提供的20世纪30—40年代政府财政收支只有偶数年份的数据。从这些数据看，新政前的1932年，由于经济下跌、政府收入锐减，财政赤字已达GNP的3.7%。新政期间，虽然政府支出在增长，但大多数年份财政赤字占GNP之比均显著低于1932年，分别是：1934年2.3%，1936年3.8%，1938年0.2%，1940年2.6%。其中只有1936年略高，是因为根据国会决议，一次性增加拨付退伍军人补助32亿美元。在经济尚未完全复苏、政府支出压力很大的情况下，能做到赤字减少是不容易的。这也证明了新政与凯恩斯主义的区别（普查局，第1卷，第224页和第341页；第2卷，第1119—1120页）。

第三，新政期间政府的社会福利支出确有大幅增长，危机期间（1930—1933年）年均增长只有3.3%，新政时期（1934—1940年）年均增长达到10.2%，但政府支出总额占GNP的比重反而略有下降。这是政府支出结构调整的结果。1932年，公共福利支出占政府支出的34.6%，1934年该比例大幅上升到45.5%，1940年仍占43.1%。增加的福利支出初期主要用于危机期间的社会救助，后期转向建立社会保障体系。1932年这两项支出合计6.1亿美元，占政府支出总额的4.9%，到1940年合计达到48.7亿美元，占政府支出总额的23.8%。这意味着新政期间政府支出结构进行了以改善民生为中心的重大调整。其他很多支出项目的比重下降了。由于大量救济金是采取“以工代赈”的方式发放的（招募失业者参加植树造林和公共设施建设），在救济的同时兼顾了造林、防洪和基础设施项目。总体上，政府支出增长是理性和有节制的（普查局，第1卷，第340页；第2卷，第1120页）。

上述数据说明，罗斯福新政不同于凯恩斯式的货币和财政扩张政策。新政的“三R政策”（Relief，Recovery，Reform，即救济、复兴、改革），除了整顿市场秩序，恢复市场活力，改革过时的制度，适度的公共建设，关键内容是政府支出重点转向民生，在大萧条时期救济失业者，保障民众的基本生活，建立社会保障制度，改善收入分配，因此也促进了消费复苏，扩大了市场需求，带动了经济增长。这些方面都是靠自发的市场机制难以解决和至少短期难以解决的问题，或者说是市场失灵领域的问题。政府在这些方面的努力，基本不干扰市场运行，不对私人投资产生挤出效应，但对市场的恢复起了重要作用。

另一方面，新政期间也曾一度出现了政府权力过分扩张、过度干预经济的现象，例如不适当地干预价格，最低工资标准定得过高，繁琐的规章制度对私人企业形成不良干预，对经济造成负面影响。这些问题大部分在新政期间很快（1935 年）得到了社会的纠正，但可能也遗留了一些问题，例如最低工资标准可能过高，累进的个人所得税最高税率过高，可能产生更长期的不利影响。从整个新政时期的总体情况和经济表现看，市场受到干预的情况并不像有些批评所说的那样严重。实际上，有些不客观的批评恰恰来自某些被触动的既得利益集团。

1933 年 3 月，罗斯福当选总统后即开始实行新政，当年经济继续下滑 1.8%。但跌幅明显减缓（1932 年下滑 14.8%），1934 年经济即止跌回升，强劲反弹 9.1%，此后高速增长一直延续到罗斯福仍然在任的 1944 年，11 年间保持了年均 8.9% 的增长率（其中只有 1938 年出现负增长），1944 年不变价格经济总量达到 1933 年谷底的 2.6 倍，危机前（1929 年）的 1.8 倍。失业率从 1933 年的 24.9%，降到 1940 年的 14.6% 和 1944 年的 1.2%。② 这 11 年间居民收入差距明显缩小，工薪劳动者收入按不变价格计算年均增长 7.7%（包括再就业因素）。工农业劳动者的人均收入差距从 4.7 倍缩小到 2.5 倍（普查局，第 1 卷，第 135 页、第 164 页、第 224—226 页）。正是由于这样的经济表现，美国在反法西斯的二战中才能发挥重要作用。什莱斯所谓经济复苏“以失败告终”的说法是完全没有根据的。

回顾上述情况，下列几种说法明显站不住脚：

其一，所谓罗斯福新政采用的是凯恩斯式的扩张性财政和货币政策，从而挽救了美国经济。数据证明这并非事实。

其二，认为美国经济复苏不是新政的功劳，政府只要什么都不管，经济就会自然恢复。事实是，新政时期采取了一系列大刀阔斧的改革和调整措施；随之而来的是经济大幅回升（本文第四部分将具体分析这些措施对经济的影响）。因此上述说法也空洞乏力。关键不是政府什么事都不要做，而要看哪些事做对了，哪些事做错了。

其三，萨缪尔森在他的《经济学》一书中认为，新政措施延迟了复苏，真正的复苏是美国政府为准备二战而扩大军事开支带来的。这一说法也令人惊

② 其中 1941 年以后战时的经济增长和就业扩大也与军需带动生产和提供就业机会的因素有关。这一因素占多大比重，本文无法单独考察。

讶。美国于1941年末参加二战，1942年政府军事开支才大幅上升到GNP的14.3%。新政时期直到1940年该比例都在0.8%—1.6%的低水平，多数年份低于新政前。而1940年经济复苏已经完成，GNP比1933年谷底水平提高60%。很明显，军事支出扩大是在复苏之后，上述说法居然把时间先后也搞错了（普查局，第1卷，第224页，第2卷，第1120页；萨缪尔森，中文版1999，第3页）。

本文第二部分，将回顾和评论有关经济危机的几种主要经济学理论；第三部分进一步分析美国大萧条发生的内在机理；第四部分盘点罗斯福新政各项政策的对与错。

二、大萧条背后：不同的经济危机理论

美国始于1929年的大萧条是一次典型的经济危机，但与常见的周期性经济危机相比，这一次的冲击更大，后果更严重。是什么原因导致了经济危机？不同的经济学流派有不同的解释，差异悬殊。这里重点提及三个学派的学说。

1. 马克思的经济危机理论

一百多年前马克思的《资本论》提出，资本主义生产方式具有生产无限扩张的能力，但资本主义的分配方式造成贫富两极分化，把社会大多数人的消费限制在狭小的范围内，因此生产过剩会经常出现，当过剩积累到一定程度时就会发生经济危机。在危机中，大量企业倒闭，使一部分生产能力被消灭，迫使供求关系恢复平衡，经济走向复苏。但原来的矛盾仍然存在，因此经过一段繁荣期，生产能力还会再次超过消费能力，导致下一次危机到来。马克思认为，资本主义的这一内在矛盾是无法克服的，而且周期性危机会愈演愈烈，只有建立生产资料公有制，根据社会需要按计划进行生产和分配，才能解决这一矛盾。这些理论在20世纪上半叶被很多国家接受，出现了实行公有制和计划经济体制的社会主义阵营（马克思，中文版1975）。

马克思对早期资本主义经济内在矛盾的分析非常深入。在收入分配两极分化的条件下，一方面财富高度集中在少数人手里，可以大量投资扩大生产，另一方面大多数人消费能力有限，限制了市场需求，投资和消费比例失调看来确实是造成早期资本主义国家经常出现供过于求、生产过剩的重要原因。不过他并未预见到后来资本主义世界发生的变化。

20世纪，发达资本主义国家通过一系列制度变革普遍建立了公共服务、社会保障和收入再分配体系，使贫富差距大大缩小，收入分配明显改善，因此过度储蓄、过度投资、消费能力不足，不再成为经济运行不可克服的障碍。这种生产方式的内在矛盾得到了克服。在美国，这一变化就发生在新政时期。此外，看来他也低估了市场经济的自我调节能力，而他设想的计划经济体制在社会实践中遇到了缺乏有效激励机制，个人自主选择受到严重限制，效率低下，创新不足，计划当局频频发生决策失误，以及政府权力过大和缺乏监督导致滥用权力和腐败等问题。这些严重问题使20世纪计划经济体制与市场经济体制的竞赛以失败告终，导致了20世纪后期几乎所有计划经济国家向市场经济转轨。其中特别引人注目的是中国通过市场化改革和开放，取得了近40年经济高速发展、贫困人口大量减少、居民收入大幅提高的巨大成就。

2. 凯恩斯的有效需求不足学说

1936年，凯恩斯出版了《就业、利息和货币通论》一书。他把社会总投资看作外生变量。他认为，当社会总储蓄等于总投资时，全社会供求平衡，生产会正常进行。如果总储蓄大于总投资，而全社会的投资意愿不能相应提高，就会发生有效需求不足、生产过剩，可能导致经济危机。消费和储蓄由千千万万居民决定，凯恩斯实际上是将它们看作无法调节的变量。在出现有效需求不足时，因为无法通过主动调节来提高消费、降低储蓄，投资规模又不能自动调整以适应储蓄规模，就只有靠政府扩大投资，或者以宽松货币政策刺激投资，使总投资规模扩大到与总储蓄相等的水平，从而使供求恢复平衡（凯恩斯，中文版1981）。

这一理论背后隐含了一个假设，即投资需求与消费需求之间存在完全的替代关系。如果消费下降、储蓄上升，政府可以用扩大投资来弥补消费不足。凯恩斯的总需求不足理论与马克思的消费需求不足理论在解释经济危机方面有某些共同之处。不同之处在于马克思认为不根本改变生产方式，这一矛盾就无法克服；而凯恩斯则认为政府可以用扩张政策扩大投资需求来代替消费需求。

在实践中，凯恩斯主义政策在短期常常是有效的。特别是在经济面临某些严重冲击的非常情况下，走出传统的不干预模式，选择适当的临时性宏观干预政策，对减缓危机无疑有重要的积极作用。但有两个危险必须看到。

第一，如果选错了宏观干预手段，反而会加深危机。例如在投资过度导致结构失衡的情况下，由于凯恩斯理论假定投资需求和消费需求可以完全替代，政府很可能会选择刺激投资而不是改善消费的政策，结果会加剧结构失衡，加重和延长危机。如果一个国家面临持续的产能过剩和供过于求，政府刺激投资确实可以在短期内扩大对原材料、能源、设备和劳动力的需求，暂时拉动经济增长。但这些投资一旦形成新的生产能力，扩大的就不再是需求，而是供给。在消费无法与投资同步提高的情况下，经济将面临新的和更严重的供过于求。到了产能扩张再也无法靠刺激起来的需求得到消化的程度，供求失衡就会带来更严重的危机。

第二，即使选对了干预手段，这种干预也只能是临时应急的短期政策，不应长期化。而各国政府往往过于关心眼前政绩，追求短期繁荣胜过追求经济社会长期发展，因此常常过度频繁和持续地采用凯恩斯式的财政和货币扩张手段，把短期政策变成长期政策。持续的货币宽松或者会导致物价全面上涨（即通常所说的通货膨胀），或者会导致虚拟经济（资本市场和房地产市场）泡沫。到了货币刺激再也拉不动实体经济，只能不断胀大虚拟经济泡沫的时候，泡沫总要破灭，危机就将来临。

凯恩斯理论的上述缺陷，长期没有被人们充分认识，相反其拉动短期经济增长的效果受到广泛认可，刺激政策在全世界大行其道。但实践不断地挑战凯恩斯的扩张政策，其理论也受到了其他一些经济学流派的质疑和挑战。

3. 奥地利学派对经济危机的不同解释

奥地利学派的代表人物米塞斯、哈耶克等认为，商业银行的信贷扩张是一个货币创造过程，会使利率降低到均衡利率以下，刺激企业家增加投资，造成虚假繁荣，而过度投资会使处于产业上游的生产资料供给过度，导致投资品与消费品生产比例失衡，直到投资品生产过剩带来经济危机，强制消灭过剩的生产能力，经济才能恢复均衡。因此，经济周期实际上是信贷扩张的结果。即使没有政府的刻意干预，现代银行体系也会造成这样的问题。而政府或中央银行扩大货币供应或压低利率等做法，会进一步推动信贷扩张。这只能在短期促成繁荣和充分就业，长期则造成资源浪费并进一步加剧经济衰退。

哈耶克对凯恩斯主义提出了严厉的批评，他在《货币的非国家化》中认为，（扩张性的）“货币政策与其说是萧条的救星，不如说是萧条的根源”。他说：“历史基本上就是政府制造通货膨胀的过程”。罗斯巴德在《美国大萧条》

一书中进一步提出，美国20世纪30年代的大萧条并非美国政府实行了“自由放任政策”导致的结果，而恰恰是政府过度干预经济，人为压低利率、鼓励信贷扩张导致的结果（哈耶克，中文版2009，第18页，第111页；罗斯巴德，中文版2009，第22—27页，第103—137页，第157—163页）。

从本文第一部分的数据分析，我们已经初步看到符合上述判断的证据。但其中特别是罗斯巴德的论述，也有明显的局限性。他不加区别地排斥所有的政府干预，过于理想化地美化“纯粹自由”和“没有任何干预”的市场作用，甚至认为回到金本位制才能解决货币和信贷扩张对经济造成损害的问题。事实上，没有任何干预的“纯粹”市场经济在历史上从来没有存在过。金本位制只是经济发展早期一个并不完善而且越来越不适应经济发展需要的货币形态，尽管当今世界上的货币制度有种种严重缺陷，彻底回到金本位制也是不可能的。市场经济体制是当今世界上最有效率的经济制度，但并非完美无缺。关键问题在于区分哪些政府干预是必要的，能够弥补市场机制的不足，哪些干预妨碍了市场机制正常发挥作用，简单的一概而论必然苍白无力。

罗斯巴德还认为，美国大萧条后的经济复苏不过是经济运行的自然结果，不应归功于罗斯福新政，而且认为危机期间美国政府采取的干预措施延长和加深了萧条。这一说法与萨缪尔森一致，但只是重复了少数人的观点。根据一份对美国经济史学会会员的调查，绝大部分历史学家和大部分经济学家都反对“新政中政府的政策造成大萧条延长且加深”的说法，只有6%的历史学家和27%的经济学家认同这一说法（维基百科：“新政”词条；Wikipedia：New Deal）。

本文下面的部分，将进一步依据美国的历史统计数据，剖析大萧条的真正原因，以及罗斯福新政的得与失。

三、大萧条的内在机理：货币、产能过剩与虚拟经济

在第一部分，我们已经从数据中看到，在大萧条之前美国经历了长期的货币扩张。大萧条的发生符合奥地利学派关于货币扩张导致经济危机的学说。但大萧条发生的内在机理是什么，还需要进行更深入的实证分析。其中一个需要回答的问题是：既然20世纪10年代的货币扩张幅度比20年代更大，为什么大萧条发生在1929年而没有更早发生？另一个相关的问题是，既然20年代美国已经存在货币过度宽松，为什么价格水平还会持续下降？

1. 货币扩张严重损害实体经济

回答以上问题，需要从20世纪10年代开始分析。事实上1919—1921年，美国已经出现了一次萧条（可以称为20世纪美国的第一次萧条），只是程度轻于1929年的大萧条。检索年度数据，可以发现货币快速扩张主要发生在1915年以后。M2在1910—1915年增长了32%，而在1915—1920年增长了98%。这是由黄金流入和一战中美国的赤字财政政策导致。疯狂的货币扩张先是带来了物价暴涨，使批发价格指数在1915—1920年上涨了122%，消费价格指数上涨了97%。货币宽松和价格上涨刺激了部分行业的生产快速扩张。但这种被刺激起来的高增长受到市场制约，不能持续，随后经济从1919年开始进入衰退，GNP下降3.5%，到1921年跌至谷底，三年共下跌16%。

表2列出了1910—1915年（货币扩张早期）、1916—1919年（货币急剧扩张期）、1920—1921年（第一次萧条时期）、1922—1929年（复苏繁荣期）、1930—1933年（大萧条时期）这五个阶段的M2、价格指数、GNP、制造业等的增长幅度。可以看到，在1915—1919年货币疯狂扩张和物价暴涨阶段（实际上货币急剧扩张持续到1920年，但经济开始下降发生在1919年，且多数指标缺乏1920年的数据，故以1919年分界），首先刺激了一部分制造业行业快速增长，例如运输设备生产业、皮革业、石油和煤炭业、冶金业，短短5年增幅达40%—200%。也恰恰是这些在刺激下迅猛扩张的行业，先于其他行业遇到了市场需求瓶颈，于是，1919—1921年生产急剧下跌（石油和煤炭业除外），两年跌幅在35%—58%。整体物价水平因产品滞销而暴跌30%，把整个经济拖入萧条。这些在货币刺激下大起大落的行业多数属于制造业上游产业（生产资料行业），与奥地利学派学者的描述是一致的。其他在虚假繁荣期没有急剧扩张的行业，如纺织、食品、造纸等，在衰退期受到的影响也比较小，只有百分之几的下降，运行相对平稳。

表2列出的情况清楚地说明了货币刺激的不可持续性和对经济的伤害。刺激起来的短期繁荣无法持续，会遭到经济危机的报复。刺激越强，报复来得也越快。有一种说法是，只要货币宽松能使流动性进入实体经济，就不会对经济造成伤害。从上面的例子可以看到，这种说法是无根据的一厢情愿。

在1919—1921年萧条期间，货币供应并未伴随生产下降而收缩，反而在继续增长（可能是货币当局为应对危机做出的反应）。但同时物价随着生产收缩，下跌了30%。这意味着货币需求减少，实际上货币更进一步大幅度宽松。之后的8年（1922—1929年），美国经济从危机中复苏并维持了不稳定的正增长。其中在上一周期中大起大落的运输设备业和冶金业再次领跑，8年涨幅150%，化工、造纸等紧随其后，石油、煤炭和矿业也不甘落后。

表2　大萧条之前的货币扩张与经济运行　（变动幅度,%）

	1915年比1910年增长	1919年比1915年增长	1921年比1919年增长	1929年比1921年增长	1933年比1929年增长
M2	32	76	6	42	-31
批发价格指数	-2	99	-30	-2	-31
GNP(1958年不变价)	4	18	-13	59	-31
制造业生产指数	21[a]	17[b]	-12	87	-38
运输设备业	86[a]	208[b]	-38	150	-67
皮革业	-2[a]	122[b]	-58	32	-14
石油和煤炭业	33[a]	75[b]	43	80	-23
冶金	4[a]	38[b]	-35	150	-58
化工	36	20	-17	133	-17
烟草	21	31	-5	53	-13
纺织	17[a]	-6[b]	-4	56	-15
食品	21[a]	-6[b]	-3	48	-20
造纸	26[a]	13[b]	-4	100	-15
农牧业生产指数	11	8	-6	19	-5
矿业生产（1967年不变价产值）	10	4	-8	70	-35
建筑业产值（1957—1959年不变价）	–	-9	3	81	-68

注：1. 制造业生产指数的原始数据只有两位有效数字，因此计算的增减幅度百分比未必精确，只反映大体趋势。

2. a=1914年比1909年增长，b=1919年比1914年增长。

资料来源：普查局，第1卷，第199页、第224页、第499页、第585页、第620页；第2卷，第668页、第992页。

1922—1929 年，货币供应又增长了 42%（按罗斯巴德的计算增长了 61.8%）。虽然比 20 世纪 10 年代涨幅相对缓和，但由于在第一次衰退期间已经发生了物价总水平大幅下跌，货币超发问题不但没有在危机中解决反而趋于严重。又一轮的复苏和生产增长是在货币非常宽松的情况下实现的。本来第一轮衰退时间较短，刺激起来的工业原有过剩产能并没有大量退出，而宽松的货币再次刺激了工业投资。制造业资本存量（按账面值不变价格计算）在 1919—1929 年增长了 47%，其中运输设备业资本存量增长 40%，化工增长 52%，普通有色金属增长 58%，金属构件及工具增长 140%，电气机械和设备增长 57%，炼油增长 341%。这一次，又是生产资料行业的产能扩张首当其冲，带动了又一轮快速增长。这些行业在复苏和繁荣期生产增幅高达 80%—150%，掩盖了产能过剩继续加码的情况。但短期的经济繁荣在为更大一轮经济危机准备条件，直到 1929 年后再次惨遭重创，进入深度衰退，例如冶金和运输设备业的生产指数在大萧条中的跌幅分别达到 58% 和 67%（表 2；普查局，第 2 卷，第 684 页）。

以冶金业为例看产能的变化，美国的粗钢产能在 1915—1919 年从 4445 万短吨增长到 5917 万短吨，而产能利用率却从 79% 下降到 64%。产能过剩导致了 1919—1921 年冶金业的第一次衰退，产量从 3810 万短吨下降到 2164 万短吨。但此时货币宽松并未改变，粗钢产能不仅没有压缩，反而沿着惯性继续上升到 6193 万短吨（1921 年），产能利用率下降到 35% 的低点。在从 1921 年到 1929 年的复苏和繁荣期（大萧条前），产能进一步扩张到 6958 万短吨，产量也创下 6174 万短吨的新高，比 1921 年增长 185%。表面上产能利用率显著提高了，一片繁荣景象，但假象掩盖了实质上的产能过剩。因为生产资料行业的扩张在一定时期内有自我创造需求的拉动作用，使其产品需求量扩大。然而这种自我循环不能维持太久，到某个拐点，特别是遇到某种冲击的诱发，就会突然面临市场滞销。粗钢生产从 1930 年开始大幅下跌，1932 年产量降至 1513 万短吨，萎缩到 1929 年的 1/4，产能利用率降到 20%（普查局，第 2 卷，第 692 页、第 698 页）。

事实上，在 1929 年股市崩盘之前，若干工业行业已经面临严重滞销。汽车生产从 1929 年 3 月份以后就开始迅速下降。整体工业生产指数从 6 月份开始下降，8—10 月份比上年同期下降了 20%。因此，股市崩盘绝不是大萧条的唯一原因，只是其爆发点（参见 Kindleberger，1986，第 1047 页；Graff、Kenwood and Lougheed，2014，第 207—212 页）。

在第一次萧条后的复苏和繁荣期，在货币宽松条件下批发价格指数不涨反降，说明刺激起来的产能过剩问题没有在 1919—1921 年的萧条中得到解决，而且在随后的货币刺激下产能继续扩张，使产能过剩继续积累。因此好景不长，迎来了更加严重的 1929 年大萧条。

据罗斯巴德记载，在两次萧条间的 1921—1929 年，美国政府和美联储一再鼓励和持续采取了信贷宽松政策，包括降低再贴现利率到低于市场利率水平、实际降低存款准备金率③、维持低的同业拆借利率、买入承兑汇票、购买政府证券等手段。贷款会自动创造存款，从而按乘数效应使货币供应膨胀。如果以 1915 年为基期计算，到 1929 年，真实 GNP 增长了 63%，而 M2 增长了 165%。罗斯巴德还指出，在大萧条到来前、股市泡沫已极为明显的时候，美联储曾经希望通过“道德劝说”让银行把贷款提供给实体经济，而不要提供给投机者去炒股票。但这根本无法阻止贷款流向股票市场。据弗里德曼叙述，由于和美联储之间的争执，纽约联储银行直到 1929 年 8 月才将贴现率提高到 6%，但同时将票据购买利率下调到远低于贴现率的 4.5%。纽约联储银行还认为，虽然暂时需要抑制股市投机，但政策应“着眼于未来更宽松的货币形势”以维持经济扩张（罗斯巴德，中文版 2009，第 103—137 页；弗里德曼，中文版 2009，第 177—185 页，第 201—202 页；普查局，第 1 卷，第 224 页；第 2 卷，第 992 页）。

2. 物价下降等于通货紧缩吗?

在两次萧条之间的复苏和繁荣期（1921—1929 年），M2 增长了 42%，但物价水平不升反降，主要表现在上游产品（生产资料）的价格水平继续下降。其中，燃料价格下降 14%，金属和金属制品价格下降 17%（1921—1928 年），建筑材料价格下降 3%（1921—1928 年），化工产品价格下降 18%。除生产资料外，不少消费品价格也下降了，如纺织品下降 4%，家具下降 17%；皮毛制品价格不变，只有农产品和食品价格上升了（普查局，第 1 卷，第 200 页）。

---

③ 美联储下调法定定期存款准备金率，使活期存款和定期存款的准备金率差异巨大，前者 10%，后者只有 3%，因此刺激了商业银行将大量活期存款转为定期存款，使实际的准备金率显著下降。

货币宽松，生产快速增长，而多数产品（生产资料居多）价格不升反降，这种违反传统货币学派通胀学说（货币扩张就会导致价格上涨）的现象，是由于货币持续扩张刺激了制造业投资过度膨胀，带来产能过剩，引起过度竞争的结果。这在米塞斯等人的著作中早已有所论述（Mises，1912）。上述连消费品价格也下降的现象更进一步超出了奥地利学派的论述。在生产过剩或产能过剩条件下，企业为求生存会竞相压价销售产品，不管货币如何宽松，这些供给弹性较大的竞争性产品价格都只跌不涨。这些现象，在今天的中国同样可以看到。

但上述情况下的价格水平下降，经常被众多国内经济学家称为“通货紧缩”。在中文里把 inflation 和 deflation 译作“通货膨胀”和“通货紧缩”本来就是不准确的。英文中的 inflation 和 deflation 在经济学中的含义是价格水平普遍上涨和下跌，并非特指货币扩张或收紧。价格上涨和下跌可能由货币扩张和收紧引起，也可能由其他完全不同的原因引起。在上面的例子中，价格普遍下跌是因为产能过剩引起的过度竞争，恰恰是货币过于宽松导致的结果。把这种情况称为“通货紧缩”，就强化了认为货币供应仍然不足的严重误解，与事实南辕北辙。本文中，将只在货币松紧的意义上使用“通货膨胀”和“通货紧缩”的概念，而不用于单指物价水平的上升和下落。

很多人认为，只要价格不涨就不必担心货币过量供应，甚至主张继续以宽松货币应对所谓的“通货紧缩”。这些主张错得离谱，会导致严重恶果。

较早的工业化时期，因为受到生产要素可获得性的限制和较低的生产率、较长的投资周期等技术条件约束，货币扩张带来的需求上升往往不会马上带来相应的供给扩张，因此在一个时期内会造成供不应求，物价上涨。这是传统的货币数量论赖以存在的客观条件。美国 20 世纪 10 年代的经济应该大体上仍属于这种情况（有些行业可能除外）。价格上涨会刺激生产在一个较长时期逐步增长，直至碰到市场的明显限制而面临严重生产过剩，价格才会在某一时刻掉下来。

但美国在第一次萧条期间，过剩产能并没有得到彻底清理，银行业受到的打击更轻微。银行数量几乎没有减少，存贷业务也只有短暂的较小幅度下降，没有像第二次萧条（大萧条）那样带来货币供应自动紧缩；反而由于价格总水平下降，使货币供应在实质上更加宽松。货币继续宽松刺激了制造业再次扩张。

而20世纪20年代，美国经济的技术条件发生了很大变化。这期间电力应用推广，带来了生产条件的重要变化；汽车大量进入家庭，加速了制造业的技术革新，也引发了能源结构变革。统计显示从1909年到1919年，美国制造业的单位人工小时产出指数只提高了15%，而从1919年到1929年提高了72%，说明20年代生产率迅速提高。其中，后一时期炼钢的劳动生产率提高96%，化工提高141%，汽车提高135%，炼铁提高143%。一方面，生产率提高本身能够降低产品价格；另一方面，在更高的生产率条件下，宽松的货币刺激起来的新需求能够更快得到供给侧响应，使生产同步扩大，更容易导致供过于求，形成过度竞争，使价格水平迅速下跌。这在生产资料生产部门表现得更明显。1930年与1920年相比，部分有数据的行业中，金属和金属制品价格下降38%，化工产品价格下降46%，成品油价格下降52%，建筑材料价格下降40%。同期，按生产过程分类，初级原料价格下降44%，中间产品价格下降59%，最终产品价格下降41%（普查局，第1卷，第200—202页；第2卷，第950—951页、第1019页）。

这应该是美国20世纪20年代货币扩张的同时价格水平下降的内在原因。在制造业中，生产率提高更快的上游行业，供给增长更快，价格下降幅度更大，在大萧条中下跌也更深。这印证了上文描述的机制是确实存在的。

3. 虚拟经济泡沫破灭引爆危机

从上面列举的情况可以看到，大萧条前美国长达20年的货币扩张直接对实体经济造成了严重伤害。但这并非导致大萧条的唯一途径。另一个重要途径就是货币扩张使大量借贷资金进入虚拟经济，造成了严重的股市泡沫。

在1919—1921年萧条前后，并没有出现明显的股价飙升和暴跌。而在1929—1933年大萧条前，形势发生了巨大变化。1926年到1929年，公司股票发行连年翻倍，依次为12亿美元、17亿美元、35亿美元、68亿美元。同期，纽约证交所的股票交易量上涨了1.5倍，标准普尔股票指数从12.59升至26.02，三年翻了一番。股市暴涨使一些人大发其财。在货币宽松条件下，大量信贷资金流入股市，更进一步推动股价上涨。股价上涨和资金涌入两个因素形成了互相促进的正循环（普查局，第2卷，第1004—1006页）。

正当人们为在股市上发财而欢欣鼓舞的时候，以1929年10月24日为起点，虚高的美国股价迎来了大崩盘。随后两个月，股市损失400亿美元，相当于当年 GNP 的 40%。这是大萧条的爆发点。随之而来的是抛售变现、偿债危机、疯狂挤兑、银行倒闭……原来靠借债投资高速增长的企业突然面临资金周转失灵，随之大量倒闭，生产大幅度下降，失业率急剧上升。

在接下来的四年中（1930—1933 年），股市萎缩到 1929 年的 1/3。股市崩盘导致资产缩水，资金链断裂，企业和银行倒闭。四年间有上万家中小银行倒闭，银行总数从 2.5 万家减少到 1.4 万家。制造业企业有 7 万家倒闭，从 21 万家掉到 14 万家。名义 GNP 掉了近一半，实际下降 31%。失业率从 3.2% 升至 24.9%。美国居民收入总额从 859 亿美元下降到 470 亿美元。这些情况显示，货币扩张导致的虚拟经济泡沫一旦破灭，金融体系支撑实体经济的功能会瞬间丧失，这对经济的杀伤力大大超过了实体经济本身泡沫破灭（产能过剩显性化）的杀伤力。虚拟经济泡沫对一国经济而言，是不折不扣的定时炸弹，不能不引起后人高度警惕（普查局，第 1 卷，第 135 页、第 224 页、第 240 页；第 2 卷，第 666 页、第 1004—1019 页）。

4. 银行 - 储户 - 企业间的连锁反应加剧了萧条

上述银行大量倒闭，还与恐慌和挤兑有密切关系。这在银行业、居民和实体企业之间引起了一连串连锁反应。

第一，股市泡沫破灭打击了一部分实体企业和银行，少数银行在危机中倒闭。

第二，银行倒闭引起了储户恐慌，他们纷纷拥向银行，大量提取存款。

第三，挤兑导致银行入不敷出，因而造成更多银行倒闭，倒闭和挤兑两者形成了恶性循环。从 1929 年到 1933 年，银行存款总额从 427 亿美元急降到 271 亿美元。其间尽管现金发行增加了 12 亿美元，纽约联储银行也采取了降低贴现率的措施（但其间为了应对 1931 年英国放弃金本位制导致的美国黄金外流，纽约联储银行不得不一度调高了贴现率），但在汹涌的银行倒闭和提款浪潮面前，这些措施都不过是杯水车薪（普查局，第 1 卷，第 199 页；第 2 卷，第 992 页）。

第四，由于银行业几近瘫痪，为实体企业提供融资的功能严重丧失，从而引起更多实体企业生产下降和倒闭，形成大量坏债，也进一步加重了银行的困境。

第五，由于需求严重萎缩，四年间批发价格总水平下降了 31%，更使企业雪上加霜，入不敷出。

第六，价格水平不断下降（换句话说，美元在变相升值），而美元受金本位制和与西方各国固定汇率制的束缚不能贬值，就无法改变价格持续下降的普遍预期。在此情况下，进行实业投资前景黯淡，而持有美元是比其他任何投资都合算的投资行为。因此人们不再进行任何实业投资，也不再相信银行存款的可靠性，而是选择持有现金。这使美元大量退出流通，成为窖存货币。这导致了货币流通量下降，通货紧缩。

第七，通货紧缩使正常的商品交易变得越来越困难，也就使实体经济陷入更加严重的瘫痪。由于货币严重短缺，有些地方和团体甚至不得不自己发行各种内部货币，以维持生活必需品的交易（什莱斯，2009）。

很明显，大萧条中，企业、银行、居民之间的正常经济纽带已被摧毁。不使其恢复正常，经济就难以复苏。而其中一个关键环节是需要改变居民的恐慌心理和价格下降预期，为此一方面需要给储户提供保险，另一方面需要给受到金本位制和固定汇率制束缚的美元松绑，改变其变相升值的趋势。

弗里德曼在《美国货币史》中提供了关于当时货币政策和货币当局活动的大量有价值的资料和数据，描述了美联储在面对非常状态时的墨守成规、行动迟缓和内部扯皮。这些描述显然是真实可信的。他在书中还写道："如果货币当局采取其他的可行措施，就可以阻止货币存量的下降——事实上，可以带来货币存量几乎任意一个合意幅度的增长……就可以减轻大萧条的危害程度……缩短萧条的持续时间，更不要说采取货币扩张措施了。"简言之，是说只要采取货币扩张措施，就可以减轻大萧条的危害，而美联储没有这样做。这看来反映了作者与凯恩斯主义某种程度的共同立场。但解决途径是否如此简单有效，还值得探讨。

首先，如前所述，如果不能改变居民的恐慌心理和价格下降预期，在金本位制约束条件下，尽管也可以实行一定限度的货币宽松，但面对排山倒海般的银行倒闭和储户挤兑浪潮能否奏效，很值得怀疑。其次，即便能够采取大水漫灌式的货币宽松，其严重的后遗症也不容忽视，其结果会减轻还是加剧萧条，值得讨论。

在这个问题上，伯南克明确认为金本位制下的通缩对摆脱大萧条是个不利条件，与弗里德曼的说法相比是一个进步。不过还要注意到，他们所说的通缩只发生于大萧条期间，并不适用于大萧条之前（弗里德曼，中文版2009，第7

章，第210页；伯南克，中文版2013，第1章、第3章）。

在下面的第四部分中，笔者将讨论罗斯福新政如何通过中止金本位制、美元贬值、建立存款保险制度等货币改革解决了这一问题。其关键并不是大规模货币宽松，而是提振了居民信心，并改变了价格下降预期。

四、罗斯福新政的得与失

1. 什么是罗斯福新政的核心？

罗斯福新政期间，采取了若干制止经济继续下跌的紧急而有效的措施。但这里首先讨论财政、货币和收入分配政策。本文第一部分已经指出，新政期间，货币供应基本保持了中性增长，并没有出现信贷扩张。财政政策也总体上保持了中性，政府投资规模是有节制的。主要的变化是政府的社会救助和社会保障等社会福利支出大幅度增加，占政府支出的比重显著提高。表3列出了新政前和新政期间财政货币各项指标与GNP之比，可以更清楚地反映罗斯福新政的主要特征。其中政府支出只有偶数年份的数据；但1933年是大萧条谷底，也是新政开始的年份，因此表中也列出了1933年其他指标的数据。

表3 新政时期的货币和财政政策 （与GNP之比，%）

	GNP（现价，亿美元）	M2/GNP	公私债务/GNP（杠杆率）	政府支出/GNP	政府建设支出/GNP	社会福利支出/GNP
1932	580	62.2	301.7	21.4	3.2	7.4
1933	556	57.9	303.1	–	–	8.0
1934	651	52.8	263.6	19.7	3.3	9.0
1936	825	52.7	218.9	20.3	2.9	12.3
1938	847	53.7	212.4	20.9	3.1	9.4
1940	997	55.4	190.4	20.5	3.1	8.8

注：–表示无数据。

资料来源：普查局，第1卷，第224页、第340页；第2卷，第989页、第1120页、第1122页。

表3显示，从1933年起，广义货币M2与GNP之比，比1932年有明显下降。债务杠杆率（政府、企业和个人负债合计与GNP之比）从1934年开始逐步下降。新政前的1932年，公私债务总额为1750亿美元，杠杆率高达302%。

新政期间，债务总额稳定在1700亿—1800亿美元的水平基本没有上升，而随着经济复苏、GNP回升，杠杆率随之显著下降。1936年降至219%，1940年降到190%。这非常清楚地说明，新政期间并没有采用信贷扩张和政府大量借债投资等刺激政策来促进经济复苏，而是保持了货币中性，并随着经济复苏成功实现了去杠杆。弗里德曼也认为，新政时期并没有实行宽松的货币政策，尽管他对此持批评态度（弗里德曼，中文版2009，第366页）。

财政政策也是理性而有节制的。新政时期，包括联邦、州和地方政府在内的政府支出总额占GNP的比重也不仅没有上升，反而比新政前下降了1个百分点，整个新政期间保持在20%左右。政府财政赤字在新政开始的1934年反而比1932年缩小了（1932年为21.8亿美元，1934年为15.1亿美元），到1938年赤字不到2亿美元，几乎归零。1940年赤字再次上升，其中一个因素是战争在即，国防预算有所增加（普查局，第2卷，第1119—1120页）。

政府支出中，政府的公共建设投资占GNP之比仅在1934年比1932年上升了0.1个百分点，从GNP的3.2%升至3.3%，其后回落，1940年为3.1%。唯一比重上升的是政府的社会福利支出。其占GNP比重在新政开始两年从7.4%上升到9%④，主要用于增加社会救助，1934年社会救助支出从上年的不到7亿美元增加至25亿美元。此后随着社会保障制度的建立，社保支出逐步增加。此外，1936年有一大笔32亿美元的一次性支出，用于退伍军人补助，使当年社会福利支出占到GNP的12%，其他年份都稳定在9%上下。当然，伴随着GNP回升，社会福利支出总额是显著上升的。这期间建立了劳动者的养老保险和失业保险制度，逐步替代了临时性社会救助的功能。1934年，公共社会保险支出只有3亿美元，1940年上升到12.7亿美元，此后继续增加，而社会救助逐步下降，1945年公共社会保险支出达到14.1亿美元，超过了10.3亿美元的社会救助规模（普查局，第1卷，第224页、第341页；第2卷，第1120页）。

在新政初期，虽然政府的社会福利支出占GNP比重上升了，投资支出比重也有暂时的小幅上升，但政府支出总额占GNP的份额不升反降，说明政府控制了其他非必需支出，将支出重点转移到民生方面。社会福利支出在1932年

---

④ 大萧条爆发前的1929年，政府的社会福利支出只占GNP的3.8%。危机期间由于GNP大幅度下降，比重才上升到7%以上。

占不到政府支出的35%，1934年迅速上升到45%，此后大体保持了这个比例。事实上政府的其他大部分支出项目的绝对水平都没有在复苏过程中随着经济总量回升而上升，基本控制在原来水平上不动，它们占GNP之比是明显下降的。通过这样的增量调整，完成了政府支出结构转变。

与此同时，提高了个人所得税的累进率，征收了累进的遗产税和财产税，加大了收入再分配的力度。这些对于改善收入分配，缩小过大的收入差距，也起了重要作用。但个人所得税最高税率可能过高，值得探讨。

表4列出了新政前后美国的国民收入分配状况。新政前的1929年，劳动者报酬占国民收入的份额不足59%，新政后的1940年上升到64%以上。公司利润份额保持在12%未变。业主收入份额降低1.4个百分点（因为其中农场主的数量减少了）。租金和利息收入（财产收入）合计降低3.9个百分点。这显示劳动者在分配中的地位改善了，收入分配趋向公平。在这一变化中减少的主要是财产收入的份额，对企业利润份额没有影响，因此企业家的积极性也受到了保护。新政形成的这一新分配格局以后延续了下来，到1950年没有太大变化，其中财产收入份额进一步下降，公司利润份额上升了。

表4　美国新政前后国民收入分配格局的变化 （占国民收入之比,%）

	1929	1940	1950
劳动者报酬	58.9	64.2	64.1
公司利润	12.1	12.1	15.6
业主收入	17.4	16.0	15.6
租金收入	6.2	3.6	3.9
净利息	5.4	4.1	0.8
国民收入合计	100	100	100

资料来源：普查局，第1卷，第235—236页。

表5列出了大萧条前后和20世纪后期按五等分分组的美国家庭收入在居民收入总额中所占份额的变化。从表中可见，1929年美国1/5的高收入家庭收入占居民收入总额的54.4%，1/5低收入家庭收入只占居民收入总额的3.8%，两组居民收入相差14.3倍。在新政开始实行后的1935—1936年，高、低收入居民的收入差距下降到12.6倍，到1941年下降到11.9倍，1944年下

降到9.3倍。

表5　按五等分分组的美国家庭人均收入在居民收入总额中所占份额

	1929	1935—1936	1941	1944	1970	2000
低收入组1/5（%）	*3.8*	4.1	4.1	4.9	3.6	5.4
次低收入1/5（%）	*8.7*	9.2	9.5	10.9	10.3	10.7
中等收入1/5（%）	13.8	14.1	15.3	16.2	17.2	15.7
中高收入1/5（%）	19.3	20.9	22.3	22.2	24.7	22.4
高收入组1/5（%）	54.4	51.7	48.8	45.8	44.1	45.8
最高收入5%（%）	30.0	26.5	24.0	20.7	16.9	–
高收入/低收入（倍）	14.3	12.6	11.9	9.3	12.3	8.5
估计基尼系数	0.50	0.47	0.45	0.42	0.44	0.41

注：1. 1929年低收入和次低收入组只有合计数12.5，表中该两栏为估算数。

2. 原始数据只有五分组数，不能精确计算基尼系数，表中提供了粗略估算数。

资料来源：普查局，第1卷，第292页、第301页；世界银行，《世界发展指标2011》。

粗略估计新政前后四个年份的基尼系数，分别为0.50、0.47、0.45、0.42。占全部家庭5%的最高收入家庭，其收入在全部居民收入中的份额在这四个年份分别为30.0%、26.5%、24.0%、20.7%。很明显，新政前美国收入差距过大，新政时期收入差距缓慢但持续地缩小。

从表5还可以看到，1941年与1929年相比，除了占总数20%的高收入家庭，其他从低收入到中高收入的四组家庭，在全部收入中的份额都有不同程度的提高。20%高收入家庭的比重降低了5.6个百分点，而其中占总数5%的最高收入家庭，占全部收入的份额降低了6.0个百分点。这就意味着这20%高收入家庭的收入份额降低，完全是因为占总数5%的最高收入家庭占收入份额降低了，实际上其余15%的高收入家庭，收入份额也提高了0.4个百分点。换句话说，这期间收入分配格局的改变并没有影响到中产阶级的上层，占总数95%的家庭都有受益，只有5%最高收入家庭的收入比重真正下降了。可见其间收入的集中度有明显降低，分配比以前相对公平。但这并非劫富济贫，搞平均主义，因为最高收入人群仍然占有较大的收入份额。从表5可见，这一份额到1970年还有进一步下降。无疑罗斯福新政在改善收入分配方面取得了明显的进展，在美国历史上开创了先例。⑤

收入分配的改善不仅意味着公平性的提高，也提高了大众消费，因此很大程度上解决了传统资本主义社会消费不足、需求不足、生产过剩的痼疾，消除了产生经济危机的一个重要隐患。新政也避免了因过度货币刺激和政府投资膨胀带来新危机的风险。

以上情况说明，将罗斯福新政等同于凯恩斯主义的流行观点不过是以讹传讹。1933 年的最后一天，凯恩斯曾在《纽约时报》发表公开信，呼吁罗斯福扩大政府借债和政府支出，认为这是经济复苏的关键。1934 年，凯恩斯又前往拜会罗斯福，鼓动罗斯福采取大规模财政赤字政策，用扩大政府投资拉动经济。但罗斯福信奉平衡预算，认为赤字只能是不得已时的权宜之计，不能作为既定政策，因此两人谈不拢。凯恩斯离开后，罗斯福还私下评论说："他完全是个书呆子。"此后，学术界也一直有人从凯恩斯主义的立场出发，把当时的复苏归功于财政扩张政策，但同时又批评罗斯福没有采取更大规模的赤字财政政策，因而延缓了经济复苏。但本文前面的数据分析证明这些观点缺乏说服力（参见 Keynes，1933；Edwards，2018；邓蜀生，1990，第 118—119 页）。

除了财政和货币政策，罗斯福新政期间还推行了整顿银行体系、改革货币制度、制定公平竞争规则、建立市场秩序、制定最低工资标准、实行 8 小时工作制、禁止使用童工、稳定农业、建立社会保障体系等一系列改革和调整措施。另外降低了小公司税负，实行了累进的遗产税以降低财富占有差距。1939 年通过的《新政机构改组法》，对政府机关进行调整和压缩。这些改革很多具有里程碑意义（参见百度百科、维基百科相关词条）。

罗斯福并不主张政府和个人过度揽权。不排除他在新政初期曾经有过集中权力，扩大政府对市场干预的倾向。但他务实、善于总结经验教训、能够根据现实情况及时做出改变，把握时代的需要。他在 1938 年说："当我使用'自由派'这个词时，我是指相信民主代议制政府这一进步原则的人，而不是实

⑤ 另据居民可支配收入统计（该统计口径与表 5 收入数据的口径不可比，但不同组别占可支配收入份额的比较可供参考），同一时期，占人口 5% 的最高收入人群在居民可支配收入中所占份额降低了 10.5 个百分点（从 33.5% 降到 23.0%），而其中占人口 1% 的顶尖人群收入所占份额降低了 9.0 个百分点（从 18.9% 降到 9.9%）。这意味着收入份额真正降低的主要是占人口 1% 的富人，其余 4% 的最高收入人群收入份额只降低了 1.5 个百分点（普查局，第 1 卷，第 302 页）。这进一步说明了收入集中度的降低。

际倾向于集权主义的人。”（唐纳德·戴，2015，第208页）

根据上述情况，罗斯福新政的基本要素可以大致概括为：在不过度干预市场的条件下，以政府之力改善贫困人群状况，建立覆盖大众的制度化社会保障，改善市场秩序，减缓市场震荡，改善收入分配，保障劳动者的基本权利。这些措施意味着建立以全社会和谐发展为宗旨的现代市场经济制度，不同于资本权力独大的原始资本主义和政府过度揽权的极权主义。罗斯福在1932年竞选总统提名演说中提出，要让人民以“更公平的机会共享国家财富分配”（万维百科，“富兰克林·德拉若·罗斯福”词条）。看来在新政实施中他实现了自己的诺言。

2. 新政政策的对与错

人非圣贤，没有哪个政治领导人能够洞察一切，不犯错误。根据什莱斯《新政 vs 大萧条》的描述和其他史料，新政之初，罗斯福本人对于究竟需要做什么，不能做什么，也并非事事清楚。但他和他的团队一开始就明确的是，尽快整顿和恢复经济，紧急救援当时生活陷入困境的1200万以上失业者和农民，并改善收入分配，缩小过大的收入差距，维护劳工的正当权益。

新政的形成实际上汇集了多方面的意见和建议，但实施过程其实也是“摸着石头过河”的试错过程。我们作为事后诸葛亮尝试逐项盘点新政期间做对了哪些事，做错了哪些事，应该是有意义的。

金融整顿。大萧条期间40%的银行歇业，出现大规模挤兑，金融业陷于瘫痪。1933年3月新政之始，罗斯福宣布银行停业整顿，整顿后一部分银行破产倒闭，1.47万家银行在联邦贷款支持下重新开业，85%的储户存款得以保全，恐慌和挤兑得以制止。1934年，实行了银行存款保险制度，大大减少了储户的损失，根本消除了恐慌。随后银行存款从1933年的417亿美元低点逐渐回升到465亿美元（1934年）、581亿美元（1936年）。据弗里德曼的统计，1929—1933年储户因银行歇业倒闭遭受的损失合计达14亿美元，而实行存款保险制度后的1934—1940年，储户损失合计只有900万美元，不到前者的1%。存款保险对恢复储户对银行的信心起了关键作用。贷款回升更缓慢，但银行业的直接投资有大幅增长。银行业恢复对整体经济复苏起了带动作用。这一政策是有效的（万维百科：罗斯福新政；普查局，第2卷，第1019页、第1038页；弗里德曼，中文版2009，第310—311页）。

货币改革。大萧条前美国已因产能过剩导致了持续的价格萎缩，1929—1932 年萧条期间批发价格总水平更大幅下跌 32%，意味着美元的国内购买力大幅上升。在这种情况下，储存货币比任何投资都更安全也更赚钱，因此挤兑大量发生，货币流出银行。大量货币退出流通又导致“货币更加稀缺—物价继续下跌—美元购买力进一步上升—更多货币退出流通”的恶性循环。但是，当时的金本位制阻止了美元贬值，成为阻碍经济恢复的重要因素。生产者面对不断下降的价格，无法恢复正常生产。

1933 年 4 月，紧随银行整顿之后，罗斯福宣布中止金本位制，美元应声贬值。与各国货币的固定汇率制也随之改变。1934 年宣布恢复金本位制，但美元与黄金比价从每盎司 20 美元贬至 35 美元，同时黄金由政府收储，不再进入流通。这改变了人们的价格下降预期（或美元变相升值预期），阻止了美元退出流通的趋势。美元贬值是通过改变与黄金的官方比价而不是通过滥发货币实现的。市场反应良好。弗里德曼针对金价提高和美元贬值的效果评论说：“银行业危机得以解决，人们对货币体系的信心得以恢复，同时货币流通速度上升，消费率提高，物价上涨。”批发价格总水平 1933 年当年就开始止跌回升，到 1936 年总共比 1932 年回升 24%（但仍比 1929 年低 15%）。同期，M2 回升了 21%，但并不是靠增发货币，而是使货币恢复了流动性，大量窖存的货币回流到银行系统。实体经济也随之回升，同期制造业生产指数从 46 上升到 66（1958 年 = 100）（弗里德曼，中文版 2009，第 331 页；Temin and Wigmore，1990；万维百科相关条目；普查局，第 1 卷，第 199 页；第 2 卷，第 667 页、第 992 页）。

事实证明货币改革促进了金融业和实体经济恢复运转，是成功的。新政期间（1933—1940 年），GNP 实际年均增长 7%，M2 年均增长 8%，只比经济增长高 1 个百分点，并没有靠大量放水刺激经济。这是新政区别于凯恩斯主义的一个明显例证（普查局，第 1 卷，第 224 页；第 2 卷，第 992 页）。

社会救济。大萧条时期大量劳动者失业，因没有社会保障而陷入贫困，紧急救援非常必要。1932 年公共救济资金（public aid）只有 2.6 亿美元，1933 年 5 月《联邦紧急救济法案》通过后，1934 年大幅升至 25.3 亿美元，扩大近 10 倍，占到全部政府支出总额的 1/5，救济了 200 万个贫困家庭；1935 年和 1936 年更达到 30 亿美元，1940 年 36 亿美元，是新政时期政府支出增长最大的部分。救济资金并非全靠赤字财政，一部分是靠政府公务员减薪和压缩其他非急需政府支出筹措的。紧急救济不仅帮助了贫困人口，也扩大了居民消费需求，从而带动了经济恢复和增长。贫困人口救济收入的边际消费倾向接近100%，需求乘数作用显著，在拉动经济增长方面比政府投资更有效，无疑对自1934年开始的经济回升起了重要作用，是正确的政策选择（普查局，第1卷，第340页；万维百科相关条目）。

公共投资。1933年5月，罗斯福签署法案，由政府建立田纳西河流域管理局，对贫穷的田纳西河流域涉及7个州10万平方公里的区域进行防洪、航运、发电等综合开发。工程初建7座大坝，水电站初始装机容量18万千瓦，1934年就形成了发电能力，开始以低廉价格向当地居民供电。据什莱斯的《新政vs大萧条》（第142页）记载，当地居民每月用电50千瓦时电费只要1.5美元，而在私人供电的芝加哥和纽约，同等用电量的电费分别是2.9美元和4.5美元。到1940年，流域洪水受到控制，农业显著改善，发电装机容量增至50万千瓦，当地原贫困农民近半普及用电，人均用电量超过全美平均水平。农民还得到了用水电生产的廉价化肥，人均收入提高73%，高于全美增幅，此外还消灭了流行的疟疾，以造林控制了水土流失，开通了1000公里水运航道，繁荣了运输业（参见百度百科、万维百科相关词条）。

什莱斯也认为，此前，田纳西河流域的居民“是全美国最贫困的人，是真正被遗忘的人”。而该项目给这一地区带来了巨大变化。我们没有足够数据做成本收益分析，但从上述大致情况看，该项目是值得做的（什莱斯，第140页）。

但什莱斯对该项目也有诸多批评，主要是指对原有的私人电力公司形成了排挤，使其高额利润难以为继，危及了该公司股东的利益。她认为罗斯福有全面排挤私人企业的意图。是否如此，恰好成为一个值得分析的案例。

在竞争性领域，如果一个国有企业效率不及私人企业，只因享有政府特许或国家补贴的特殊地位进行垄断性经营，排挤私人企业，就是典型的“国进民退”，是违背优胜劣汰的市场公平竞争原则的。这会导致效率下降，对经济增长、对广大居民的福利都会产生不利影响。但田纳西案例有若干非常不同的地方。

其一，该项目涉及的电力行业是有一定天然垄断性的行业。电网系统通常不能搞重复建设，供应商常常可以因其在当地的垄断地位获得高额利润，而不用担心竞争。在这种情况下，田纳西河流域管理局的介入，是以竞争打破了垄断而不是形成了垄断。有利的水力资源条件当然也是必要因素，使其能提供低于私人电力公司的廉价供电，使原来无电可用或因电价高昂用不起电的当地农民逐步普及了用电。私人公司损失的是垄断利润，而不是其竞争资格。当然，如果超出这个限度，用国家垄断代替私人垄断，阻止私人企业进入，也违背了市场竞争原则。国企和民企孰优孰劣之争，并不取决于道德因素，而取决于制度设置。

其二，该项目规模巨大，投资周期长，但后期综合效益好，私人企业未必有如此大的实力和兴趣进行开发。加上其除了发电外的防洪、通航、减贫等功能都属于外部效应，未必能给开发者带来直接收益，减弱了对私人投资的吸引力。而联邦政府基于长远经济社会综合效益的考虑进行开发，既有投资能力，也有必要性，是对市场的补充。但前提是其综合效益必须高于成本。

其三，国有管理机构和国有企业经常面临的问题是政府干预多，扯皮多，权责利不明确，内部人滥用权力寻租舞弊等腐败行为，因而导致低效率。而《田纳西河流域管理局法》赋予该机构非政治化的企业地位和独立的自主权，保证其不受各地方政府干预，联邦政府和国会也不对其多加干预。其管理者的选择关注效率和专业化，赋予专家充分的发言权，还明文规定人事任命“不得进行政治上的考察或考虑其政治资格。相反，所有任命和提升都必须取决于效率和个人的长处”。其人事权还可以不受公务员法的限制。管理层把坦诚和清廉作为员工必守的规则。这些是保证其工作效率的内外制度保障。

其四，田纳西河流域管理局在相当长时期内并没有滥用其优势地位进行垄断，而是与私人电力公司签订合约进行合作，保持了一定程度的竞争性。这有利于其保持高效率。不过后期随着私人公司退出，这种竞争性也消失了。因此其后期的情况变得更复杂，但因缺乏资料无法详细考察。

以上是田纳西工程成功的特定条件。当然不应从该个案中得出国有企业必然比私人企业更有效率、更合理的结论。事实上，罗斯福新政并没有以推进国有化为目标（也许决策层某些人曾有过此类意图，但并没有成为既定政策）。田纳西河流域项目的四个目标是：为农民普及供电，提高普通人的生活水平，降低其电费负担，促进工业化和社会繁荣。田纳西工程虽然巨大，但在总体电力供应中只占很小的比重。新政开始的1933年，私人拥有的发电装机容量占美国公用事业发电装机容量（总量3.46万兆瓦）的93%，到1936年在总量（3.51万兆瓦）中仅微降到91%，1940年在总量（3.99万兆瓦）中降到86%。私人企业仍在电力行业占统治地位，国有企业到1940年仅占14%，只起了补充作用（普查局，第2卷，第825页）。

以上情况不能证实什莱斯对田纳西项目的批评。看来她的批评更多反映了垄断利益受到限制的某些既得利益者的声音。

除了田纳西工程，新政期间政府还投资了3万多个公共工程项目，小型项目居多，包括建筑、机场、道路、桥梁、医院、学校、水利等；并组织了民间资源保护队，招募了数以百万计的失业者从事植树造林等工作，大多采取以工代赈的方式。这些项目对改善基础设施条件、减少失业、减贫、环境治理和带动经济增长发挥了一定作用。但政府投资并不是新政的核心。表6的数据显示，新政前的1932年，政府建设投资占政府支出的15%，占GNP的3.2%；新政期间虽然投资数额上升了，但这两个比例并没有上升。不过，因为不少项目是以工代赈项目，其中一部分人员开支有可能列在公共救济项下而非投资项下。因此实际的公共投资规模也许更大一些，但不会改变基本格局。

表6　美国政府建设投资占政府支出和GNP份额

	1932	1934	1936	1940
政府建设投资（亿美元）	18.8	21.6	24.3	31.4
占政府支出份额（%）	15.1	16.8	14.5	15.4
占GNP份额（%）	3.2	3.3	2.9	3.1

资料来源：普查局，第1卷，第224页；第2卷，第1120页。

总之，新政期间的公共投资规模是合理而有节制的，而且基本是在非竞争性但有正外部效应的基础设施和医院、学校等公共福利设施，以及资源、环境等领域，并没有对私人投资产生明显的挤出效应，总体上没有造成投资过度、资源浪费、妨碍市场配置资源，而是有利于改善基础设施、公共福利和生态环境条件，也有利于带动经济复苏。

促进自由贸易。1934年，罗斯福签署了《互惠贸易协定法案》，该法案授权总统可以将对最惠国的关税降低50%。看来这是改变胡佛时代贸易保护主义政策的开始，促进了美国进出口的增长。从1934年开始，美国进出口货物和服务贸易都逐年回升。进口从1933年的最低点20亿美元，升至1936年的34亿美元和1940年的36亿美元；出口同步甚至更快回升，从1933年最低点的24亿美元，升至1936年的35亿美元和1940年的54亿美元。这当然也促进了经济回升（普查局，第2卷，第864页）。

市场干预。新政早期成立的国家复兴署（NRA）⑥ 引起了很大争议。针对生产过剩、价格过度下降、市场萎缩等情况，国家复兴署制定了一系列法规来规范工农业生产和产品价格，主要目的在于防止过度竞争，促进价格止跌回升。据什莱斯的《新政 vs 大萧条》（第 116 页）记载，该署对一百多个行业制定了 557 条行业法规，包括规定产品最高和最低价格，企业生产规模，甚至“具体到规定通心粉的配料必须有什么和没有什么；规定裁缝能缝制什么和不能缝制什么。在家禽行业，相关规则还禁止消费者自己挑选鸡雏，顾客只能在鸡舍里顺着拿”。什莱斯的书中记述了后来进入罗斯福智囊团队的有些人对苏联计划经济模式在当时的成功感兴趣，曾访问苏联，希望学习苏联的一些做法。国家复兴署的一些政策有可能与此有关，不排除罗斯福本人可能也有过这类想法，但后来显然转变了看法。

国家复兴署的这些做法与市场经济产生了冲突。什莱斯的书里记述了一家小型家禽公司因为卖鸡的价格低于该署的最低价格规定，以及没有遵守“顺着拿”的规定和卖了一只无法下蛋的“病鸡”而在 1934 年遭到司法起诉的情况。尽管被告说明，价格不合适又不让顾客挑选，顾客就会走掉，生意没法做，而且自己对“病鸡”的情况不知情，还是被法官判处罚款 7425 美元和几个月监禁，这一案例当时还被媒体宣传为国家复兴署的重大胜利（该案次年被最高法院推翻）。另一家小企业因付给雇员的工资低于每小时 40 美分的规定，雇主也被判入狱。

而批评者（包括署内的批评者）认为，这些政策是不合理的。在显著高于市场价格的最低限价和过高的最低工资标准面前，大企业也许可以承受，但很多实力较弱的小企业会无法承受而倒闭，反而减少了就业机会（什莱斯，第 170—180 页）。

这些规定本来是出于保护生产者和消费者的良好愿望，希望防止恶性价格竞争、产品质量无保证等情况。但政府直接干预市场价格和企业生产往往事与愿违，既损害了生产者利益，又损害了消费者利益，消极作用远大于积极作用。事实证明，解决过度竞争和价格萎缩问题，行政干预如同堂吉诃德大战风车，难以起到作用，而美元对黄金贬值却起到了意想不到的积极作用，带来了价格水平回升。两者的区别在于，一个是反市场行为，一个是顺应市场行为。

---

⑥ 有些中文翻译将其称为“国家复兴总署”或“国家工业复兴总署”。

在争议不断的情况下，最高法院于1935年裁决国家复兴署违宪。该署被裁撤。其一系列规定也随之告终。

这些情况也说明，新政推行过程也是试错过程。领导人和政府官员都不可能永远正确，他们都会有认识的误区，都可能犯错误，也有可能会尽量扩大自己的权力，按自己的愿望一意孤行。但这些错误能够被纠正，得益于当时有制衡权力的法治体系，有民主的制度环境和公众舆论监督，能够制约政府权力，不允许权大于法。当然，这一制衡机制并不是完美无缺的。在上述案例中，最高法院的大法官起了重要作用。但他们同样不是圣人，也有自己的视野局限、党派偏见和利益纠葛。罗斯福曾经对最高法院阻挠某些新政措施很恼火，提议把大法官的人数从9人增加到15人，以增加自己一方的胜算。但这一提议遭到了议会否决。权衡利弊，这种对权力制衡的体制，可能在某些场合、某个时间阻碍了新政改革的推进，但也阻止了某些重大错误，限制了权力无限膨胀的趋势，避免了新政偏离市场经济、偏离公众利益的趋向。

劳工权利保护。与价格等方面的市场干预同时，国家复兴署1933年还制定了一系列保护劳工权利的条例。包括最低工资标准，8小时工作制（每周工作40小时），废除童工等。今天，这些已经成为所有发达市场经济国家和多数发展中国家共同遵守的准则，在当时却引起了巨大的争议。以至于1935年被最高法院宣布违宪，随国家复兴署的裁撤而终止。直到1938年美国国会通过了新的《公平劳动标准法案》，这些劳工保护措施才重新得以实行。

今天重新评价当时的情况，可以说1933年的这些变革努力是有价值的，但在经济萧条、企业面临严重困难的时候，一些条例过于激进，包括最低工资标准定得过高（例如有些地方把通行的每小时20美分工资提高到40美分以上，使企业人工成本突然增加一倍），对超时工作的限制过于严苛等，确实增加了企业的困难，减少了企业的雇工意愿，甚至使一些企业无法继续经营，可能加重了经济困难和失业问题。事后看，如果在危机期间实行更加宽容的标准，经济完全复苏后再适度提高标准，可能更有助于经济复苏。

美国经济在1933年新政开始后迅速进入复苏阶段，但失业率的降低相对缓慢，看来与此有关。1931—1935年，失业率仅从24.9%降到20.1%，在国家复兴署被裁撤后的1936—1937年继续降到14.3%，但1938年出现反弹，1939年升至17.2%，1940年才再降至14.6%，还是高于正常水平。1938年及1939年的失业率反弹是否与该年通过的《公平劳动标准法案》有关？或者说，该法案是否仍然过于严苛？这有待继续研究。不过该法案的最低工资和工作时间规定相对缓和了一些。它规定雇工第一年的最高工时为每周44小时，第二年为42小时，以后为40小时；第一年的最低工资为每小时25美分，第二年为30美分，以后六年为40美分。似乎比1933年的标准有所放宽。

在经济已接近复苏的情况下，这对企业的压力可能也相对较轻，看来也是该法得以通过的一个原因。上述改革可能对就业有一定影响，但还是提高了劳动者的收入。1935年与1933年相比，制造业人均名义收入提高了12%。在国家复兴署被裁撤的1935—1938年，人均名义收入只提高了6.6%。通过《公平劳动标准法案》后的1938—1940年，人均名义收入又提高了10.5%（普查局，第1卷，第135页、第166页；百度百科和万维百科相关词条）。如何权衡利弊？仍然是需要学者研究的问题。

这一段曲折，给“改革是试错过程”提供了又一例证。国家复兴署和最高法院之间的博弈，可能掺杂着改革和反改革的争斗，但也正是由于这种权力制衡机制发挥作用，才阻止了国家复兴署沿着不当决策的路越走越远，也防止了新政偏离轨道。今天总结这段历史的经验教训，可以说改革要解决的问题是复杂的，试错机制是必不可少的，对权力的制衡尤其重要。

促进农业复兴。美国在大萧条前的20世纪20年代，由于机械、化肥、农药的普遍应用，农业生产率大幅度提高，农产品产量迅速增加。土地广袤，市场容量却有限，导致农产品大量过剩，价格大幅度下降。大萧条期间，市场萎缩，农产品价格进一步下跌，农民苦不堪言。从表7可见，制造业劳动者与农林渔业劳动者的年收入之比，1920年是2.9倍，1933年扩大到4.7倍，后者的名义年收入从528美元下降到232美元。

为了减少农产品过剩，促使农产品价格回升，新政于1933年公布了《农业调整法案》，强制减少耕作面积和农产品产量，毁弃耕种中的棉花、玉米，大量宰杀幼猪，并对土地休耕给予补助。该法因过于激进受到广泛反对，于1936年被最高法院裁定违宪。但后来被其他相对和缓的法案取代，例如将强制休耕变为允许耕种有助恢复地力的苜蓿等替代作物。对休耕地的补贴保留了下来。表7显示，新政时期农业劳动者收入回升较快，制造业和农林渔业劳动者的收入差距从4.7倍缩小到3.5倍，说明上述政策是有效的。但早期过于激进的强硬政策很可能侵犯了一些农民的利益，应当反省。

表 7　新政前后工农业人均收入比较

	1920	1933	1936	1940
1. 制造业人均年收入（现价美元）	1532	1086	1287	1432
2. 农林渔业人均年收入（现价美元）	528	232	308	407
1/2（倍数）	2.9	4.7	4.2	3.5

资料来源：普查局，第 1 卷，第 166 页。

建立社会保障制度。从 1935 年以后第二阶段新政开始，政策重点逐步转向建立社会保障制度。从长远意义看，社会保障制度的建立可能是新政的最大亮点，是使美国从传统的早期资本主义转向现代市场经济体制的转折点。1935 年的《社会保险法案》规定，年满 65 岁退休的工薪劳动者可以得到 10—85 美元养老金（当时制造业的人均月工资约为 100 美元）。失业者可以得到失业保险金。社会保险金的来源，由工人和雇主各付相当于工资 1% 的保险费，另外 2% 由联邦政府拨付。该法案受到社会大多数人的支持和欢迎，不过未能将医疗保险包括在内，是一个缺憾。

1934 年，公共社会保险支出总额只有 3.6 亿美元，从 1935 年开始逐年上升，1938 年达到 8.5 亿美元，1940 年达到 12.7 亿美元；规模仍然显著小于公共救济支出（36 亿美元），但增长速度更快，在逐渐代替后者。1940 年，公共养老保险和失业保险对民间（非军事）劳动力的覆盖已达一半，失业保险覆盖率达到 40%。到 1950 年，公共社会保险支出已是公共救济支出的两倍，两项保险的覆盖率都超过了 60%（见表 8）。

表 8　公共救济支出与公共社会保险支出的比较，及保险覆盖率

	1929	1934	1940	1950
公共救济支出（亿美元）	0.6	25.3	36.0	25.0
公共社会保险支出（亿美元）	3.4	3.6	12.7	49.5
养老保险覆盖率（%）	–	2.7	49.3	64.6
失业保险覆盖率（%）	–	–	40.6	61.8

资料来源：普查局，第 1 卷，第 340 页、第 342 页。

社会保险制度的建立，给大多数普通劳动者在退休和失业后提供了社会保障，是维护社会公平和安定非常关键的制度建设，标志着美国政治历史上的一个重大转折。罗斯福新政后第一位作为共和党人担任总统（1953—1961 年）的艾森豪威尔曾说：“如果任何一个政党试图废除社会保障制度，废除劳动法和农业计划，你在我们的政治历史上就再也不会听到这个政党。当然，有一小撮人相信能这样做，他们的数量微不足道，而且很愚蠢。”（见维基百科“新政”词条）。

收入再分配。新政之前，美国已经实行了累进的个人所得税制度。新政期间继续强化了收入再分配力度。1935 年的税制改革规定，对超过 5 万美元收入的个人征收超额累进所得税，将个人所得税最高税率从 59% 提高到 75%（后又提到 79%），遗产税的最高税率从 60% 提高到 70%。这种劫富济贫的政策利弊权衡如何？有没有影响投资者和经营者的积极性？对效率和经济增长有没有不良影响？目前找不到更多数据进行分析，仍有待研究。不过新政前后，个人所得税征收额占 GNP 的比例仅从 0.7% 上升到 1.0%，遗产和赠与税征收额占 GNP 之比从不足 0.1% 上升到 0.4%，对收入流量的影响还是有限的。

另一方面，上述收入再分配政策，包括累进税率的提高，看来对缩小收入差距起到了相当大的作用。占人口 1% 的最高收入人群，大萧条前（1929 年）占全部收入的 18.9%，新政前的 1932 年因经济萎缩下降到 12.6%，新政后在经济回升的条件下，1941 年继续降到 9.9%。这期间高低收入居民的收入差距缩小了，基尼系数下降了（普查局，第 1 卷，第 224 页，第 302 页；第 2 卷，第 1122 页，并参见表 5）。

通过收入再分配缩小收入差距，是现代市场经济与传统资本主义经济的一个重要区别。由于市场自身并没有自动抑制收入差距不断扩大的功能，贫富两极分化、社会冲突尖锐化的趋势很难避免。现代社会通过累进的所得税和财产税、遗产税等手段适度抑制高收入人群的收入扩张，将这些税收更多用于对低收入居民的公共福利、社会保障和转移支付，是调节收入分配、缓和社会矛盾的重要手段。同时还要考虑到在新政早期，为了应对大萧条，为公共救济和社会保障筹资，新政在一定时期内提高所得税累进率是可以理解的。

但过高的边际税率也会带来负面效果，特别是会降低企业家扩大经营、进行研发创新的积极性。毕竟，只有蛋糕做大了，大家才能多分。如果因为分蛋糕的比例改变过当，影响了蛋糕继续做大，结果就会事与愿违。因此持续的超高税率是不利的。这是典型的公平与效率的矛盾，需要在两者之间找到一个恰当的平衡点。在笔者看来，如果个人所得税的最高累进税率持续和大幅度高于 50%，不利影响可能会变得很大。当然，这还涉及个人所得税和相关的财产税以及各类税收的减免、抵扣等规定，需要综合考虑。更值得推荐的是适度累进，避免税率过高，但各种不同来源的收入公平纳税，不对某些特定收入（如财产收入）网开一面的税收政策。

3. 罗斯福新政和危机应对思考

在讨论这个问题时，应当说，罗斯巴德认为没有政府干预，经济自身也能从危机中复苏，并非完全没有道理。现代社会的经济危机大致有两种情况：一种是实体经济的危机，以供过于求、生产过剩为主要特征；另一种是虚拟经济的危机，以泡沫破灭、造成金融和房地产业停摆，并对实体经济造成打击为主要特征。前一种情况，危机会导致大量企业倒闭，使过剩产能退出生产，在破坏性的下降过程之后，市场会自发地重新建立供求平衡状态，使经济运行返回正常轨道。不过，这种情况调整过程缓慢，会造成很大的破坏和资源浪费，会给民生带来重大损害。

后一种情况，危机带来金融瘫痪、股市崩盘、房地产泡沫破灭，同时也会将实体经济拖入深渊。如果没有政府强力干预，金融体系也会缓慢复苏，股市和房市在经过重新估值后也会逐步恢复功能。当然需要的调整时间更长，带来的损失也必然巨大。

美国20世纪30年代的大萧条，同时具备上述实体经济危机和虚拟经济泡沫破灭两种特征。

在政府参与其中进行干预的情况下，也会有两种可能性。一种情况是以必要的政府干预减轻经济震荡、加快必要的市场重组，促进市场功能的恢复，通过紧急救援减轻企业和居民的困难，弥补市场缺陷，建立和完善社会保障、公共服务和收入再分配体系，以促进公平分配、民生改善、消费回升和经济结构再平衡，从而加快经济回升和发展。这基本上就是罗斯福新政的方式。实践证明，这一方式的效果是积极可持续的。

另一种情况是用大规模政府干预进行所谓“逆周期调节”，在市场下跌时以大幅度扩张信贷和货币供应、大规模政府投资等方式强力拉升短期增长率。这是典型的凯恩斯主义方式。但如果危机本身就来自过度刺激、信贷过度膨胀导致的投资过度、结构失衡，那么这种所谓的“逆周期调节”实际上是“顺周期”的，即仅仅暂时抬升了经济增长率，而代价是加重结构失衡，拖长危机时间，甚至可能把短期萧条变为长期停滞，因此其效果是不可持续且有害的。这种情况，还常常会伴随着其他方面政府对市场的过度干预。

罗斯福新政期间，也曾出现过政府过度干预市场的情况，但在对权力有制衡机制的制度框架下基本得到了纠正。新政同时推动了制度改革，即打破传统的既得利益框架，建立维护社会公平和全社会和谐发展的现代市场经济制度。这一改革取得了成功，也开创了美国经济从传统资本主义向现代市场经济转轨的新时代。这一新的制度框架，既保证了市场机制的正常运行，又弥补了市场机制的不足，把原来优胜劣汰、适者生存的早期资本主义法则，改变为在保证市场竞争、效率优先原则的同时，将社会公平作为另一个最重要的社会目标，保障社会全体成员的基本权利和各阶层共存、共享、共同发展。

新政取得的成就与罗斯福个人的卓越贡献分不开，但不能完全归结为他的个人功绩。它还得益于新政推行期间社会各阶层共同努力、积极探索、推动变革、试错和改进的尝试，也得益于权力相互制衡和公众能够对权力进行监督的制度设置。这些制度并不完善，但如果没有这些制度设置，如果行政不公开、不透明、没有社会监督、不可问责，不排除出现新政向权力过度集中的方向越滑越远乃至背离新政为大众谋福利之初衷的可能性。需要警醒的是，人无完人，人类进步不能依赖救世主，只有建立合理的、调动全社会积极性的制度，才能保障社会公众的最大利益。

参考文献

阿米蒂·什莱斯，中文版2009：《新政vs大萧条——被遗忘的人和事》，吴文忠、李丹莉译，中信出版社。(Amity Shlaes, 2007: *The Forgotten Man: A New History of the Great Depression.*)

百度百科，“大萧条”“罗斯福新政”词条。

伯南克，中文版2013：《大萧条》，东北财经大学出版社。(B. S. Bernanke, 2000: *Essays on the Great Depression*, Princeton University Press.)

邓蜀生，1990：《罗斯福》，浙江人民出版社。

弗里德曼、施瓦茨，中文版2009：《美国货币史：1867—1960》，北京大学出版社(Friedman, M. and A. J. Schwartz, 1971: *A Monetary History of the United States, 1867 – 1960* . Princeton University Press for NBER.)

哈耶克，中文版2019：《货币的非国家化》，海南出版社。(F. A. Hayek, 1976: *Denationalization of Money: The Argument Refined*, The Institute of Economic Affairs, London.)

凯恩斯，中文版1981：《就业、利息和货币通论》，商务印书馆。(J. M. Keynes, 1936: *The General Theory of Employment, Interest and Money*, London)

默里·罗斯巴德，中文版 2009：《美国大萧条》，世纪出版集团，上海人民出版社。（M. N. Rothbard，2000，*America's Great Depression*，The Ludwig von Mises Institute.）

马克思，中文版 1975：《资本论》第 1—3 卷，人民出版社。

萨缪尔森、诺德豪斯，中文版 1999：《经济学》第 16 版，华夏出版社。（P. A. Samuelson and W. D. Nordhaus，1998：*Economics*，sisxteenth edition，McGraw-Hill Companies，Inc.）

唐纳德·戴　整理，中文版 2015：《富兰克林·罗斯福自传》，华中科技大学出版社。

美国商务部普查局（U. S. Department of Commerce，Bureau of the Census），*Historical Statistics of the United States*，*Colonial Times to1970*，Washington D. C，1975.

Brown，E. C.，1956："Fiscal Policy in the Thirties：A Reappraisal"，*American Economic Review*，46（5）.

Cole，H. L.，and L. E. Ohanian，2004："New Deal Policies and the Persistence of the Great Depression：A General Equilibrium Analysis"，*Journal of Political Economy*，112（4），pp. 779 – 816.

Edwards，S.，2018："Kneynes on the Sequencing of Econonimc Policy：Recovery and Reform in 1933"，NBER Working Paper 24367.

Graff，M.，A. G. Kenwood and A. L. Lougheed，2014：*Growth of the International Economy*，*1820 – 2015*，Routledge.

Keynes，J. M.，1933："From Keynes to Roosevelt：Our Recovery Plan Assayed"，*New York Times*，December 31.

Kindleberger，C. P.，1986：*The World in Depression*，*1929 – 1939*，Berkeley，CA.

Mises，Ludwig von，1912，*The Theory of Money and Credit*，New York，Liberty Fund.

Temin，P.，and B. A. Wigmore，1990，"The End of One Big Deflation"，*Explorations in Economic History*，27（4），483 – 502. Academic Press，Inc.

Wikipedia：New Deal.

Wikipedia：Great Depression.

法和经济学

Law and Economics

Comparative

反垄断与创新

欢迎和保护破坏

朱里奥·费德里科　菲奥纳·莫顿　卡尔·夏皮罗

1. 引言

我们赞美市场颠覆者，那些改变现状、威胁在位企业，有时甚至改变整个行业的企业。熊彼特将这个过程称为“创造性破坏”。通过这个过程，具有破坏性的企业促进了经济增长，并将新技术与新商业实践和商业模式的好处带给消费者。

我们关注的是反垄断政策对创新的影响，反垄断政策也被统称为竞争政策。① 竞争政策力求保护和促进充满活力的竞争过程，通过这一过程，新

---

* Giulio Federico，欧盟竞争管理委员会首席经济学家团队的负责人；Fiona Scott Morton，耶鲁大学管理学院 Theodore Nierenberg 经济学讲席教授；Carl Shapiro，伯克利加州大学哈斯商学院教授。本文仅代表作者个人的观点，在任何情况下都不得被解释为欧盟委员会的正式立场。作者感谢 Mike Andrews、Richard Gilbert、Gregor Langus、Angel Lopez 和 Scott Stern 对本文初稿的评论。有关致谢、研究支持的来源以及作者重要财务关系的信息披露，请参见 https://www.nber.org/chapters/c14261.ack。（因篇幅所限，本文省略了附录部分，特向作译者和读者致歉。有需要者可向《比较》编辑室索取：bijiao@citicpub.com。——编者注）

① 竞争政策与促进创新的其他基本公共政策共同发挥作用，包括知识产权政策、政府对基础研究的资助、培养技能劳动力的政策以及维持健全金融体系的政策。我们的反垄断分析采用了这些政策。

创意转化为被实现的消费者利益。从根本上说，竞争促进了创新。关于生产率和增长的文献告诉我们，随着时间推移，创新是生活水平提高的主要动力，因此通过有效的竞争政策促进创新很可能对经济增长和福利都非常重要。

大量的创新是由颠覆性企业驱动的。② 颠覆性企业不会使用与在位企业相同的技术或商业模式。它们为消费者提供了一种独特的价值主张，而不仅仅是更低的价格。以一种新的方式向顾客提供有吸引力的产品或服务，颠覆性企业可以在创造大量消费者剩余的同时，大量摧毁在位企业的利润。随着新产品的进入和旧产品的退出，以及新的商业方法和商业模式取代旧的商业方法和商业模式，产品和市场份额的剧烈波动代表了一个健康的竞争过程。如果这种竞争过程因合并或排他行为而减慢或有所偏向，创新就会减少，消费者就会受到损害。同样的竞争过程可促进最佳实践的发展和扩散，其中包括可称为减少 X 无效率（X - inefficiency）的那些实践。贸易和生产率方面的文献都令人信服地表明，企业的生产率水平差异显著，更激烈的竞争会将销售量重新分配给生产率更高的企业。如果销售量是可竞争的，就可促进最佳实践的扩散，传播到业绩更好的企业。竞争政策旨在保护竞争过程，通过这一过程，颠覆性企业可以挑战现状。竞争政策不关注其涉及的企业类型或创新类型。快速成长的初创企业肯定会造成破坏，优步和爱彼迎就是两个近来的突出例子。但是，大型老牌企业也可能造成破坏，尤其是当它们进攻邻近市场时。试想沃尔玛进入当地零售市场，微软的必应在搜索领域挑战谷歌，或者网飞（Netflix）制作自己的视频内容。

相比之下，在位的成功企业在其核心市场中扮演的角色却存在严重的冲突。一方面，降低成本的流程创新对最大的企业最有价值，而且市场领导者经常投入大量资金引进新一代产品。这样的例子不胜枚举：英特尔开发新一代技术，并建立新的晶圆厂生产微处理器；波音公司开发新一代大型商用飞机；威瑞森（Verizon）投资建设 5G 无线网络。事实上，正如熊彼特在 75 年前观察到的，在经历快速技术变革的许多行业中，最大的企业也是最令人印象深刻的创新者。考虑到研发的规模经济，尤其是在开发下一代产品或流程需要数亿美元投资和/或需要

② 我们广泛地使用“颠覆”一词来表示挑战现状的大量活动。Gans（2016）提出了一个更具体的颠覆概念。这个概念是从当前市场领导者的角度出发的：“当成功的企业由于持续做出使它们成功的决定而失败之时。”

对当前技术拥有丰富经验的行业，这应该不足为奇。③ 另一方面，一家在位的成功企业如果能从现状中获得巨额利润，就会有很强的激励维持这些利润，这就意味着要减缓或阻止破坏性的威胁。在位的成功企业也会发现投资颠覆性技术在组织上是非常困难的。④ 竞争极大地增加了开发新技术的方法的多样性。

我们在本文中强调，当市场领导者可以利用其竞争优势，同时面临来自传统竞争对手和颠覆性市场进入者的压力时，创新能得到最好的促进。企业究竟是市场领导者还是颠覆性市场进入者，则取决于环境：同一家企业可能在一个领域是市场领导者，在另一个领域是颠覆性的新贵。市场领导者可能面临来自同一市场的其他大企业、邻近行业的其他大企业或者颠覆性小企业的竞争压力。识别因果关系的实证研究表明，在不同的情况下，所有这些竞争的来源都是重要的。从历史上看，它们都受到过竞争政策的保护。

我们要分析的中心主题是，如果一个市场领导者担心自己的领导地位会被颠覆性的竞争对手夺走，它就最有动力创新。⑤ 如果明天的大部分销售量将被最具创新力的在位企业或者具有颠覆性的挑战者赢得，如果其他企业能够超越在位企业，那么即使支配型在位企业也会感到创新的压力。一旦人们正确理解了竞争过程的动态本质，就会发现更大的竞争，也即未来在销售量上的更大竞争会带来更多的创新。⑥ 因此，竞争政策的关键作用是防止当前的市场领导者利用其市场势力，要么通过收购潜在的竞争对手，要么通过使用反竞争策略将竞争对手排除在市场之外，消除破坏性威胁。

第 2 节和第 3 节讨论了对可能损害创新的横向合并的处理。第 4 节讨论了对支配型在位企业的商业行为实施的反垄断限制。

2. 横向合并与创新：关键的经济概念

本节讨论在横向合并的反垄断分析中使用的关键经济概念，因为人们担心

---

③ 最大的企业往往是最成功的创新者，恰恰是因为创新使它们在市场上获得了强大的地位，所以企业规模和创新之间可能存在反向因果关系。

④ 这在组织行为学和经济学中是一个古老而有力的观点。例如参见 Christensen（1997）和 Bresnahan et al.（2012）。

⑤ Shapiro（2012，第 364 页）用“可竞争性”原则抓住了这一核心思想：“通过为客户提供更大的价值获得或保护有利可图的销售前景会刺激创新。”

⑥ 下面，我们将讨论并驳斥“更多的竞争可能导致更少的创新”这一相反的命题。这一概念以竞争与创新之间所谓的“倒 U 形”关系为名，在一些地方扎下了根，并在反垄断中遭到了滥用。

合并可能会对创新的速度和方向产生不利影响。我们将所有对实际竞争者或潜在竞争者的合并都纳入“横向合并”的范畴。这里包括了虽然目前没有相互竞争，但基于当前研发或整体能力在未来可能提供竞争产品或服务的企业之间的合并。

我们在这里的分析基于先前有关合并和创新的文献，并更新了这些文献。尤其参见卡茨等人的研究（Katz and Shelanski，2005；Gilbert，2006；Baker，2007；Shapiro，2012）。⑦

我们使用世界各地（包括美国和欧盟）反垄断执法机构普遍采用的标准来评估合并：如果合并可能大幅减少竞争，则被视为反竞争。根据这一法律标准，如果合并可能由于竞争减弱而对消费者造成实质性损害，那么合并就是非法的。因此，我们的分析关注合并及合并对双方消费者的影响。这是美国横向合并指南采用的方法。该指南的第六章第四节“创新和产品多样性”描述了美国司法部和联邦贸易委员会如何评估可能削弱创新的横向合并。欧盟委员会的横向合并指南也关注合并会如何影响消费者。

2.1 竞争过程和“业务窃取”

在市场经济中，竞争的最好描述是企业之间的动态竞争过程，其中企业通过提供更好的交易来吸引消费者。竞争促使企业提供更低的价格，并推出新产品和改进后的产品，因为这些活动使成功的企业能够从竞争对手那里赢得有利可图的业务，并保护和维持利润丰厚的现有销售量。⑧

这种直接竞争对手之间的动态竞争过程集中在通常所说的“业务窃取效应”（business-stealing effects）上。业务窃取效应无处不在，因为一家公司通过提供更好的价值赢得消费者，通常是以牺牲竞争对手的利益为代价。业务窃取效应对消费者非常有益，因为它们与企业采取的竞争行为密切相关，而且企业采取竞争行为恰恰是为了使其向市场提供的产品对消费者更有吸引力，从而把消费者从竞争对手那里吸引过来。

我们在这里的重点是创新，所以我们特别感兴趣的是，当企业从事有风险的投资以开发新产品和改良后的产品，或者开发新生产流程时产生的业务窃取

⑦ 关于近期的评论，可参见 Baker（2019，第 8 章）。

⑧ 关于作为动态较量（rivalry）过程的竞争原理的历史基础，以及这些历史基础对合并控制的影响，参见 Federico（2017）及其中的参考文献。

效应。简单地说，我们关注产品创新，但总的来说，我们的分析同样适用于流程创新。

虽然某些创新的驱动力来自服务于全新用途的前景，或者来自在价格/成本利润率很低的高度竞争行业中获得销售量的前景，但是创新的许多回报通常是由吸引消费者的前景驱动的，这些消费者原本会购买价格/成本利润率很高的其他产品。例如，当企业竞相在新产品的类别上抢占市场先机，或通过不断的产品改进超越彼此时，这种情况就会出现。

假设 A 公司已经开发和推出了产品 A，但是现在 B 公司正在投资开发会跟产品 A 竞争的新产品 B。在此情况下，B 公司的创新努力对 A 公司产生了负货币外部性。如果两种产品非常接近于替代品关系，那么产品 B 对产品 A 的业务窃取效应最大。重要的是，B 公司引入产品 B 对 A 公司产生的负货币外部性越大，A 公司在产品 A 上既有的价格/成本利润率就越高。

业务窃取效应对创新激励的重要性早已为人所知。阿罗著名的替代效应（Arrow，1962；Tirole，1988）与创新导致的业务窃取效应密切相关。阿罗分析了同质品市场上的流程创新，在他的模型中，相比于身处创新出现之前的完全竞争市场中的企业，安全的产品市场垄断企业面临的净创新激励更弱，因为垄断者已经从创新出现之前的现状中获得了大量利润，但是竞争性企业并没有获得类似的利润。⑨ 业务窃取效应也存在于不确定性下的专利竞赛（patent race）模型中。⑩ 在这些模型中，相互较量的创新者之间的竞争通常会加速创新，因为任何一家企业都不会将它对其他企业造成的业务窃取效应内部化。⑪ 从这类文献中得到的一个有力结论便是，来自创新竞争对手之间的竞争是创新的强大动力。一家安全的在位企业比一家受威胁的在位企业在研发上的投入要少，因为它不用担心自己的业务会被竞争对手抢走。同样，在关于研发型合资公司的文献中，如果缺乏溢出效应，竞争对手之间的合作会导致创新努力的降

⑨ 在合并控制政策的背景下，我们可以认为，阿罗模型刻画了同质品市场中企业合并形成的垄断对创新的影响。这种合并将创新前的利润提高到了垄断水平，从而减少了创新的净收益。然而，阿罗模型并不适合研究实际并购，因为它做出了两个在现实中通常不成立的假设：（1）可能的创新者只有一个，（2）产品市场的竞争耗散了创新前的所有租金。

⑩ 比如参见 Reinganum（1989）。

⑪ 参见 Tirole（1988）。业务窃取效应在内生增长的文献中也得到了明确的认可。比如参见 Aghion and Howitt（1992）通过纵向产品差异化建立的“创造性破坏”模型。

低，因为合作将使创新的业务窃取效应内部化。[12]

新产品研发竞争的一个重要特征是，为了开发这些产品，企业必须进行有风险的投资。只有当企业认为其产品有足够的利润空间，能够提供足够高的经风险调整后的投资回报率时，它们才会做出这类投资决策。整个创新事业的固有特点就是，成功的产品将获得可观的经营利润，而这又需要价格足够高于边际成本。这样的价格/成本利润率使得业务窃取既能吸引挑战者，又能对在位企业构成威胁。的确，如果产品开发的固定成本很高，而且如果新产品开发有风险，那么在均衡状态下，这些利润率必须相当大，才能证明必要的开发费用是合理的。换句话说，当我们在合并分析中讨论对创新效应的处理时，重要的是牢记我们讨论的不是价格竞争把价格压低到边际成本的传统行业。这其中的一个关键点是，鼓励创新的行业环境正是通过允许成功的创新者赚取巨大的价格/成本利润，从而使得业务窃取效应更加重要。

2.2 对创新的有害影响：业务窃取效应的内部化

在这种动态和创新的市场环境中，人们应该如何评价合并？更具体地说，鉴于拟议的横向合并对合并后的企业通过投资于新产品开发来展开竞争的激励和能力可能产生影响，当评估这些影响时，通常有哪些基本的经济学理论？

为此，首先简要回顾一下如何评估拟议的横向合并对合并后的企业开展价格竞争的激励可能产生的影响，这会提供一些帮助。一个常见的担心是，两个主要的直接竞争对手之间的合并将消除它们之间的直接竞争，从而导致更高的价格。这一分析将所有其他（非合并）企业带来的竞争视为既定的。这种不利的竞争效应被称为单边价格效应，表明它们是由合并后的实体单方面采取利润最大化行为造成的。单边价格效应可以简单概括为当竞争产品被置于共同所有权之下时，改变价格激励产生的影响。单边价格效应既适用于现有产品，也适用于未来产品。单边效应不同于协调效应（coordinated effects），后者是指合并后的实体和其竞争对手之间的合并后协调（post merger coordination）。

单边价格效应背后关键的经济思想是，合并会将合并双方与定价相关的业务窃取效应内部化，从而导致更少的价格竞争和更高的价格。在其他条件都相同的情况下，这本身就倾向于损害消费者。为了理解基本的逻辑，考虑 A 公

---

⑫ 比如参见 d'Aspremont and Jacquemin（1988）以及 Lopez and Vives（即将发表）。

司和B公司的合并。假设A公司销售产品A1和A2，B公司销售产品B，它们都是彼此的不完全替代品，例如早餐麦片或啤酒品牌，又或者不同的汽车型号。在合并之前，A公司在评估产品A1的可能降价时，将基于此次降价对产品A1本身和产品A2的利润会有何影响。在合并之后，合并后的企业在评估产品A1的降价时，将包括此次降价对产品B的影响。对合并后的企业来说，降低产品A1的价格来诱导消费者将消费从B转到A1的吸引力就会降低。由于这个原因，如果合并不能产生协同效应，产品之间存在明显竞争的企业如果合并，就必定会减少价格竞争和损害消费者利益。

我们可以根据合并A公司和B公司使产品之间的业务窃取效应内部化引起的价格上涨压力直接衡量单边价格效应的大小。⑬ 如果这些效应很大，就可以推定合并将导致更高的价格，除非产生了足以抵消这些效应的合并专有（merger-specific）的成本下降。⑭ 反垄断法通过结构性推定反映了这些基本的经济思想，在结构性推定的框架下，显著提高市场集中度的合并被推定为显著损害竞争。⑮ 人们可以用合并不太可能增强市场势力的证据（例如合并很可能产生原本不能实现的充分的协同效应）反驳该推定。

单边创新效应与单边价格效应非常类似，它关注的是企业投资于新产品开发的决策，而不是其定价决策。评估可能的单边创新效应的第一步，就是寻找合并企业双方与创新相关的业务窃取效应。如果这些效应是显著的，下一步就是寻找可能抵消这些效应的合并特有的协同效应。

举一个在实践中很重要而且特别简单的例子，假设A公司销售一种畅销药，而B公司正在开发一种与之竞争的新药。在这种情况下，自然会有一个严重的问题，即A公司和B公司合并会导致合并后的新公司减缓或者完全停止这种新药的研发。⑯ 如果A公司在其畅销药上赚取了很大的利润，并且B公司

⑬ 参见O'Brien and Salop（2001），Farrell and Shapiro（2010）。

⑭ 参见Werden（1996），Farrell and Shapiro（2010）。

⑮ 参见Hovenkamp and Shapiro（2018）。经济分析表明，单边价格效应主要取决于价格/成本利润和被合并企业所售产品之间的交叉需求弹性，但判例法考查市场集中度的做法已经发展了很长一段时间。这在很大程度上反映了对协同价格效应而不是单边价格效应的历史关注。

⑯ 联邦贸易委员会长期关注制药企业的合并正是出于这个原因，并在此基础上起诉了几起合并。Shapiro（2012）强调Genzyme和Novazyme的合并是一个鲜明的例子，表明联邦贸易委员会无法起诉被预测会损害创新的合并。2011年，联邦贸易委员会起诉一桩合并涉嫌垄断，但最终未能在法庭上胜诉。FTC诉Lundbeck，650 F. 3d 1236（Eight Circuit，2011）。

新药的大部分销售会以A公司的利润为代价（如果根据通常的情况，假设新药和畅销药是同一等级的），那么上述问题就会非常严重。有学者（Cunningham et al.，2019）发现，制药企业的收购具有以下特征：收购那些威胁其当前产品的在研发药物，然后停止其研发。

这里的核心教训是，就像单边价格效应一样，在相关产品的利润率很高而且两家企业之间的业务窃取效应很大的情况下，反竞争的单边创新效应最大。

衡量A公司与B公司合并对B公司创新激励的单边创新效应有一个最简单和最直接的方法，即计算创新扩散率。这个比率被定义为A公司由于B公司成功开发产品B而遭受的预期利润损失，与B公司从成功研发中获得的预期额外利润的比例。⑰ 创新扩散率包括了B公司的新产品对A公司所有产品产生的数量效应和价格效应。创新扩散率越高，业务窃取效应就越重要，而合并形成的新公司就越可能按比例缩减或者终止产品B的研发。创新扩散率衡量的是，由于业务窃取效应的内部化，合并后的新公司因为研发产品B而实际上面临的“税”有多高。

在实践中，如果A公司也在进行有风险的产品研发，那么创新扩散率将取决于A公司获得研发成果的可能性以及有条件地取决于B公司的成功。一般而言，在其他条件相同的情况下，合并导致的业务窃取效应内部化的程度越高，两家公司研发项目的相关性就越高。在高度的相关性下，合并后的新公司可能会把取消一个研发项目当作消除“重复”项目，但从竞争的角度看，这也消除了两种最终产品相互竞争的可能性。可以预见的是，竞争的这种可能损失会损害消费者。

2.3　对创新的有益影响：创新协同效应

合并还可以通过允许两家合并企业之间的有益协调来促进创新。事实上，当两家企业打算合并时，如果存在与创新相关的上述反垄断问题，合并双方通常会主张合并将产生研发协同效应，从而加速创新。这些主张认为，如果没有合并，那么实现可能的协同效应便是不可信的。并且，合并双方对其主张的协同效应要承担举证责任。⑱

---

⑰ 参见Farrell and Shapiro（2010）。

⑱ 美国《横向合并指南》第10节“效率”规定，“拟合并企业必须证明其效率主张，以便司法当局可以通过合理的手段来查证每一种效率实现的可能性和大小、如何以及何时实现（以及实现的成本）、每一种效率将如何提高合并后的企业的能力和竞争激励，以及为何每一种效率都是合并专有的。”

一种经得起经济分析的协同效应是非自愿溢出效应的内部化。关于技术溢出的文献有很多，包括相互竞争的企业之间的非自愿知识溢出。这种类型的溢出发生在某企业的成功创新是非竞争的并且只有部分排他性的情况下（参见Romer，1990）。例如，一家创新企业的竞争对手可以部分地模仿其新产品而不至于侵犯该企业的知识产权。

理论上，正如夏皮罗（2012）的讨论，非自愿溢出效应的内部化可以部分或完全抵消业务窃取效应内部化导致的创新激励减弱。有两位学者（D'aspremont and Jacquemin，1988）提供了一个早期的理论案例，在该案例中，如果这些溢出效应很大，那么合并可以增加研发投资并使消费者受益。洛佩兹和比韦斯（Lopez and Vives，即将发表）在公司受共同所有权的诱导进行合作的背景下，得到了相似的结果。⑲

这项研究支持了如下观点：如果溢出效应足够高，由于合并后的独占效应更高，合并可以增加创新，并最终使消费者受益。然而，在任何给定的情况下，独占效应的影响在重要性上可能都是有限的。例如，非自愿溢出效应的内部化如果可以通过合资的研发企业（RJV）来实现，它就不是合并专有的，因此也就不足为信。与完全合并相比，合资企业的反竞争性更弱，因为它可以在当前和未来的产品市场上保持价格竞争。此外，美国《横向合并指南》规定："可认知的效率是已得到验证的合并带来的效率，而不是来自对产品或服务的反竞争性减少。"这一规定可被解读为排除了如下观点，即合并可能是有益的，因为它将减少价格竞争，从而使合并后的实体能够从新开发的产品中独占更大比例的价值。⑳

如果合并有助于拟合并企业之间的自愿技术转让，就会产生第二类创新协同效应。如果合并企业宣称有这类协同效应，它们就有责任证明，如果没有合

---

⑲ Lopez 和 Vives 发现，在差异化产品之间的序贯价格竞争（sequential price competition）中（这是他们考虑的与政策最相关的情形），对于低溢出效应，对称合作减少了研发支出，提高了价格；对于适度的溢出效应，对称合作提高了研发支出和价格；对于高溢出效应，对称合作会增加研发支出并降低价格。他们在固定弹性的伯特兰德模型中，使用数值例子说明了这些结果。

⑳ 如果由于这个原因，即使垄断会明显危害消费者也优于竞争，那就需要证明免于反垄断是合理的。在美国运通公司的诉讼中也出现了类似的问题；参见 Katz and Sallet（2018）以及他们两人在全国专业工程师协会（1978）对美国最高法院制定的法律原则的讨论；以及参见 Carlton and Winter（2018）关于价格与非价格竞争的讨论。附录 A 引用正式经济学模型讨论了单边价格效应和创新激励的关系。

并（例如，事前的研发型合资企业或者事后的许可协议），就不会发生有益的技术转让。㉑ 这种协同效应的一个常见例子是合并后的规模足以支持特定的流程创新。此时，合并双方就有责任证明，它们在合并前既无法通过对流程创新的共同研发来实现相同的利益，也无法通过让非创新企业授权流程创新来降低生产成本，或者在创新企业已经从非创新企业那里赢得消费者的情况下，无法实现事后的交易收益。在后一种情况下，根据当事双方以共同接受的提成型专利使用费率（running royalty rate）获得可观的事后交易收益，就简单地断言创新企业不会授权给竞争对手是不够的。

如果两家企业的研发团队合并后能够更有效率地开发新产品，就会产生第三类创新协同效应。美国《横向合并指南》规定："在评估合并对创新的影响时，各相关部门应当考虑合并后的企业更有效率地从事研究或开发的能力。"这类研发协同效应类似于企业合并后的自愿共享知识效应。这两种效应都依赖于（至少部分依赖于）拟合并企业之间的资产互补性，而且这两种效应都能激励企业从事高成本的研发，其效果类似于将非自愿溢出效应内部化后带来的效果。㉒

合并的这种研发协同效应的重要性很大程度上取决于合并双方是如何从事研发的，以及两家企业是否具有互补的能力。这种研发协同效应是企业内部互补资产组合产生的广泛得多的协同效应中的一个特例。理论上，合并后的新企业可以获得规模经济和范围经济，以及/或者综合互补的研发能力，从而降低研发增量成本。㉓ 如果合并可以降低研发的增量成本，那它自然就会增强企业

㉑ Motta and Tarantino（2018）建立了一个合资研发企业（RJV）的模型，该模型使两家企业无须完全合并就能在研发投资上获得规模经济。他们的研究表明，在同时进行定价和投资的博弈中，合资研发企业在研发投资和消费者福利方面都优于合并。

㉒ 有关合并和创新的最新正式模型考虑了研发协同效应对创新激励和消费者福利的影响。Motta and Tarantino（2018）对合并形成的垄断企业会降低研发成本建模。他们的研究结果与上文中讨论的 Lopez and Vives（即将发表）的研究结果实质上是相似的。Federico et al.（2018）在包含了随机产品创新伴随着价格竞争的序贯模型中发现了相似的结果。他们模拟了如下情形：相互竞争的创新者之间的合并提高了它们的创新效率［这可被视为一个代理变量，刻画合并产生的自愿知识溢出效应的赋能影响（impact of enablement）］。在他们的模拟中，创新效率的提高存在一个中间水平，在这个水平上，每个拟合并企业的创新努力保持在合并前的水平（刚好抵消了创新扩散的负面影响）。合并后的创新效率提高，抵消了合并对整体消费者福利的负面影响（因此也减轻了合并对现有产品和创新产品价格竞争的不利影响）。

㉓ 研发增量成本（incremental R&D cost）是指随着研发工作水平而在边际上变化的成本。研发增量成本的减少意味着，对于任何给定的研发工作水平，研发总成本减少（即研发成本曲线向下平移和/或变平）。

从事研发的激励。评估旨在实现这种协同效应的合并往往要对特定事实进行调查。

在实践中，区分合并带来的研发增量成本下降与取消同一领域研发项目带来的成本节约是非常重要的。这是我们熟悉的成本曲线偏移或倾斜与沿着成本曲线移动之间的区别。后者并不是对消费者有利的效率。相反，关于在合并后打算取消所谓的“重复性”研发项目的证据直接表明，合并可能导致抑制创新的反竞争。㉔ 在这种情况下，“重复性”研发项目这个提法可能只是“竞争性”研发项目的一种委婉说法，就像合并公司消除“重复性”产品或零售店一样。合并后，相互较量的创新者之间的创新竞争不复存在，这自然有可能抑制竞争性的研发项目。

在分析研发协同效应的同时，实践中还必须考虑一种现实危险，即合并将导致研发反协同效应（dis-synergies）。出现研发反协同效应的原因多种多样，在某些情况下，是由于高技能人才离开合并后的企业。出现研发反协同效应的更根本原因是，合并后的企业无法有组织地用多种方法开发新产品或者解决某些业务问题。这种危险在关于商业战略的文献中得到了充分的分析。这种反协同效应可能很大，合并分析不应忽视它。㉕ 换句话说，与单个组织的实际支持相比，多组织之间的竞争可能产生更多样化的方法。

最终，合并双方必须证明，它们主张的任何创新协同效应（1）可能来自合并，（2）用另一种可以保留更多竞争的安排无法实现，以及（3）是客观存在的，因此大体上既能够抵消合并引起的创新激励减少，还能抵消单边价格效应（不包括生产成本的任何节约）对当前和未来产品市场竞争的危害以及对消费者的损害。

2.4 关于“竞争和创新”的误导性经济学文献

尽管与业务窃取效应内部化相关的令人信服的经济学逻辑为分析横向合并

㉔ 美国《横向合并指南》明确指出了这一担忧：“研发成本的节省可能是巨大的，但并不是可认知的效率，因为它们难以核实或者产生于反竞争的创新活动减少。”欧盟委员会《横向合并指南》（第80段）也含蓄地指出了这一点。

㉕ Sah and Stiglitz（1987）、Bresnahan et al.（2012）也发现了与组织多样化的价值相关的类似观点。Rubinfeld and Hoven（2001）讨论了对研发多样化展开竞争的好处，并将它们具体应用于美国国防产业的合并执法。关于竞争和研发多样化的正式模型，参见 Letina（2016）和 Gilbert（2019b）。

的创新效应提供了清晰的程序，但还是出现了一种说法，这一说法基于“竞争和创新”的大量文献，认为反垄断的执法者在创新方面应当宽容横向合并，因为“过多的竞争可能对创新有害”。这一说法被总结为“竞争”和“创新”之间所谓的倒U形关系。㉖ 不出所料，“过多的竞争可能对创新有害”这一说法已经在寻求合并的企业中流行起来。㉗ 然而，如果更仔细地阅读文献，就不会得出这一结论。

为了解个中原因，可以假定一个行业，该行业处于零预期利润和自由进入的均衡状态，并且有显著的边际成本加成，此时，市场进入和竞争的动态过程是不受阻碍的。假设创新是该行业竞争的一个重要方面。创新将在某种均衡水平上由企业研发投资驱动。在这种情况下，经济学家可能会提出的一类问题是，创新的均衡水平将如何随市场特征变化，比如市场规模或消费者重视多样化的程度。这类问题通常在文献中被提出来，例如，如果模型中的产品差异化更大，创新程度会更高还是更低。然而，这种类型的比较静态问题与合并控制政策没有直接关系，并且这种文献在实践中被误解和误用了。

在本文中，我们关注的是有关竞争政策的经济问题。为此，我们需要假定市场特征不变，包括需求结构、产品特征和公司的成本函数，并力图预测当合并或者排他行为导致竞争减弱时创新会有什么变化。由于前文所述的原因，如果没有协同效应，重要竞争对手之间的合并可能会导致创新减少。“过多的竞争可能会对创新有害”这一误导性说法从根本上混淆了两个截然不同的经济问题：（1）行业的潜在需求或成本条件变化对创新产生的影响，以及（2）当行业的基本情况不变时，两家对手企业计划的合并对创新产生的影响。

夏皮罗（2012）详细论述了“过多的竞争可能对创新有害”这一命题。他强调大量的经验证据表明，更多的竞争——意味着未来的销售竞争更激烈——会刺激创新。他还指出，文献中使用的模型通常不分析合并的影响，而

㉖ 尤其是参见 Aghion et al.（2005）以及 Aghion and Griffith（2005）。

㉗ 例如，在欧洲移动电话行业整合的背景下，行业协会使用了这一观点，参见 BCG/ETNO，“Reforming Europe's Telecoms Regulation to Enable the Digital Single Market”（2013）；Frontier Economics/GSMA，“European Mobile Network Operators Mergers”（2014）。

是着眼于产品市场竞争强度的外生变化。[28] 这些被引用的论文的作者通常不会声称他们的分析适用于合并的反垄断分析。

3. 横向合并和创新：应用和案例分析

现在我们讨论这些思想在实践中的应用，包括对美国和欧洲一些重要的具体案例的讨论。我们将分析分为三个部分，反映了在实践中出现的三种不同的事实模式。

第一，我们考虑在开发规划（development pipeline）中有可识别产品或项目的竞争对手之间的合并。这类情况包括现有产品和规划产品的重叠（product-to-pipeline overlap），其中一家企业拥有某种产品，而另一家企业正在开发竞争产品。这类案例通常涉及相对短期的创新竞争。这类情况还包括规划产品之间的重叠（pipeline-to-pipeline overlap），其中每家企业都在开发新产品，如果同时推出这两种产品，产品之间会相互竞争。这类案例通常涉及中期的创新竞争。

第二，我们考虑具有创新竞争能力的老牌企业之间的合并。这些案例牵涉长期的创新竞争。这两种案例并不互相排斥；例如，合并很容易涉及可识别的竞争性规划产品以及能力重叠，而能力重叠引发对创新遭受损害的长期担忧。

第三，我们考虑这样一种情况：一家支配型大企业试图收购一家拥有创新能力的小企业，其创新能力可能会（也可能不会）发展成为一种威胁。尽管未来产品的重叠可能还难以辨别，但是这些案例可能涉及颠覆性的市场进入者。

我们关注的是单边创新效应，但这些效应通常伴随着对未来产品的单边价

---

[28] 这些文献的模型通常考虑产品市场竞争强度的变化，但没有考虑（合并带来的）研发活动协同的影响。这种方法最多只能部分反映合并对研发激励的影响。这些文献还利用一些代理变量来模拟产品市场竞争的变化，但这些变量没有明确刻画两家对手企业合并的影响的代理参数。例如，这些文献经常关注市场参数的变化，如产品差异化程度、来自竞争边缘的约束强度或行业需求的价格弹性。产品市场竞争强度的这些外生变化并不是刻画合并影响的好的代理变量。这些文献中的一些模型也考察了企业数量和相应产品的外生变化对创新的影响；参见 Vives（2008），以及最近的 Gilbert et al.（2018）、Marshall and Parra（2018）。这种方法也没有说明合并的影响，因为合并允许两家公司在研发努力和价格方面进行决策协同，而并不意味着其中一家企业的资产和产品会消失。这些文献通常也没有考虑（假设的）某企业/产品消失导致的产品种类减少对消费者福利的影响。寡头环境中的合并和创新正式模型，可参见 Igami and Uetake（2019），Motta and Tarantino（2018），而 Federico et al.（2018）并不支持倒 U 形的理论预测。

格效应而生。在实践中，相较于分析对现有产品的单边价格效应，分析对未来产品的单边价格效应可能更具挑战性，原因有二：（1）这些未来产品是否以及何时会被引进，引进后的产品有怎样的属性，通常是不确定的；（2）由于缺乏可用的数据，未来产品的替代模式通常难以衡量。缺乏数据并不意味着不存在反垄断问题。

更一般地说，当我们着手于应用并关注案例研究时，需要注意的是，分析拟议中的合并对创新的影响必然是一项涉及大量不确定性的预测工作。事实上，拟合并企业经常争辩说，任何关于合并损害创新的担忧都是猜测性的，因为开发新产品的过程是不确定的，未来的市场状况难以预测，竞争可能产生于意料之外的来源。这些观点在某种程度上很可能是正确的，但它们并没有为消除业务窃取效应内部化对创新的损害提供可靠的基础。实际上，我们也可以持相反的观点：相比于只是将竞争性产品联合起来的合并，将创新对手联合起来的合并更令人担忧，因为创新可以强有力地推动消费者剩余的增加和经济增长。此外，合并双方声称合并将产生创新协同效应，但这也可能涉及大量的不确定性，甚至可能是狂妄自大。

在实践中，回应拟合并企业关于“合并的创新效应都是猜测性的”辩护引发了一个问题，即我们究竟是更多地关注前文提及的一般性经济学原理，还是更多地关注具体的产品或研发项目，而关于这个问题的可用证据数量因案件而异，有时非常有限。在实践中，关于两种尚未上市的产品如何相互竞争，或者它们各自的销售情况如何，几乎没有现实世界的证据。人们最多能做一些预测，而这些预测在产品发布之前几乎都不可用，部分是因为每家企业通常对其他企业的研发情况了解有限，从而使企业很难研究和预测其产品将如何竞争。由于所有这些原因，未来竞争的具体情况越难辨别，依靠前文提及的一般性经济学原理就越明智。要求政府提供未来竞争的精确定量证据，以满足其关于单边创新效应的举证责任，就等同于放弃与未来产品研发相关的合并执法，而这些产品尚处于研发阶段早期或者尚未被发现。㉙

3.1 现有产品和规划产品的重叠和规划产品之间的重叠

如果拟合并企业中的一家或两家都拥有一个正在研发或考虑但尚未进入市

㉙ 相关讨论参见 Kwoka（2018，第二章）。

场的特定项目，就会出现这两种类型的重叠。规划产品的一个主要例子是已经被发现但仍在研发中的某一种药品（或分子）。药品研发可能需要多年时间，并且需要大量投资于有关药品疗效和潜在副作用的科学测试。

在某些部门，特别是制药部门和农用化学品部门，研发规划受监管要求的影响，因此是一个结构有序的过程。这些研发规划可以跨越许多年，并涉及许多明确的步骤，例如药品研发测试的阶段 I、阶段 II 和阶段 III。在其他部门，规划产品的研发不受监管要求的影响，因此结构上不那么有序。例如，规划活动可能只与企业的决策一致，这些决策包括在新的地理市场开设生产设施，或者让具有不同属性的新产品进入市场。在这些情况下，潜在的新产品可能不太容易被竞争对手发现，但它仍然可以是反垄断分析的核心。在某一特定地区，如果很难识别那些有规划产品的企业，就会产生进一步的不确定性。

涉及规划产品的一些案例有一个显著特征，例如当新产品是现有产品的“下一代”版本时，它们与现有产品市场的联系相对更容易，也更直接。在这种情况下，尽管依然存在相当大的不确定性，但评估拟合并的竞争影响相对就比较容易。当某些定义明确的规划产品以一组现有产品为目标时，用于评估现有产品市场竞争的分析技术常常可以移用于评估涉及这些规划产品的合并。

规划产品剩余的“上市时间”是竞争分析中的另一个重要因素。如果与规划产品相关的大部分研发成本已经产生，并且新产品的发布（在没有合并的情况下）即将到来，那么对竞争的关注与现有产品重叠引起的关注非常相似。在实践中的一个区别是：缺乏关于新产品需求的真实数据。在这种情况下，我们要关注的是由于其中一家企业拥有的规划产品与其合并对象拥有的现有产品（或多个产品）之间的竞争被消除而产生的单边价格效应。此时，由于大部分或全部的研发成本已经产生，停止规划产品的研发这一单边创新效应问题往往不会出现。当然，在某些情况下，合并后的企业可能会压缩产品，但与此同时，合并后的企业可能会放弃已经推出的产品。如果合并导致上述情况发生，由于产品种类的减少和剩余产品的竞争压力减弱，消费者通常会受到损害。

如果规划产品离成功的商业化还比较远，而且在产品可以上市之前还必须付出巨大的研发成本，那就更有可能产生单边创新效应。在这种情况下，不论合并与否，产品引入的成功概率是分析的核心部分。对创新的损害可能是由于合并后的企业对特定规划项目投入的资源减少，或者是由于减少了将要投资的规划项目数量。

当我们转而讨论在实践中出现的不同事实模式时，对与规划产品相关的基本竞争问题进行分类是有帮助的。第一，合并可能降低规划产品成功引入的概率。创新的减少会减少产品的多样性，并在未来降低其他产品的竞争压力，从而损害消费者的利益。第二，合并可能会推迟规划产品的发布，产生同样的反竞争效应，只是没有那么显著。第三，在合并后，即使规划产品得到成功研发，未来的产品市场竞争也可能不会那么激烈，因为合并带来了竞争产品的共同所有权。

3.1.1 现有产品和规划产品的重叠

当一家拥有现有产品的企业与正在研发其替代品的竞争对手合并时，现有产品和规划产品的重叠就出现了。正如第2节解释的，这种类型的合并使业务窃取效应内部化，因为规划产品的成功商业化将转移现有产品的盈利性销售。因此，在其他情况不变时，合并将降低投资于新产品并将其引入市场的激励。如果现有产品和规划产品是近似替代品（即它们满足相似的消费者需求），而且从现有产品转移到规划产品的销售有很高的利润率，那么业务窃取效应会更大。如果现有产品市场高度集中，而且规划产品是现有产品未来竞争的主要来源之一，那么销售的转移率和利润率很可能都非常高。

如果规划的研发过程基本上是确定的，也就是说，如果关于规划产品盈利能力的大部分不确定性已经解决，那么合并可能会导致合并后的企业直接放弃研发工作。如果合并前引入产品的净增利润超过（剩余的）研发成本，但合并后由于业务窃取效应的内部化而使净增利润低于（剩余的）研发成本，那么“杀手型合并”就有可能发生。根据相关学者（Gilbert and Newbery，1982）指出的标准的垄断抢占效应，“杀手型合并”可能对买卖双方都有利。如果规划产品对现有产品构成了严重威胁，那么在位企业购买规划产品并将其取消的激励非常强。如果另一家企业发出了将要收购该规划产品并大量投资于研发的可信信号，就会加剧规划产品对现有产品的威胁。另外，即使在另一种极端情况下，即合并后的企业会立即推出规划产品，消费者仍然会受到传统单边价格效应的损害。

如果规划的研发过程是随机的，而且研发的成功概率取决于研发投资的水平（这经常是一个自然而然的假设），业务窃取效应内部化通常就会导致合并后的企业减少其研发工作，从而降低产品研发成功的可能性。在这种事实模式下，消费者的预期损害源于引入新产品或创新产品的较低可能性，以及成功引入新产品时新产品与现有产品之间价格竞争的缺失。

在任何一种情况下，合并导致的竞争减少取决于将业务窃取效应内部化的强度。重要的核心目标是，在没有合并时，从现有产品转向新产品的预期销售的盈利能力。评估这种转移效应时，可以考虑现有产品的当前盈利能力和未来盈利能力、现有产品和规划产品之间的近似程度以及这两种产品在市场上重叠的预期持续时间。如果现有产品受专利保护，那么专利保护的剩余期限很可能是一个重要的考虑因素。如果规划产品会在现有产品仍享有长期的有效专利保护之时进入市场，则更有可能产生显著的转移效应。㉚

正如第2.3节讨论的，规划产品与现有产品之间的业务窃取效应内部化会对消费者产生不利影响，衡量该影响需要基于知识溢出内部化和/或存在可知的研发协同效应可能带来的竞争效应。例如，如果合并能够提高研发活动的效率，合并后的企业就更有可能对规划产品进行研发。

3.1.2　规划产品之间的重叠

当两家拟合并企业都拥有仍在研发的产品时，就会出现规划产品之间的重叠。其损害竞争的原理与现有产品和规划产品的重叠类似。关键的区别在于，业务窃取效应只适用于尚未上市的未来产品。这使得被转移的销售价值更难估计，因此转移效应的大小也更难估计。这并不是说与规划产品之间的重叠相关的创新问题在重要性上不如与规划产品和现有产品重叠相关的创新问题。相反，由规划产品之间的竞争导致的业务窃取效应可能会特别强烈，因为一种新的创新产品在未来可能会比现有产品获得更高的利润，使得业务窃取效应的内部化更加强烈。㉛ 在这些情况下，评估损害方面的困难不是概念上的，而是十

㉚ Cunningham et al.（2019）发现，有证据表明，如果合并后的企业可做的选择更少（意味着拟合并企业的产品是密切的竞争对手），而且如果合并后的企业现有产品的剩余专利期限更长，就有更高的概率中断规划中的药品研发。

㉛ 在Federico et al.（2018）包含了随机产品创新的横向合并模型中，相较于合并对手不创新（即现有产品和规划产品重叠）的情况，在合并对手成功创新（即规划产品之间重叠）的情况下，两家拟合并企业的创新激励会下降更多。也就是说，当拟合并企业中的一家“追赶上”另一家提供的（新）创新产品时，相对于它“避免”了与另一家企业的旧产品或现有产品相互竞争的情况，合并会导致每家合并企业的创新激励减弱。值得注意的是，合并在这两种情况下都会减弱创新激励，所以竞争和创新之间不存在倒U形关系；参见第2.4小节的讨论。

分具体的：我们很难有把握地预测将引进哪些规划产品、何时引进以及它们将如何竞争。这些产品等待上市的时间越长，需要证明的这些具体问题就越难以处理。

3.1.3 处理产品研发的不确定性

在评估与规划产品有关的竞争性重叠（compctitivc ovcrlap）时，一个反复出现的挑战是如何处理不确定性的作用。在某些行业，根据发展阶段的不同，如果没有合并，成功引进单个规划产品的平均概率可能相对较低（例如低于50%）。这就提出了一个问题，即如何评估那些更有可能不会出现的竞争性重叠。这个问题对于研发竞争的反垄断评估至关重要，因为不确定性是研发的一个基本特征，特别是那些处于研发规划早期的项目。

在不确定性的情况下，适用消费者福利标准就意味着，当合并会导致因竞争减少造成的预期消费者福利下降时，执法当局应进行干预。也就是说，执法当局应当比较合并与未合并时消费者福利的预期现值。这意味着，即使规划产品在没有合并的情况下被引入的可能性很低，只要新产品对消费者的价值很高，合并也可能是反竞争的。[32]

我们现在使用一个包含规划产品研发不确定性的简单模型来说明这些要点。假设 A 公司有一个规划项目，该项目在不发生合并时的成功概率为 p_A 。如果项目成功，就会与 B 公司的现有产品形成竞争。此时的消费者剩余为 S_{AB} 。或者，如果 A 公司的规划项目失败，那么消费者剩余就是 S_B ，其中 $S_B < S_{AB}$ ，因为竞争和产品多样性更少。所以，不发生合并时，预期消费者剩余就是 $p_A S_{AB} + (1 - p_A) S_B$ 。

与合并后的预期消费者剩余相比，会如何呢？如果合并后的公司由于与创新相关的业务窃取效应内部化而简单地扼杀 A 公司的规划项目，就会出现最简单的情况。此时，合并之后的预期消费者剩余就是 S_B ，所以合并将预期消费者剩余降低了 $p_A(S_{AB} - S_B)$ 。合并剥夺了消费者享受 A 公司成功研发产品带来的好处。p_A 即使相对较小，也会对消费者造成显著损害。如果消费者从 A 公司的成功研发中显著受益，即产品种类更多和价格竞争更激烈，那么这种情况

---

[32] 这是英国财政部委托撰写的报告（“Unlocking Digital Competition，Report of the Digital Competition Expert Panel”，2019 年 3 月）中提出的路径，该路径符合“损害平衡”法（第 3.88—3.100 段）。报告特别指出：“仅仅质疑合并目标有可能成为竞争对手的那些合并，将是过分谨慎之举。”（第 13 页）类似的讨论可以参见 Bourreau and de Streele（2019）的研究。

就会发生。在本例中，对竞争性重叠的概率适用了“宁信其有”的标准，倾向于允许有害的合并继续进行，尤其是在目标公司正从事一个相对不太可能成功的项目，但项目如果成功将产生巨大利益的时候。实际上，只要收购完成得足够早，从而被收购项目失败的可能性仍然大于成功的可能性，这种方法就允许在位企业收购一个敢于冒险的颠覆性项目。[33] 这种政策不会保护竞争和消费者，而会抑制创新和破坏。[34]

即使合并后的企业将继续积极努力地追求目标公司的规划项目，还是会出现同样的结果：即使目标规划产品相对不太可能被引进，合并也会损害竞争和消费者。在这种情况下，合并不会使消费者体验到的产品种类减少，但是他们仍然会丧失 B 公司现有产品和 A 公司新产品进行市场竞争带来的好处。

如果合并将重要的知识溢出效应内部化或导致研发协同效应，涉及不确定的规划产品的合并评估自然会变得更加复杂。如果合并给特定的规划项目带来效率，就可以将这些效率合并到上文列出的消费者剩余表达式中。例如，合并可能提高规划产品的质量或者使之更有可能研发成功。理论上，这些影响可以抵消合并可能带来的预期消费者福利损失。

在实践中，反垄断执法机构无法衡量合并之前的预期消费者剩余，也无法将它与合并后的预期消费者剩余进行比较。然而，通过比较与创新相关的业务窃取效应内部化和合并专有的效率，就可以使用合适的代理性证据识别最有可能损害消费者的合并。如果某些关键参数存在不确定性，可以适用错误成本框架。该框架将力求平衡执行不足的预期成本（例如，在没有合并就发生重叠时对消费者的预期损害）和过度执行的预期成本（例如，消费者从先前合并带来的效率中获得的预期收益）。[35]

---

[33] 此外，正如我们下面讨论的，现有的研发项目往往代表了企业的能力，因而可能只是未来许多可能的竞争性产品中最突出例子。

[34] 在专利有效性不确定的情况下，类似的讨论也适用于专利权人和挑战者之间的专利和解。美国和欧洲的法院都发现，如果合并协议消除了专利权人和挑战者之间的竞争风险，就有可能是反竞争的（例如 FTC 诉 Actavis Inc.，133 S. Ct. 2223，2013 年；European General Court，Lundbeck 诉 Commission 案的判决，T-472/13 号案件，2016 年 9 月；European General Court，Servier 诉 Commission 案的判决，T-691/14 号案件，2018 年 12 月）。在此类协议没有可能的反事实情景下（由于专利有效性的不确定），这些法律判决与适用预期消费者福利标准是一致的。关于预期消费者福利标准适用于专利协议的正式讨论，参见 Shapiro（2003）。

[35] Katz and Shelanski（2005）提倡在这种情况下使用错误成本框架。有关数字市场背景下的讨论，参见 Cremer et al.（2019）。

在评估合并对预期消费者福利的影响时，可能要考虑的另一个问题是，合并控制政策是否会降低“进入式收购”的盈利性，从而影响高成本研发的事前盈利性。我们将在下文讨论一个案例时强调这一点，在该案例中，一家大型在位企业试图收购一家具有潜在颠覆性能力的小企业。

3.1.4 对规划产品重叠的救济

现在，我们转而讨论如何为规划产品重叠制定适当的结构性救济措施。美国和欧洲的许多合并都是通过合并企业的资产剥离实现的。因此，对合并控制的整体有效性而言，救济措施的设计是核心。

对规划产品重叠的适当救济取决于两家合并企业之间更广泛的竞争互动的性质。如果规划产品重叠与两家企业上游研发能力的重叠没有关联，那么专门针对规划产品重叠的救济措施可能足以避免对竞争的损害。

如果在某个特定领域有许多研发竞争对手，然而由于研发的随机性，两家拟合并企业是少数在市场和研发规划中有特定产品的企业，因而至少在一段时间内，在一个高度集中的市场中有可能出现竞争性重叠，这种情况就可以作为代表性案例。在这种情况下，两家拟合并企业之间有问题的重叠仅仅反映了随机研发过程的事后实现。此时，旨在维护重叠领域竞争的针对性救济措施可能就足够了，因为在这种假设的情况下，有许多研发竞争对手，在没有发生合并时，另一个这种重叠就不太可能很快出现。例如，在现有产品和规划产品重叠的情形中，只要第三方有足够的规模和能力继续研发规划产品并使之上市，一个合适的救济措施可能包含将资产从合并后的企业剥离到第三方，而这些资产要包括规划产品以及允许其进一步发展和商业化所需的资产。或者，现有产品可能被剥离，而这同样会维持现有产品和规划产品之间的竞争。如果合并涉及一个拥有规划项目的单产品竞争者（single-product competitor），这种针对性救济措施也可能是有意义的。然而，在这种情况下，剥离规划产品就相当于阻止交易。

如果合并造成的规划产品重叠反映了作为基础的上游研发能力之间更广泛的重叠，那么合理的救济方案就会复杂得多。此时，简单地剥离重叠领域的一种产品，可能不足以阻止未来合并带来的竞争削弱。下文会回到这个问题。

3.1.5 案例研究

竞争当局通常会评估涉及规划产品的合并可能带来的影响。这些案例通常涉及有明确研发流程的市场，在这样的市场上，可以相对简单地识别规划产品造成的竞争重叠。美国和欧盟的竞争当局审查过几起涉及制药和医疗设备的此类案件。美国新近的例子包括 Thoratec/Heartware 合并案，该合并在 2009 年被联邦贸易委员会阻止；2017 年的 Mallinckrodt 案，在该案中，联邦贸易委员会认定 Mallinckrodt 对一个药品研发项目的收购抑制了竞争，因为该研发项目本来可以与该公司利润丰厚的现有产品竞争。

欧盟新近的案例包括美敦力/Covidien 合并案（治疗心血管疾病的医疗设备制造商的合并）、辉瑞/Hospira 合并案（涉及生物仿制药的重叠）和诺华/葛兰素史克（肿瘤业务）合并案（涉及创新性癌症治疗药研发阶段的重叠）。与研发规划或产品规划相关的案例不局限于制药和医疗设备部门。在欧洲，一个与规划产品相关的著名案例就是通用电气/Alstom 合并案，该案涉及大型燃气发电轮机。（附录 B 更详细地讨论了美国和欧洲最近涉及规划产品的一些合并案例，并包含了与救济方案相关的问题。）

3.2 能力重叠

引发创新担忧的第二类广义合并包含了研发能力相互竞争的企业之间的合并。我们在此指的是，合并涉及的企业拥有一系列面向某些相似的创新领域或研发阶段的资产。这些资产可能包括新产品和新流程的有效发现；研发和商业化所需的一些要素；知识产权；技术获得；人力资本，比如工作熟练的科学家或工程师；研发设施，比如实验室、专业设备等；专业化监管、分销和商业化资产；无形资产，比如客户的业绩记录等；以及可以进行新技术升级的既有客户。在发现和推出新产品和改进产品方面，这些资产往往使某些公司处于特别有利的地位。

一般而言，这类案例中的损害原理符合美国《横向合并指南》中关于创新和产品多样性的一个具体问题，即如果没有发生合并，这两家企业在创新能力上的重叠会使它们在相似的领域推出新的创新产品，并在相应的产品市场上展开竞争，从而相互抢夺利润丰厚的销售量。行业中如果有一些具有竞争创新能力的企业，其中两家企业的合并将使这些业务窃取效应内部化。合并可能弱化在重叠的研发领域启动新研发的激励，剥夺消费者从这些领域的未来产品市场竞争中获得的一些好处。根据我们在第 2 节中解释的一般原理，由于合并和/或合并带来的研发协同效应会提高有利于竞争的独占效应，从而抵消上述这些问题。

研发能力重叠的企业之间合并，自然也可能涉及研发和产品上市阶段的明确重叠。例如，在任何时候，两家在某种杀虫剂上具有强大能力的农用化学品企业可能在特定杀虫剂产品上存在实际产品和规划产品的重叠。能力重叠很可能与可观察到的现有产品和规划产品的重叠密切相关，尤其是如果相关能力长期存在、研发规划的寿命足够长，以及产品的平均商业寿命也很长。在这些情况下，被观察到的潜在能力重叠会表现为在一个或多个现有产品或者规划产品上的重叠。但是，原则上，考虑到研发的随机性，在评估特定的合并时，这些潜在重叠即使尚未导致规划产品或现有产品出现可观察到的重叠，有重叠创新能力的两家企业合并也会引发担忧。其中的可能性需要具体个案具体评估。

在考虑合并双方的能力重叠时，尤其是考虑与研发相关的不可避免的不确定性时，需要一个广泛的视角。随着时间的推移，具有竞争能力的企业很可能会参与研发项目组合。因此，它们在未来“相互碰撞”进而产生业务窃取效应的可能性会高于任何单个项目成功的可能性。

在能力重叠的情况下，大多数合并审查不太可能获得创新转移效应的量化估计。但是，我们可以使用一些替代性证据（proxy），以证明创新能力重叠的企业合并会产生重要的业务窃取效应。一个自然要考虑之处是已有产品和规划产品重叠的重要性和频率。如果相关重叠领域的创新能力可长期持续，这些信息可能就特别有用。类似地，对于基础研发能力重叠而言，关于现有产品和规划产品重叠或者规划产品之间重叠的证据可能是一个有用的替代性证据。关于专利组合重叠的证据也可以是竞争能力的有用指标，尤其是如果可以控制专利的质量（例如，考虑专利引用），并且如果可以识别与特定专利类别相关的特定研发轨迹。鉴于能力重叠可能引发的竞争问题是中长期的，证明进入壁垒显著而持久的证据可能与竞争评估的关联度很高。考虑到将能力重叠与特定的现有产品市场联系起来和预测未知产品的需求存在固有困难，对能力重叠的评估不可避免地要关注未来产品潜在市场的供给侧而不是需求侧。㊱

美国和欧洲的竞争监管当局在指南中认识到了对能力重叠进行审查的必要性。例如最近修订的美国司法部/联邦贸易委员会《知识产权许可的反垄断指

㊱ 参见 Gilbert and Sunshine（1995），以及 Katz and Shelanski（2005）。

南》（2017 年 1 月）提到了“研发市场”。[37] 该指南表明，在相关的研发市场上，如果至少有另外四个竞争者，那么同一研发市场内的两家公司（在创新能力上相互竞争的公司）成立合资企业不太可能是反竞争的。同样，欧盟委员会 2011 年的《横向合并指南》表明，研发合作可能会影响创新和新产品市场的竞争。这些指南表明，在创新过程有良好结构的情况下，比如在制药行业，有可能识别相互竞争的研发“极”，并评估是否还有足够数量的研发“极”和横向研发协议的各方。[38] 在分析上，这种方法类似于一个研究创新能力的框架，以确定能力重叠的两家公司合并是否有可能在特定的研发轨迹上阻碍创新，或者更广义地说，减少未来创新产品的竞争。

如果在某个领域有创新能力的两家公司合并，会导致反竞争的能力重叠。适当的救济方案对这种合并来说可能特别微妙。正如上文解释的，有问题的能力重叠很可能与一个或多个现有产品重叠或者规划产品重叠共存，并且前者确实是后者的原因。在此情况下，出现有问题的重叠可能反映了未来再次发生这种重叠的高度可能性，尤其是在很少有公司具备必要的能力时。

在以上情形中，仅针对现有产品和规划产品重叠的救济措施，不足以抵消合并对创新造成的中长期损害。只解决现有产品和规划产品的重叠，会在短期和中期缓解合并带来的损害，但不太可能解决在更广泛领域内失去实际创新者造成的长期损害。这样的救济措施就像是在应对竞争的可见症状，而不是应对潜在的驱动因素。相反，适当的结构性救济措施将要求剥离更广泛的资产以及重叠的现有产品和规划产品，包括适当的“上游”创新能力。这可能包括剥离合并企业之一的研发机构、其技术和知识产权资产、专门的人力资本以及获取现有客户的机会等。然而，考虑到一个研发组织的脆弱性，“分拆”复杂的现有结构，或者把两个合并企业的资产放在一起的“混搭”方案，都可能削

---

[37] “研发市场”这个术语取代了之前的“创新市场”。知识产权许可指南对研发市场的定义如下：“一个研发市场的资产包括由研发构成的资产，其中的研发与商业化的产品有关或者是以特定的新产品或被改进产品或过程为目的，以及包括研发的近似替代品。当研发以特定的新产品或被改进产品或过程为目的时，近似替代品可能包括研发工作、技术和产品。比如，通过限制一个虚构垄断者的能力和动机来降低研发速度，这些研发工作、技术和产品显著约束市场势力在研发中的作用。只有从事相关研发的能力会与特定公司的专门资产或特征相联系时，当局才需要划定研发市场。”（第 10—11 页）

[38] 参见 2011 年 1 月的欧盟委员会 Guidelines on the applicability of Article 101 of the Treaty on the Functioning of the European Union to horizontal cooperation agreements，第 119—120 段。

弱结构性救济措施的有效性。因此，通过资产剥离解决创新能力的重叠可能要复杂得多，而且需要剥离的资产也相应地更多，然后才能救济特定产品或规划产品的重叠。

美国和欧盟的竞争监管当局介入了许多涉及创新能力的重要案件，致使要么合并被放弃，要么大量资产被剥离。这些案件涉及广泛的部门，包括费率测算服务（rate-measurement services）、证券交易所、农用化学品、半导体制造和油田服务。这些案件的一个共同主题是，所在行业都有持续的高成本创新、高进入壁垒以及实际创新者寥寥无几的特征。在竞争监管当局接受补救措施的这些案件中，通常包含剥离重要的创新能力（除了出售特定产品或规划项目外），以弥补合并造成的独立创新者的损失。正如这些案件表明的，在合并对手具有重大且竞争性创新能力的合并中，即使没有适当的结构性救济措施，其设计可能也特别困难。（附录 B 回顾了美国和欧盟近期涉及创新能力的一些比较突出的合并案例。）

3.3 支配型企业对潜在竞争对手的收购

我们考虑的第三类合并是由一家支配型企业对一家小企业的收购，其中这家小公司的市场份额要小得多，但它有创新的能力，从而可以在未来从支配型企业“窃取”重要且利润丰厚的业务。第三类案例尤其适用于数字行业，包括谷歌、脸书、苹果和微软在内的一些大型在位平台近年来收购了许多规模较小的企业。

当一家支配型企业试图收购一家在邻近市场上有强大能力的目标企业时，所需的分析与前面讨论的事实模式有一些相同的地方。我们可以设想，目标企业拥有一个规划项目，即开发自己核心产品的增强版本，并且有能力开发可以与支配型企业的产品或服务相竞争的产品。然而，实际上，目标企业的产品还不能很好地替代在位企业的产品，而且人们不太可能由于观察到已有产品或规划产品重叠就认为存在能力重叠。实际上，合并双方可能会辩称，合并根本就不是横向的，而且由于固有的不确定性，关于未来产品可能重叠的证据也许是模糊不清的。

支配型在位企业收购潜在竞争对手的案件中，最清晰的损害理论是，收购将消除在位企业面临的威胁，使之得以保护在市场中的现有租金。这种情况可能会损害消费者，原因在于消费者直接损失了目标企业提供的创新产品，同时在位企业的竞争压力降低。换句话说，这种类型的收购不仅会导致市场失去破坏性的进入者，还会对在位企业的创新激励产生连锁效应，因为合并后的未来销售额会无可争议地减少。[39]

在实践中，发展这种损害理论的主要挑战往往是证据。由于没有具体的规划产品重叠，也许很难证明被收购企业很可能在可预见的未来“窃取”在位企业的业务。类似地，如果缺乏在位企业和目标企业在已有产品和规划产品上相竞争的证据，就很难找到合适的替代性证据来证明能力重叠。这个困难可能在全新且快速发展的数字市场中尤为突出。在这些市场中，难以准确地确定哪些能力是成为有效的创新者和竞争者必需的，而且其他未合并的公司可能也会为了未来的销售展开可信的竞争。

脸书在 2012 年对照片墙（Instagram）的收购很好地说明了这些问题。[40]在合并时，脸书将照片墙形容为一个补充：脸书发布文本，而照片墙处理图片。[41] 事实上，现在脸书上使用的图片比以前更多。事后看，人们很容易想象照片墙本来会发展成为一个受欢迎的社交媒体网站，并与脸书展开实质性的直接竞争。然而，这种预测的不确定性很高。在合并时，由于照片墙缺乏过去的业绩和收入，将它归类为具有威胁性的取代者，在证据上面临挑战。从合并被批准到现在，已经过去好几年了，我们永远也无法知道照片墙如果没有被合并会如何发展。

另一个启发性的案例就是沃尔玛 2016 年对 Jet. com 的收购。Jet. com 是少数几个有能力与亚马逊竞争的在线零售网站之一，后来被沃尔玛收购。我们可以观察沃尔玛在收购 Jet. com 后做了什么，但我们无法观察两家企业没有合并时，Jet. com 原本会做什么。换句话说：在收购之时，Jet. com 主要是沃尔玛实体店的线上补充，从而使沃尔玛能够提供与亚马逊竞争的创新零售服务，还是说 Jet. com 主要是沃尔玛的竞争对手？无论在过去还是现在，关于零售业发展方向的不确定性都是巨大的，而 Jet. com 在未来几年与亚马逊或沃尔玛竞争的独立能力同样是未知的。

---

[39] 在具有网络效应这样的显著先发优势特征的市场中，以及在创新竞争具有专利竞争特征的市场中，对在位企业创新激励的间接影响很可能非常显著。

[40] 关于本案件的更多讨论，参见 Baker（2019，第 160—163 页）。

[41] 然而，至少有的 Facebook 内部人士将 Instagram 视为威胁，参见 https：//nypost. com/2019/02/26/facebook-boasted-of-buying-instagram-to-kill-the-competition-sources。

当提出这类交易时，使用滑动尺度（sliding scale）可以帮助处理固有的不确定性。比较上述两个例子，如果脸书在社交媒体上的市场势力比沃尔玛在零售上的市场势力更强或者更持久，那么社交媒体行业的破坏可能性即使很小，对消费者也会更有价值，因为比起相同可能性的破坏性创新在零售业的作用，社交媒体行业的破坏将产生更多的创新和产品市场竞争。

在面对不确定性时，一个合适的方法是采用错误成本方法（如前文的讨论）研究合并对预期消费者福利的影响。执法不力的成本是在位企业市场势力的程度和持续时间的函数，即因失去来自目标企业的竞争而损失的价值。如果在位企业存在竞争者，或者存在比目标企业更好的潜在竞争者，那么潜在竞争来源的损失可能就是有限的。然而，如果“市场中的竞争”是有限的，而且主要或唯一的竞争是“为了获得市场的竞争”，那么损失潜在挑战者可能会极大地损害消费者，从而增加执法不力的成本。

还有另外两种有用的方法可用来评估对新生竞争对手的收购。第一种方法是分析决定收购价格的因素，以深入了解支配型在位企业到底是与目标企业共享垄断租金，还是与目标企业共享预期协同效应的价值。[42] 第二种方法是审查支配型在位企业以前的收购行为，以确定该企业到底是有收购潜在竞争对手的模式，还是有通过类似收购获得巨大协同效应的历史记录。

过度执法的成本取决于是否存在合并专有的效率。当一家在位企业收购一家小型目标企业时，可能的合并专有效率包括两家企业科技能力的协同效应，比如将大企业的技能和协议应用到被收购企业的产品上，或者改善两种产品合作的能力。协同效应可以增加目标企业的产品成功上市的可能性，或者提高其上市的速度。一家支配型企业或许能够证明，它在此前的类似收购中成功地获得过这种效率。

这些交易中的一个重要问题是，对合并专有效率的评估到底是与目标企业仍然是独立竞争对手时的情况相比较，还是与目标企业被另一家利润不受其威胁的（较大）企业收购时的情况相比较。基于替代交易的审查类似于目前针对“失败企业”的审查，否则将不适用。[43] 即使在许多情况下反垄断当局很难确定具体的“其他情况下的”收购以实现更严厉的执法，这种更严格的审查

---

[42] 关于该方法的阐述，参见 Mallinckrodt（2017）在附录 B 以及 CDK/Auto-Mate（2018）对联邦贸易委员会干预的介绍。

[43] 参见美国《横向合并指南》第 11 章“Failure and Exiting Assets”。

也将使天平向更严厉的执法倾斜。㊹

在处理支配型在位企业对小公司的收购时，另一个要考虑的因素是，被收购后的前景能否为小企业开展创新提供重要的事前激励，也就是所谓的“并购式投资”（investment for buyout）。虽然阻止支配型在位企业的所有收购行为的过严政策可能产生不利影响，但是如果合并执法政策着重于保护竞争过程，而且确实忽视了对“并购式进入”（entry for buyout）的一般影响，那么这种合并执法政策将推动真正的创新，原因至少有三个。第一，这种政策会阻止风险资本和其他资本推进从一开始就是为反竞争收购而设计的类似项目，并将鼓励更多有益于社会的创新。㊺ 第二，这种政策将随着时间推移削弱在位企业的市场势力，从而增强在互补品供给方面进行创新的激励。第三，在合并之后，如果在位企业直接关闭或减少对竞争性创新的投资，此时“并购式投资”的收益最终也不会惠及消费者，那就没有权衡可言。㊻ 对在位企业针对小企业的反竞争收购采取更强硬的立场，将与保护破坏性市场进入者免遭排他行为影响的政策一起发挥作用（这是我们的下一个话题），并通过增加未来销售的可竞争性提高进入者的预期利润，从而促进创新。

㊹ 关于对这一点的具体建议，参见英国财政部委托撰写的 *Furman Report*（Unlocking Digital Competition，Report of the Digital Competition Expert Panel，2019 年 3 月），第 96—97 页。如果拟议的合并是在激烈竞争之后才实现了对目标企业的收购，那么其他收购者可能更容易被识别。关于合并中其他反事实（包括可识别其他收购者的具体案例）的讨论，参见 Amelio et al.（2018）。

㊺ 关于这一点的讨论，参见 Cunningham et al.（2019）。这篇文章还提供了证据，以证明在制药行业中，合并不会导致目标企业人力资本的有效重新配置，并且在收购前的投资者中，只有 22% 会在合并后继续投资收购方。

㊻ 最近的正式工作包含“并购式投资”效应，不支持对横向合并施行宽松政策。Mermelstein et al.（即将发表）构建了一个动态的同质品双寡头古诺竞争模型，该模型囊括了对市场进入者进行并购式投资的激励。他们发现，从消费者福利的角度看，最优的合并控制政策相当于不允许合并的严格静态政策。实际上，这一政策的好处之一在于阻止了低效率的并购式投资。Igami and Uetake（2019）考虑了一个合并和创新的动态寡头模型，将之调整并应用到了硬盘驱动行业。在他们的模型中，合并控制导致了（a）企业的事前进入和生存，（b）事后减少创新和竞争之间的权衡。他们的模拟表明，相对严格的合并政策是可取的：在这些模拟中，尽管大多数好处来自阻止使竞争者数量少于 3 家的合并，但是，使公司数量少于 6 家的合并就会减少消费者福利。更一般地说，在许多标准经济学模型中，合并降低了创新激励，但对拟合并企业来说是有利可图的（见附录 A）。因此，合并允许潜在竞争者与支配型企业合并从而锁定更高的租金（与相反的情形相比），这个事实并不促进创新。相反，在位企业和挑战者可能就是利用这种手段分享市场势力带来的租金。

4. 支配型企业在创新行业的排他行为

现在我们转向创新产业中的支配型企业，讨论对其商业行为的反垄断处理。我们不会讨论企业是不是占支配地位的问题，而只是关注其行为。我们的注意力集中于支配型企业通过排除实际竞争对手或者潜在竞争对手从而有可能阻碍创新的商业行为。我们特别关注的是，在动态的创新市场中，支配型企业采用了反竞争的商业行为，以排除令其讨厌的新兴企业或潜在进入者，它们都是常见的破坏性市场主体。如果这些行为阻止了新型和改进型产品及服务的出现或成功，消费者就会受到损害。在支配型企业向消费者免费提供产品或服务的市场中，这些新型和改进型产品与服务是消费者剩余的重要来源，这在数字市场中很常见。

当一家支配型企业拒绝将其产品卖给与其竞争对手交易的消费者时，就是排他行为的一个典型例子。例如，在大约 70 年前的美国俄亥俄州洛兰市，支配型地方报企面临一种激动人心的颠覆性技术，即地方广播电台的竞争，这家报企拒绝接受那些在地方广播电台投放广告的人在报纸投放广告。最高法院判决这种行为违反了《谢尔曼法案》第 2 条。[47]

我们使用广义的“排他行为”这一术语，既包括阻碍竞争对手进入（或诱导其退出）的行为，也包括削弱竞争对手实际竞争能力的行为。[48] 例如，排他行为可以增加竞争对手的成本，降低其产品质量，或者妨碍其获得重要的投入品或消费者。

美国联邦贸易委员会最近对高通公司提起了诉讼，该案提供了一个可能损害创新的排他行为的例子。[49] 联邦贸易委员会宣称，高通公司的某些商业行为提高了高通公司竞争对手销售调制解调器芯片的成本，从而降低了竞争对手投资研发新一代调制解调器芯片的激励。联邦贸易委员会由此认为，高通公司通过提高竞争对手的成本损害了竞争，巩固了高通的支配地位。尽管高通在现代芯片上的一些竞争对手，尤其是英特尔，投入了大量研发资金开发新型和改进

---

[47] Lorain Journal 诉 United States，342 U. S. 143（1951）.

[48] 然而，即使这种行为会产生将竞争对手逐出市场的效果，我们使用的“排他行为”一词也不包含基于优胜的竞争，例如，当支配型企业提供改进型产品和服务时。

[49] Federal Trade Commission 诉 Qualcomm，Case No. 17－CV－02200－LHK，美国加州北部地区法院。本文作者之一夏皮罗在本案中为联邦贸易委员会提供了证词。

型现代芯片，联邦贸易委员会还是做出了上述指控。正如下文强调的，对经济影响的评估需要将实际结果与一个适当的反事实结果进行比较，而该结果反映了在没有被指控的行为时（不确定的）研发、投资、价格和市场进入路径。2019 年 5 月，负责审理联邦贸易委员会案件的法官做出判决，高通的行为违反了反垄断法。

4.1 建立适当的反事实

联邦贸易委员会起诉高通的案例说明，反垄断案件涉及可能损害创新的商业行为时，有一个常见特征，就是从经验上确定这些行为如何影响产业发展可能很困难，尤其是如果法院要寻求没有反竞争行为时会产生何种创新的确凿证据。

要了解问题的本质，首先考虑这样一个例子，即一家公司销售一种专利药，向一家仿制药企支付一大笔钱，使之同意在一段时间内不向市场提供该药品的仿制药。在这类“付费推迟”案例中，通常有大量证据表明，仿制药的进入会导致药品价格大幅下跌。利用这些证据，可以量化仿制药延迟进入市场对消费者造成的损害。的确，在仿制药实际延迟进入的情况下，可以相当准确地估计仿制药延迟进入对消费者造成的损害。

与此形成鲜明对比的是，现在考虑如下情形：一家支配型在位企业阻碍了竞争对手对研发的投资，或者阻碍了竞争对手开发或推出新产品。在这种案例下，通常不可能量化对客户造成的损害。的确，由于新产品开发及其市场接受情况固有的不确定性，通常不可能知道，本来会开发出什么样的新产品和创新产品，会在什么时候推出这些产品，或者这些产品会有多受欢迎。

所有这些都意味着，认定一家支配型企业的行为损害了创新并因而违反了反垄断法所需的大量证据是竞争政策的一个关键因素。一套更坚定明确的反垄断制度会发现，当受到质疑的行为阻碍竞争对手的创新激励或能力，因而扰乱了竞争过程时，就会出现违规行为。这是合理的，因为经济学家明白，当某项活动（如研发投资）的激励减弱时，就可以预见追求利润最大化的企业会减少这项活动。因此，如果有令人信服的证据表明开发新产品的激励减弱了，那就可以有把握地得出创新将会减少的结论。更谨慎的反垄断政策会要求证据，以证明由于支配型企业那些受到质疑的行为，竞争对手实际上减少了对特定项目的研发，以及由于某些特定产品没有开发出来，研发的减少损害了消费者。

在许多动态市场中，要证明这些因素几乎是不可能的。如果举证责任设置过高，那么在动态和创新的行业中，反垄断执法就会效率低下。

这些行业的第二个主要问题是与长期技术趋势的影响相关的逻辑谬误。在降低成本和提高质量方面，高科技市场有着强大的长期趋势（质量可以是速度或内存容量这样的产品属性）。被告有时将这些市场改进（更便宜和更快速的产品）作为证据，证明没有出现排他行为。然而，正确的问题是，在没有排他行为的情况下，速度是否会提高得更快，价格是否会下降得更多。一个行业经历了技术进步，随着时间推移，产品不断改进且产量不断增加，如果这个事实与排他行为的存在不一致，那么，如果不放弃高科技行业的反垄断执法，就会严重阻碍该行业。

联邦贸易委员会起诉高通公司的案例很好地说明了这种政策权衡。联邦贸易委员会提交的证据显示，即使智能手机制造商生产和销售的智能手机含有非高通的调制解调器芯片，高通受质疑的行为也使之能够从智能手机制造商那里获得不合理的高额专利使用费。[50] 联邦贸易委员会解释说，这些过高的专利使用费实际上增加了高通竞争对手的成本，从而阻碍了它们进行必要的研发投资，以开发新型和改进型现代芯片。这个结论来自产品开发的最基本的经济学原理：如果一家企业考虑投资开发一种新产品，但是预期自己的销售量和利润率都会减少，那么不可避免地，它开发新产品的激励就会降低。作为回应，高通辩称，联邦贸易委员会没有证明，具体的调制解调器芯片供应商退出市场或削减研发投入的原因就是高通受质疑的行为。要求政府执法机构提供这类证据，以作为确立违法行为的先决条件，将大大削弱反垄断执法在动态的创新产业中的作用。[51]

反垄断执法者、经济学家和法院早就认识到，即使存在反竞争的垄断或其他有害行为，价格也会下降且产品可以改进。1998 年美国司法部起诉微软的垄断案就是一个突出的例子。微软的 Windows 操作系统在与英特尔兼容的个人电脑操作系统市场上占据垄断地位。[52] 微软推出了创新产品，该产品的基础是

---

[50] 高通已经承诺以合理的条件许可其基本标准专利。

[51] 相比之下，如果一家私人企业正在寻求反垄断损害赔偿，一些额外的因果关系证据将是重要的。

[52] Findings of Fact, United States v. Microsoft Corporation, Civil Actions Nos. 98 - 1232 and 98 - 1233 (United States District Court, District of Columbia, November 5, 1999)，第 33—34 页。

前几代软件，其中包括 Windows 95，它提供的用户界面“受到了消费者前所未有的欢迎”。[53] 但是，这些革新虽然对消费者很有价值，但并未排除反竞争行为的危害。政府声称，微软通过消除 Netscape 和 Java 带来的竞争威胁，非法地维持其操作系统的垄断地位，对此微软也没有成功地进行辩护。[54]

另一个例子是，在 20 世纪 90 年代和 21 世纪头 10 年，动态和创新的高科技市场出现了多次价格操纵事件。液晶显示屏（用于个人电脑显示器和电视）[55] 和动态随机存取存储器的供应商均承认非法组成卡特尔，旨在使价格高于竞争水平。[56] 高科技市场显然也不能幸免于反竞争行为。

这些产品——Windows 操作系统、液晶显示器和动态随机存取存储器——都是个人计算机的部件。相应地，认为这一时期个人计算机价格的下跌可以证明计算机部件市场不存在反竞争行为，是违背事实的。根据美国劳工统计局经质量调整后的价格指数，个人计算机和相关周边设备的价格在 1990 年至 2010 年迅速且越来越快地下降，年均降幅为 20. 4%。[57] 在与个人计算机有关的反竞争

---

[53] 同上，第 8 页。

[54] 同上，比如第 66—68 页和第 409 页。

[55] U. S. Department of Justice，“LG，Sharp，Chunghwa Agree to Plead Guilty，Pay Total of ＄585 Million in Fines for Participating in LCD Price-Fixing Conspiracies，” November 12，2008，available at https：//www. justice. gov/ archive/opa/pr/2008/November/08-at-1002. html；Plea Agreement，United States v. Hitachi Displays Ltd.，Case No. CR 09 - 0247 SI（United States District Court，Northern District of California，May 26，2009），available at https：//www. justice. gov/atr/case-document/plea-agreement-163；Morgan Bettex，“Japan Fines Sharp ＄3M in LCD Price - Fixing Scheme，” Law 360，December 18，2008，available at https：//www. law360. com/articles/80800/；European Commission，“Antitrust：Commission fines six LCD panel producers €648 million for price-fixing cartel，” IP/10/1685，December 8，2010，available at http：//europa. eu/rapid/press-release_IP-10-1685_en. htm.

[56] Non Confidential Version of the Commission Decision of 19 May 2010 relating to a proceeding under Article 101 of the Treaty on the Functioning of the European Union and Article 53 of the EEA Agreement，DRAMs，Case No. COMP/38511（European Commission，May 19，2010），available at http：//ec. europa. eu/competition/antitrust/cases/dec_docs/38511/38511_1813_5. pdf；U. S. Department of Justice，“Samsung Agrees to Plead Guilty and to Pay ＄300 Million Criminal Fine for Role in Price Fixing Conspiracy，” October 13，2005，available at https：//www. justice. gov/archive/atr/public/press_releases/2005/212002. htm.

[57] 有关美国劳工统计局和美国经济分析局如何调整个人电脑价格以反映质量的变化，请参见 Bureau of Labor Statistics，“How BLS Measures Price Change for Personal Computers and Peripheral Equipment in the Consumer Price Index，” February 23，2018，available at https：//www. bls. gov/cpi/factsheets/personal - computers. htm。

行为的后期（1995 年以后），个人计算机价格的下降速度实际上比手机和其他高科技产品价格的下降速度还要快。在任何情况下，不管价格下降速度如何，对于评估相关投入品市场中的垄断、合谋和其他反竞争行为造成的损害，这些信息都没什么用。原因在于，损害取决于投入品市场中没有反竞争行为时本来会发生什么。要做到这一点，需要与适当的反事实进行比较。事实上，由于个人计算机投入品市场存在大量反竞争行为的证据，价格或质量不受影响的结论是不成立的。

正是因为在动态的创新产业中，很难从经验上确定特定商业行为的影响，所以我们通过探索旨在保护竞争过程的反垄断规则来构建分析。这种选择带来了明显的优势：它不必推测反事实情况下的特定发明，同时又可利用经济学理论预测激励和能力变化的影响。总之，我们正在探索反垄断规则，以允许支配型企业通过提供更低的价格和改进后的产品进行竞争，但禁止它们在不向客户提供直接利益的情况下，从事排除破坏性竞争对手的做法。这是美国反垄断法的标准，防止垄断行为就是保护竞争的过程。

我们将分析分为两个主要部分：排除对支配型企业在其核心市场的地位构成威胁的竞争对手，以及排除试图在邻近市场竞争的竞争对手。20 年前起诉微软的案件说明了这两种事实模式，以及美国和欧盟的法律手段在一些方面如何不同。美国司法部起诉微软案的焦点是司法部的主张，微软采取了各种做法，以捍卫它在个人计算机操作系统领域的垄断地位。欧盟委员会指控微软的案件主要基于如下主张：微软试图将其在个人计算机操作系统方面的垄断权力扩大到邻近市场，即媒体播放器和用于工作组服务器的操作系统。

4.2 捍卫支配地位

在讨论具体的商业行为之前，更一般地考虑创新市场中支配型企业的反垄断行为是有指导意义的。西格尔和温斯顿（Segal and Whinston，2007）提出了一种最基本的潜在政策权衡。他们指出，更严格的反垄断政策将以在位企业的利益为代价，增加新进入者的利润。他们随后提出的问题是这种利润转移如何影响创新？其关键点就是，今天的成功进入者可以成长为明天的支配型在位者。事实上，在他们的基本模型中，这是不可避免的，因为今天的进入者超越了在位企业，与之交换地位而成为明天的在位企业。西格尔和温斯顿在这个模型中，通过改变排除进入者的能力，给出了我们在上文描述的反事实分析。他们指出，“恰恰是在更严格的反垄断执法提高了一项创新在其寿命期内的预期增量贴现利润的时候”（第 1707 页），促进了创新。同样，甘斯（Gans，2012）认为“静态”分析往往可以给出关于创新的正确答案。

支配型企业可以通过多种方式排除威胁其市场势力的竞争对手。这些方式包括捆绑（如美国微软案）、专卖、忠诚回扣和最惠国条款（MFN）。[58] 在平台市场，旨在阻碍市场一方多归属的行为可能是一种特别有效的排他性策略。多归属是一种鼓励创新竞争的策略，因为它提高了可竞争性：在多个平台上操作的消费者可以更容易将市场份额转移到更具创新的产品上。因此，与传统的专卖安排类似，支配型企业阻碍市场一方多归属的政策可能会对创新产生不利影响。例如，想象一下，如果优步禁止旗下的司机为另一个平台驾驶，会发生什么。由于优步的规模大于来福车（Lyft），优步的规定可能会导致大多数司机只选择优步一家。这将减少来福车可以使用的司机数量，并很可能增加用户在来福车平台上的等待时间，从而降低来福车对消费者的吸引力。从短期看，可竞争性将会下降，因为更多的消费者可能只选择优步，从而来福车平台的创新对消费者来说将不那么明显。此外，如果来福车退出某些地区，优步在这些市场中面临的价格和创新上的竞争压力就会减少。

即使颠覆性的进入者（目前）在效率上低于支配型企业，排除颠覆性的进入者也必定会损害竞争过程。事实上，在受制于显著的规模经济（例如，由于网络效应和/或干中学）的行业，这种模式往往是常态。有些颠覆者最初的效率低于支配型企业，但仍然能够对在位企业构成严重的竞争威胁，因为它们有吸引消费者的对抗性特征，或者它们的效率会随着经验和规模的积累而提高。不管进入者目前的效率水平如何，竞争过程要求他们不应当被实际上的非竞争行为压制，这其中也包括如果没有对竞争者的排他性影响就没有经济意义上的非竞争行为。

在这一领域，有一些最困难和最重要的问题与被控排除新生竞争对手的商业行为有关。由于新生竞争者的成功是高度不确定的，所以只有在它们的成功能带来巨大的竞争价值时，将它们排除出市场才会对预期消费者福利产生很大

---

[58] 附录 B 提供了两个旨在保护市场势力的排他性策略的例子：最惠国待遇和忠诚度回扣。还有一个支配型平台利用最惠国待遇阻碍商业模式创新的例子，即欧盟委员会对亚马逊在电子书市场上的价格和非价格最惠国待遇的调查。参见欧盟委员会 2017 年 5 月 4 日的决定第 9 条，以及 Buehler et al.（2017）对该案件的讨论。

影响。当在位企业拥有巨大而持久的市场势力时，上述情况最有可能出现。如果消费者的选择有限，那么第二选择实际出现的概率即使很小，对他们来说也是非常宝贵的。这一观察结果表明，可以使用滑动尺度来评估受质疑的商业行为对竞争的影响：在位企业的市场势力越大且越持久，进入者证明自己应免受排他行为影响所需的成功概率就越低。基本上，这一原则与我们在讨论涉及不确定性的规划产品合并以及支配型企业的潜在挑战者时提出的原则相同（见第3.1.3节和第3.3节）。

基于微软的案件，美国的判例在这一点上是站得住脚的。在政府的诉由中，主题之一便是，Netscape利用Java中间软件对微软的Windows垄断构成了威胁。[59] 但是这种威胁还没有发展到可以直接替代Windows的地步。在这一关键意义上，Netscape和Java虚拟机为Windows提供了补充，然而对Windows而言只是“新生的”竞争。在这种情况下，上诉法院的结论是，这类竞争受到《谢尔曼法案》的保护，而微软违反了《谢尔曼法案》的第二条。[60]

4.3 支配地位的扩展

我们现在要关注的是，支配型企业将其控制权扩展至邻近市场，利用其支配地位带来的势力削弱或消灭这些市场中的独立竞争对手。这种类型的排他行为令人担忧，既是出于相邻市场竞争的考虑，也是因为相邻市场的强大竞争对手往往是核心市场最有效的实际和潜在进入者。

有许多关于损害的经济学理论可以支持对市场势力从基本市场延伸至相邻市场的担忧。例如，卡尔顿和沃尔德曼（Carlton and Waldman，2002年，第4部分）表明，支配型企业可以将其市场势力“转移”到一个新兴市场，方法就是将其主要产品与一种互补产品捆绑在一起，该互补产品就可以作为进入新兴市场的跳板。维克斯（Vickers，2010）讨论了许多关于损害的其他理论，这些理论都与将知识产权从一级市场扩展到二级市场有关。其中一个理论与

---

[59] 参见Bresnahan et al.（2012）从组织的角度回顾了微软案件中提出的一些问题。Shapiro（2009）讨论了微软案中救济措施的失败。

[60] 参见United States v. Microsoft Corp.，253 F. 3d 34，79（D. C. Cir. 2001）（en banc）（per curiam）（“[I] t would be inimical to the purpose of the Sherman Act to allow monopolists free reign to squash nascent，albeit unproven，competitors at will.”）。关于对微软案中“新生竞争”处理的更深入讨论，参见Baker（2019，第8段和第10段）。

“前置”效应（front-loading effect）相关，西格尔和温斯顿（2007）对此有过研究。其他理论适用的情形是，在位企业从事“基础”创新，而竞争对手可能从事“后续”创新。[61] 在这种情况下，如果成功的后续创新者会威胁在位企业在其主要市场上的地位，那么支配型企业就有激励为基础创新的许可设置条件以阻碍后续创新。事实上，即使后续创新者拥有可以加速创新的独特资产，对被取代的恐惧也可能导致在位企业干脆拒绝授权给后续创新者。在这种情形下，相关的理论取决于将创新（或进入）与邻近市场联系起来的机制以及支配型企业在一级市场保护当前市场势力的激励。[62] 在相邻市场中，网络效应的存在可以使支配型企业的排他性策略特别有效，因为被网络排除在外可以直接降低竞争产品的吸引力（可以参见 Carlton and Waldman，2002；Katz，2018）。

当前，欧洲关于拒绝知识产权许可的判例涵盖了支配型企业利用其市场势力向邻近市场施加影响的情形。这类判决力求保留一级市场的创新激励，又不过度扭曲竞争对手从事创新和/或进入相邻市场的激励。在实践中，这意味着在某些“例外情况下”，支配型企业有责任将知识产权许可给竞争对手，其中包括了如下情形：获得知识产权对二级市场的有效竞争不可或缺，而且拒绝给予许可会阻碍消费者需求的新产品的出现。[63] 美国反垄断法并没有朝这个方向发展。

欧洲有关拒绝交易的法律被适用于影响深远的微软滥用市场支配地位一案。[64] 根据欧盟委员会的陈述，微软将其在个人计算机操作系统方面的市场势力扩展到了相关的工作组服务器操作系统市场。欧盟委员会认定，为了实现该目的，微软降低了工作组服务器操作系统的竞争供应商获得的互操作性信息（interoperability information）的质量。其结果是，在很短的时间内，微软在该市场的地位显著提高。虽然，在法律上，欧盟委员会的判决依据的是欧洲关于

---

[61] 关于累积性创新的更多讨论，参见 Scotchmer（2004），第5段。

[62] 可参见 Choi and Stefanadis（2001），以及 Fumagalli and Motta（2018）。

[63] 对于相关讨论，参见欧盟委员会（Guidance on the Commission’s enforcement priorities in applying Article 82 of the EC Treaty to abusive exclusionary conduct by dominant undertakings，2009年2月，第75—90段）。

[64] 参见欧盟委员会微软案 COMP/C－3/37.79，2004年3月24日的决定。欧盟委员会的决定在2007年得到欧洲初审法院的支持（初审法院的判决，2007年9月17日，案件 T-201/04）。法院支持欧盟适用拒绝交易的法理。Vickers（2010）讨论了法院对微软的判决可能产生的经济影响。

拒绝交易的流行判例，即IMS Health案和Magill案，但它也讨论了微软有什么激励采取“防御性杠杆”（defensive leveraging）以保护它在个人计算机操作系统中的市场势力。[65] 欧盟对微软案要求的救济措施是，微软有义务以非歧视性的合理条件向竞争对手披露特定的互操作性信息。[66]

需要注意的是，在美国没有可以比较的垄断扩展案例。[67] 这可能反映了美国与欧盟对可以将垄断势力延伸至邻近市场的单边行为有不同处理，而这种不同尤其体现在，欧盟要求提供开放的接口以及公平对待相邻市场的竞争对手。[68]

限制支配地位扩展的一个常见建议是，要求支配型企业在相邻市场中为竞争对手提供非歧视性的进入条件。当支配型企业干脆拒绝让竞争对手与其优势产品交互连接或交互操作时，就会出现歧视性进入的极端情况。通过反垄断执法强制推行竞争对手的非歧视性进入，可能需要解决几个棘手的问题，包括关于“合理”接入费的经济问题，以及关于兼容性和接口设计的技术问题。如果核心产品或邻近产品由于技术进步而迅速变化，那么这些问题就特别具有挑战性。事实上，在受监管的行业，特别是在电信行业，主要负责处理这些进入问题的是专业部门的监管者，而不是竞争监管当局。

尤其是考虑到公众对数字平台的社会作用有强烈兴趣，当今最紧迫的问题是，对于为一个庞大的经济生态系统提供基础的平台，应当对其所有者适用什么样的政策。这是一种与以前有所不同的新情况：如何保护和促进一个可能与其他平台竞争的专有平台上的内容或应用程序之间的竞争。如果一种互补品或互补服务的供应商因在专有平台上处于不利地位而面临重大损害，那么该平台的所有者就可能拥有巨大的经济势力。消费者是否受损取决于以下三个方面：

---

[65] Kuhn and van Reenen（2009）认为，与美国的情况相比，关于防御性杠杆的考虑与微软工作组服务器的情况更为相关，因为竞争对手的服务器操作系统可以向应用程序的开发人员公开大量的应用程序编程接口。

[66] 欧盟委员会在2008年2月发现，微软没有履行这一义务，仍对访问接口文档收取不合理的专利费。这一决定于2012年6月得到卢森堡综合法院的支持（综合法院的判决，2012年6月27日，案件T-167/08）。关于在这种情况下的救济措施的讨论，参见Kuhn and van Reenen（2009）。

[67] 上诉法院将此案发回地方法院审理后，美国司法部对微软提起的诉讼被撤销。

[68] 美国的最终判决要求微软披露Windows使用的通信协议。这种补救措施与恢复PC操作系统市场的竞争有关，并不反映微软的独立违规行为。

平台所有者的政策是否会增加平台对于用户的总价值，互补品的替代品之间的竞争性质，以及离开平台的能力（这是平台之间实际竞争程度的函数）。在这一领域的一个难题是，如何处理为了获取更多租金而试图减少互补品租金的平台。我们可以推断，随着时间的推移，租金份额的这种变化将影响平台和互补品的创新回报，从而影响创新的数量。[69]

美国司法部和联邦贸易委员会可能会发现，对这种情况的干预尤其困难，因为美国法院反对给交易施加任何义务，而且它们尊重财产权。然而，甚至在Trinko案之后的Aspen Ski和柯达的案件中，改变自愿达成的交易仍可能承担反垄断责任。然而，目前的美国最高法院是否会支持这一责任理论，仍然是一个悬而未决的问题。这很可能是未来几年最重要的反垄断问题之一。对于在专有数字平台上运营的企业，如果法院在美国解释反垄断法时，主张只提供很少的保护，或者根本不提供保护，那么许多这样的企业可能会发现自己处于非常弱势的地位，而且它们可能会与消费者联手，要么争取修改美国反垄断法，要么争取对大型数字平台实施某种形式的监管。[70] 美国总统候选人伊丽莎白·沃伦已经提议对大型数字平台进行拆分和监管。[71]

（中国政法大学　黄健栓　译）

参考文献

Aghion, Philippe, and Peter Howitt (1992), "A Model of Growth through Creative Destruction," *Econometrica*, 60, 323 – 351.

Aghion, Philippe, and Rachel Griffith (2005), *Competition and Growth: Reconciling Theory and Evidence*, Cambridge, MA: MIT Press.

Aghion, Philippe, Cristopher Harris, Peter Howitt and John Vickers (2001), "Competi-

---

[69] 关于这一点的更详细讨论，参见芝加哥大学布斯商学院斯蒂格勒监管中心的"Committee for the Study of Digital Platforms: Market Structure and Antitrust Subcommittee Report"，该报告于2019年5月15日在数字平台会议上发表，可见https: //research. chicagobooth. edu/-/media/research/stigler/pdfs/market-structure---report-as-of-15-may-2019. pdf? la = en&hash = B2F11FB118904F2AD701B78FA24F08CFF1C0F58F。

[70] 关于可能增加竞争的法规的讨论，参见Stiger Report（2019）。

[71] Elizabeth Warren（2019），"Here's How We Can Break Up Big Tech"。

tion, Imitation and Growth with Step-by-Step Innovation", *Review of Economic Studies*, 68, 467-492.

Aghion, Philippe, Nick Bloom, Richard Blundell, Rachel Griffith and Peter Howitt (2005), "Competition and Innovation: An Inverted-U Relationship", *Quarterly Journal of Economics*, 120 (2), 701-728.

Amelio, Andrea, Thomas Buettner, Cyril Hariton, Gábor Koltay, Penelope Papandropoulos, Geza Sapi, Tommaso Valletti and Hans Zenger (2018), "Recent Developments at DG Competition: 2017/2018", *Review of Industrial Organization*, 53 (4), 653-679.

Arrow, Kenneth (1962), "Economic Welfare and the Allocation of Resources to Invention." In *The Rate and Direction of Inventive Activity: Economic and Social Factors*, 467- 92, Princeton University Press.

Baker, Jonathan (2019), *The Antitrust Paradigm*, Harvard University Press.

Baker, Jonathan (2007), "Beyond Schumpeter vs. Arrow: How Antitrust Fosters Innovation", *Antitrust Law Journal*, 74.

Boik, Andre and Kenneth Corts (2016), "The Effects of Platform MFNs on Competition and Entry", *Journal of Law and Economics*, 59 (1), 105-134.

Bourreau, Marc and Bruno Jullien (2018), "Mergers, Investments and Demand Expansion", *Economics Letters*, 167, 136-141.

Bourreau, Marc, Bruno Jullien and Yassine Lefouili (2018), "Mergers, and Demand-enhancing Innovation", TSE Working Paper, 18-907.

Bourreau, Marc and Alexandre de Streele (2019), "Digital Conglomerates and EU Competition Policy", Report for CERRE, March.

Bresnahan, Timothy, Shane Greenstein, and Rebecca Henderson (2012), "Schumpeterian Competition and Diseconomies of Scope: Illustrations from the Histories of Microsoft and IBM," in *The Rate and Direction of Inventive Activity Revisited*, Josh Lerner and Scott Stern, eds., NBER.

Crémer, Jacques, Yves-Alexandre de Montjoye and Heike Schweitzer (2019), "Competition Policy for the Digitial Era", Report for the European Commission.

Carlton, Dennis and Michael Waldman (2002), "The Strategic Use of Tying to Preserve and Create Market Power in Evolving Industries", *RAND Journal of Economics*, 33 (2), 194-220.

Chen, Yongmin and Marius Schwartz (2013), "Product Innovation Incentives: Monopoly vs. Competition", *Journal of Economics & Management Strategy*, 22 (3), 513-528.

Choi Jay Pil and Christodoulos Stefanadis (2001), "Tying, Investment and Dynamic Leveraging Theory", *RAND Journal of Economics*, 32 (1), 194-220.

Christensen, Clayton (1997), *The Innovator's Dilemma.*

Chugh, Randy, Nathan Goldstein, Eric Lewis, Jeffrey Lien, Deborah Minehart and Nancy Rose (2016), "Economics at the Antitrust Division 2015-2016: Household Appliances, Oil Field Services, and Airport Slots", *Review of Industrial Organization*, 46, 535-556.

Carlton, Dennis and Ralph Winter (2018), "Vertical Most-favored-nation Restraints and Credit Card No-surcharge Rules", *The Journal of Law and Economics*, 61 (2), 215-251.

Cunningham, Colleen, Florian Ederer, and Song Ma (2019), "Killer Acquisitions," mimeo, available at http://faculty.som.yale.edu/songma/files/cem_killeracquisitions.pdf.

d'Aspremont, Claude and Alexis Jacquemin (1988), "Cooperative and Non-cooperative R&D in Duopoly with Spillovers", *American Economic Review*, 78 (5), 1133-1137.

Denicolò, Vincenzo and Michele Polo (2018), "Duplicative Research, Mergers and Innovation", *Economics Letters*, 166, 56-59.

Farrell, Joseph and Carl Shapiro (2010), "Antitrust Evaluation of Horizontal Mergers: An Economic Alternative to Market Definition," *Berkeley Economic Journal of Theoretical Economics: Policies and Perspectives*, 10.

Federico, Giulio (2017), "Horizontal Mergers, Innovation and the Competitive Process", *Journal of European Competition Law & Practice*, 8 (10), 668-677.

Federico, Giulio, Gregor Langus and Tommaso Valletti (2017), "A Simple Model of Mergers and Innovation", *Economics Letters*, 157, 136-140.

Federico, Giulio, Gregor Langus and Tommaso Valletti (2018), "Horizontal Mergers and Product Innovation", *International Journal of Industrial Organization*, 59, 1-23.

Fumagalli, Chiara and Massimo Motta (2018), "Dynamic Vertical Foreclosure", mimeo.

Gans, Joshua (2011), "When is Static Analysis a Sufficient Proxy for Dynamic Considerations? Reconsidering Antitrust and Innovation", in Josh Lerner and Scott Stern (eds), *Innovation Policy and the Economy*, *Volume* 11, NBER, University of Chicago Press.

Gans, Joshua (2016), *The Disruption Dilemma*, MIT Press.

Gilbert, Richard (2019a), "Merger Enforcement for Innovation: Examples and Lessons for Remedies," mimeo.

Gilbert, Richard (2019b), "Competition, Mergers and R&D Diversity", *Review of Industrial Organization*, 54 (3), 465-484.

Gilbert, Richard, Christian Riis and Erlend Riis (2018), "Stepwise innovation by an oligopoly", *International Journal of Industrial Organization*, 61, 413-438.

Gilbert, Richard and Hillary Greene (2015), "Merging Innovation into Antitrust Agency Enforcement of the Clayton Act", *The George Washington Law Review*, 83 (6), 1919-1947.

Gilbert, Richard (2006), "Looking for Mr. Schumpeter: Where Are We in the Competition Innovation Debate?", Chapter 6 in Adam Jaffe, Josh Lerner and Scott Stern (eds.), *Innovation Policy and the Economy*, Volume 6, 159-215.

Gilbert, Richard and Steven Sunshine (1995), "Incorporating Dynamic Efficiency Concerns in Merger Analysis: The Use of Innovation Markets", *Antitrust Law Journal*, 63, 569-601.

Gilbert, Richard and David Newbery (1982), "Preemptive Patenting and the Persistence of Monopoly", *American Economic Review*, 72 (3), 514-526.

Greenstein, Shane andGarey Ramey (1998), "Market Structure, Innovation and Vertical Product Differentiation", *International Journal of Industrial Organization*, 16, 285-311.

Haucap, Justus, Alexander Rasch and Joel Stiebale (2019), "How Mergers Affect Innovation: Theory and Evidence", *International Journal of Industrial Organization*, 63, 283-325.

Hill, Nicholas, Nancy Rose, and Tor Winston (2015), "Economics at the Antitrust Division 2014–2015: Comcast/Time Warner Cable and Applied Materials/ Tokyo Electron", *Review of*

Industrial Organization, 47, 425 -435.

Hovenkamp, Herbert and Carl Shapiro (2018), "Horizontal Mergers, Market Structure, and Burdens of Proof", *The Yale Law Journal*, 127 (7), 1996 -2025.

Igami, Mitsuru and Kosuke Uetake (2019), "Mergers, Innovation, and Entry-Exit Dynamics: Consolidation of the Hard Disk Drive Industry, 1996 -2016", mimeo.

Jullien, Bruno and Yassine Lefouili (2018), "Horizontal Mergers and Innovation", *Journal of Competition Law and Economics*, 14 (3), 364 -392.

Katz, Michael (2018), "Exclusionary Conduct in Multi-sided Markets", in OECD, Rethinking Antitrust Tools for Multi-Sided Platforms.

Katz, Michael and Jonathan Sallet (2018), "Multisided Platforms and Antitrust Enforcement", *The Yale Law Journal*, 127 (7), 2142 - 2175.

Katz, Michael, and Howard Shelanski (2005), "Mergers Policy and Innovation: Must Enforcement Change to Account for Technological Change?", in *Innovation Policy and the Economy*, vol. 5, edited by Adam Jaffe, Josh Lerner, and Scott Stern, 109 - 65. Chicago: University of Chicago Press.

Kühn, Kai-Uwe, Szabolcs Lorincz, Vincent Verouden and Annemiek Wilpshaar (2012), "Economics at DG Competition, 2011 -2012", *Review of Industrial Organization*, 41, 251 -270.

Kühn, Kai-Uwe and John van Reenen (2009), "Interoperability and Market Foreclosure in the European Microsoft Case", in Bruce Lyons (ed.), *Cases in European Competition Policy. The Economic Analysis*, 50 -71. Cambridge University Press.

Kwoka, John (2018), "Reviving Merger Control: A Comprehensive Plan for Reforming Policy and Practice," American Antitrust Institute, available at https://www.antitrustinstitute.org/wp-content/uploads/2018/10/Kwoka-Reviving-Merger-Control-October-2018.pdf.

Letina, Igor (2016), "The Road Not Taken: Competition and the R&D Portfolio", *RAND Journal of Economics*, 47 (2), 433 -460.

Loertscher, Simon and Leslie Marx (forthcoming), "Merger Review for Markets with Buyer Power," *Journal of Political Economy.*

Lopez, Angel and Xavier Vives (forthcoming), "Overlapping Ownership, R&D Spillovers, and Antitrust Policy", *Journal of Political Economy.*

Marshall, Guillermo and Alvaro Parra (2018), "Innovation and Competition: The Role of the Product Market", mimeo.

Mermelstein, Ben, Volker Nocke, Mark A. Satterthwaite, and Michael D. Whinston (forthcoming), "Internal versus External Growth in Industries with Scale Economies: A Computational Model of Optimal Merger Policy", *Journal of Political Economy.*

Motta, Massimo and Emanuele Tarantino (2018), "The Effect of Horizontal Mergers, When Firms Compete in Prices and Investments", mimeo.

O'Brien, Daniel and Steven Salop (2000), "Competitive Effects of Partial Ownership: Financial Interest and Corporate Control", *Antitrust Law Journal*, 67, 559 -614.

Reinganum, Jennifer F. (1989), "The Timing of Innovation: Research, Development, and Diffusion", Chapter 14 in Richard Schmalensee and Robert D. Willig (eds.), *Handbook of*

Industrial Organization, Volume 1, 849 –908.

Romer, Paul (1990), "Endogenous Technical Change", *Journal of Political Economy*, 94, 1002 –1037.

Rubinfeld, Daniel and John Hoven (2001), "Innovation and Antitrust Enforcement", in Jerry Ellig (ed.), *Dynamic Competition and Public Policy: Technology, Innovation and Antitrust Issues*, Cambridge University Press.

Sah, Raaj Kumar and Joseph Stiglitz (1987), "The Invariance of Market Innovation to the Number of Firms", *The RAND Journal of Economics*, 18 (1), 98 –108.

Salop, Steven (2017), "An Enquiry Meet for the Case: Decision Theory, Presumptions, and Evidentiary Burdens in Formulating Antitrust Legal Standards", mimeo.

Schumpeter, Joseph (1942), *Capitalism, Socialism and Democracy*, Harper.

Segal, Ilya and Michael Whinston (2007), "Antitrust in Innovative Industries", *American Economic Review*, 97 (5), 1703 –1730.

Shapiro, Carl (2003), "Antitrust Limits to Patent Settlements", *RAND Journal of Economics*, 34 (2), 391 –411.

Shapiro, Carl (2010), "Merger Guidelines: Hedgehog to Fox", *Antitrust Law Journal*, 77, 701 –759.

Shapiro, Carl (2012), "Competition and Innovation. Did Arrow Hit the Bull's Eye?", chapter 7 of Josh Lerner and Scott Stern (eds.), *The Rate and Direction of Inventive Activity Revisited*, 361 –404.

Shelanski, Howard (2013), "Information, Innovation, and Competition Policy for the Internet", *University of Pennsylvania Law Review*, 161, 1663 –1705.

Stigler Center on Regulation, University of Chicago Booth School of Business, Committee for the Study of Digital Platforms, Market Structure and Antitrust Subcommittee Report, 15 May 2019, available at https://research.chicagobooth.edu/–/media/research/stigler/pdfs/marketstructure —report–as–of–15–may–2019.pdf? la = en&hash = B2F11FB118904F2AD701B78FA24F08CFF1C0F58F.

Tirole, Jean (1998), *The Theory of Industrial Organization*, Cambridge, MA: MIT Press.

Vickers, John (2010), "Competition Policy and Property Rights", *The Economic Journal*, 120, 375 –392.

Vives, Xavier (2008), "Innovation and Competitive Pressure", *Journal of Industrial Economics*, 56 (3), 419 –469.

Werden, Gregory (1996), "A Robust Test for Consumer Welfare Enhancing Mergers Among Sellers of Differentiated Products," *Journal of Industrial Economics*, 44, 409 –413.

Whinston, Michael (2012), "Comment" on Chapter 7 of Josh Lerner and Scott Stern (eds.), *The Rate and Direction of Inventive Activity Revisited*, 404 –410.

比较之窗

Comparative Studies

Comparative

瑞典养老金体系的架构、理念与实际运作

爱德华·帕尔默

一、引言

瑞典养老金体系的基础是政府养老金的承诺。与其他国家一样，这一承诺作为必要的零支柱，旨在为所有老年人提供最低生活保障。第一支柱和第二支柱均为强制性的普惠式公共养老金，分别为名义账户制（以下简称 NDC）① 和实账积累制（以下简称 FDC）② 养老金计划。零支柱、第一支柱和第二支柱全面覆盖了瑞典所有雇员和自雇者在一定限额内的收入。原则上，NDC 计划的技术构建，结合最低保障养老金，足以为老年人提供满足最低生活标准的保障；同时通过充分利用缴费确定型（以下简称 DC）账户，可激励个人负担自己未来的养老金。图 1 概括了瑞典养老金体系的整体架构。

---

* Edward Palmer，乌普萨拉大学乌普萨拉劳动力研究中心（荣誉退休）教授、高级研究员，曾任瑞典养老金管理局局长。本文为提交给博鳌亚洲论坛研究院、中国金融学会、重庆金融学会和《比较》编辑室"养老金改革：国际经验与中国方案"联合课题组的研究成果。——编者注

① 该词另有"记账式个人名义账户制""名义缴费确定型"等多种译法，指参保人缴纳一定百分比的个人收入，由国家为其记入个人账户；但资金随即可用于支付当代养老金，个人账户并无真实资金存在，仅有缴费记录。——译者注

② 该词另有"实账缴费确定型""实账积累个人账户制"等多种译法。实账积累制是通过建立养老保险账户的方式，由企业和职工定期按一定比例缴纳保险费，职工退休时的养老金计划水平取决于资金积累规模及其投资收入。——译者注

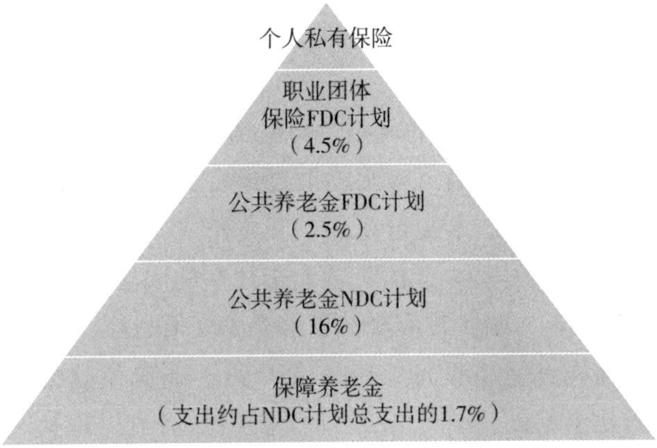

图 1　瑞典养老金体系的整体架构

瑞典养老金体系的第三支柱包括四个准强制性的职业养老金计划。这四个职业养老金计划通过私营部门劳动力市场主体之间的集体谈判协议建立，覆盖了全国约 90% 的劳动力。瑞典养老金体系的整体缴费率为 23%，其中，保障养老金由一般性税收（即国家政府预算）出资，因而不计算在内。此外，瑞典养老金体系还包括私人保险市场提供的个人退休账户计划。

值得注意的是，图 1 所示养老金体系架构，不仅适用于瑞典这样完全发达的市场经济体，也适用于新兴经济体。NDC 计划是正规经济（formal economy）的组成部分，对新兴经济体而言，随着其正规经济的发展，社会对最低保障养老金的需求将逐步降低。此处，"正规性"是指向普惠式公共养老金体系缴费（而非仅仅依赖最低保障养老金）。

对新兴经济体而言，NDC 计划优于 FDC 计划。因为 NDC 不但可以将养老金缴费正规化，使计划参与人取得正式的养老金权利，同时，还可以为当期养老金领取者提供资金（即使只能提供一部分资金）。反观 FDC 计划，从创建到能够全额领取（指终身就业的新退休人员领取 FDC 养老金），需要至少 40 年的时间。在 NDC 计划与 FDC 计划中，取得养老金权利的方式是相同的，但是在 NDC 计划中，养老金体系的收入可以根据相关规定用作覆盖较早世代（即当期劳动力的父母一代）的底层支柱。①

① Larsson、Leyaro and Palmer（2020）在讨论非洲新兴经济体坦桑尼亚的 NDC 计划时，举例阐述了这一过程。坦桑尼亚实施的零支柱——NDC 支柱养老金体系符合经济正规化的发展规律。

NDC 计划与“上层”的 FDC 计划相结合，再加上外部（财政预算）出资的最低保障养老金，共同构成了通用的普惠式养老金体系。从这个角度而言，NDC 计划是最重要的“安全资产”，而 FDC 计划有可能（但不一定，在新兴经济体中尤其如此）带来更高的回报。FDC 计划的较高风险源自金融市场的本质。回报越高，资产组合的风险水平也就越高，而特定资产组合的风险水平越高，不确定性也就越强。本文旨在基于瑞典模式，从 NDC 计划和 FDC 计划的结合入手，阐述一个国家“最优”养老金体系的底层逻辑和架构。

1992 年至 1994 年，瑞典政府成立了养老金工作小组，制定了瑞典当前实施的养老金计划架构和基本设计。1994 年 6 月，瑞典议会批准设立新的最低保障养老金，以此为基础，结合 NDC 计划和 FDC 计划，取代瑞典养老金体系当时最主要的待遇确定模式（以下简称 DB）。

瑞典养老金体系从 DB 向 DC 转型的目标包括：第一，确保财政的可负担性和可持续性；第二，形成代内公平和代际公平；第三，实现经济效率。为此，瑞典引入了透明个人账户制，这也是 NDC 计划的特点。在微观经济层面，NDC 计划和 FDC 计划能够有效激励劳动者参与养老金体系，从而在宏观经济层面增加了劳动年龄人口。①

DB 向 DC 转型的过程中，当前劳动人口在 DB 计划下既已取得的权利，按照政策制定者认为公平的转换规则转换为 NDC 权利。过渡是逐步完成的，共覆盖 15 个出生队列，此前领取的养老金不受影响。养老金体系转型模式，包括瑞典的转型模式，可以参见我之前（Palmer，2006）的相关论述。

作为瑞典养老金体系的零支柱，最低保障养老金的目标是为老年人提供充足的最低收入，使老年人不因任何原因陷入贫困。但是有关养老金体系改革的文献和讨论甚少涉及这一点，在讨论新兴经济体实施 NDC 计划的可能性时，对此更是鲜有提及。养老金体系的根本问题在于，帮助老年人避免贫困的最低保障养老金，与 NDC 计划是如何相互作用、相互影响的。随着缴费型 NDC 计划和 FDC 计划逐渐发展成熟，该等计划参与人的养老金收入增加，最低保障养老金的角色将逐渐淡化，并被 DC 框架取而代之。在新兴经济体中，假以时日，最低保障养老金同样将逐渐淡化，而 NDC 计划的覆盖范围则将不断扩大

① Holzmann and Palmer（2020），以及 Holzmann、Palmer、Palacios and Sacchi（2020）的概述章节，分别讨论了账户式 NDC 计划和 FDC 计划的特点，以及如何使用 NDC 计划和 FDC 计划，将社会政策纳入养老金体系。

（具体取决于经济发展速度）。

本文还专设章节，讨论了两个话题：（1）从人口学角度出发的储备基金，（2）基于偿付比率对资产和负债的平衡。此外，本文还讨论了瑞典如何通过其独创的“养老金清算所”模式，为养老金体系参与者提供符合其利益的金融市场资产组合，即低成本但具备稳定高收益的产品。

本文组织结构如下：第二节探讨了瑞典养老金体系架构的基本理念。第三节详细论述了瑞典养老金体系的架构设计。第四节讨论了如何根据个人工作年限和退休时的预期余命设定缴费率。这一节还讨论了对一个国家的整体普惠式公共养老金体系而言，其替代率是否充分。第五节描述并讨论了 NDC 指数化的工作原理、储备基金的作用，以及如何通过基于偿付的平衡机制，来帮助 NDC 计划增强财政的稳定性。第六节总结了瑞典养老金体系的经验教训。

二、瑞典养老金体系的基本目标和理念

瑞典养老金体系的政策目标有四。第一，是一般性社会政策目标，即避免老年人陷入贫困。与 NDC 计划和 FDC 计划相比，瑞典最低保障养老金的一个重要特点是以家计调查（means-tested）为基础，也就是说，随着 NDC 计划和 FDC 计划这两个缴费确定型养老金计划为职工带来的退休金越来越多，最低保障养老金将逐渐减少。这意味着，随着个人收入增加，缴费型养老金将逐渐占据主要地位，并最终构成养老金的全部资金来源。

第二，通过整个“养老金体系”的主体部分，把年轻劳动力世代的消费转移到其父母一代。这一目标可以通过强制性的 NDC 养老金计划实现，但是无法通过 FDC 计划实现。因此，NDC 计划是瑞典养老金体系的基础“安全”资产。① FDC 计划则是“风险性更高”的资产，虽然长期来看可保持稳定，但是短期内波动性较高。

第三，吸取东欧和中欧多个国家推出 FDC 时的教训，划定缴费型养老金 NDC 计划和 FDC 计划的比例（东欧和中欧国家往往忽视了这一点）。这是因为同一群劳动力在为当期养老金领取者提供资金的同时，还必须缴纳额外的费用创建 FDC 养老金储蓄计划。在具体实施过程中，必须及时为转型建模，设

---

① 瑞典拥有个人年度收入的信息，这一信息从 1960 年起就被记录在电子数据库中，被新的 NDC 计划取代的 DB 计划就曾使用这个数据库计算养老金。

置整体缴费率成本限制，制定整体人口的平均替代率目标。

第四，通过个人账户，将社会政策纳入最低保障养老金体系。例如，在瑞典，女性生育子女后，其个人账户将获得 4 年的信用积分，这一政策旨在帮助生育子女后几年无法工作的父母（通常是母亲），作为其缴纳养老金的替代。每年，瑞典政府都会从一般性税收中拿出相应的金额，用于覆盖这部分社会需要，转入 NDC 储备基金和 FDC 个人账户。

经过 20 世纪 90 年代的改革，瑞典的养老金体系正式转型为人寿保险储蓄计划，其基础是按照 NDC 计划的一般设计原则创建的个人账户。为何这么说呢？因为无论是 NDC 计划还是 FDC 计划，养老金年度支付总额都由两个因素决定：（1）职工退休时的个人账户余额，即累积的终身储蓄总额乘以每年的回报率；（2）职工选择退休时，所属出生队列的预期余命。其中，第二个因素随预期寿命的变化不断调整。如果预期余命的预测结果正确（即预测结果与真实结果之间存在合理、无偏见的偏差），那么每个出生队列都将能够负担自己的养老金，差额将随机分配给其他出生队列，从而实现代际公平。

瑞典的 NDC 计划和 FDC 计划为退休职工创立的保险池彼此独立。所有参与者都属于 NDC 保险池以及一个或多个 FDC 保险池。在每个计划中，所有个人储蓄都在退休时按照出生队列汇集起来，用来给个人提供终身退休金（年金）。就 NDC 计划而言，保险池在技术上的处理与 FDC 计划并无二致，唯一的区别在于，NDC 计划的个人账户是名义账户。这种会计方法，需要 NDC 计划的稳定资金流入作为支持。从最初设计时起，NDC 计划的规模就已通过平均替代率目标和实现该目标所需的缴费率得以确定。在确定缴费率时，首先需要确定充分数量的工作和缴费年限，根据该等年限内的收入和缴费金额得出替代率，再根据养老金平均支付年限（出生队列池的平均余命），得出缴费率。换言之，一个出生队列的收入和全额缴纳养老金的年限，以及个人养老金金额，均将围绕平均值分布。

非常重要的一点是，为应对退休人员的实际构成情况，流动性至关重要，为此需要创建储备基金来提供流动性。储备基金可以是正式基金，例如瑞典采取的形式，也可以是政府预算框架内待触发的计划内储备，例如拉脱维亚和波兰采取的形式。瑞典的幸运之处在于，在 NDC 改革伊始即拥有一个规模相对较大的储备基金，即 AP 基金。AP 基金的前身是 1960 年引入的基于缴费的 DB 养老金（Allmäntilläggspension，ATP）计划，1999 年被 NDC 计划取代。

瑞典的 AP 基金是由 1960 年养老金计划的制定者设计的。当时，随着第二次世界大战结束，出现了大量新增人口。这些新增人口将在大约 65 年之后开始领取养老金。这个庞大的世代进入劳动力市场的时间，正是瑞典的第一个普惠式公共养老金计划（ATP 计划）启动的时间。为了建立基于人口学的养老金储备，从 1963 年初开始，ATP 缴费率就高于支付当时养老金所需的缴费率。积累的养老金储备在 2010 年左右派上用场——2010 年，二战后人口大爆炸一代的年龄达到 65 岁左右，将开始领取退休金。不出所料，从 2010 年开始，储备基金的几乎全部收益都用于支付这一世代的养老金。

三、瑞典养老金体系概述，包括准强制性职业养老金计划

（一）瑞典公共养老金计划：总体框架评述

创立账户。 NDC 个人账户创立时，使用的是瑞典 1960 年以来的个人收入历史数据，这些数据足以覆盖当时劳动力市场上的所有出生队列。最终，瑞典建立了以 FDC 计划公共清算所为中心的独立管理体系。后文将对此详加阐述。

覆盖范围。 NDC 计划和 FDC 计划覆盖了在瑞典工作的所有人员，包括在瑞典境外居住的瑞典国民（通常居住在周边国家）和在瑞典工作的人（主要包括丹麦、芬兰和挪威人）。① 一般情况下，所有欧盟公民都有权被纳入工作所在地国家的养老金体系。

领取养老金的最低年龄。 瑞典规定了领取养老金的最低年龄，而未规定最高年龄。职工可以在领取养老金的同时继续全职或兼职工作。领取养老金的最低年龄是 61 岁，2020 年提高到 62 岁，2026 年将提高到 64 岁。雇主能够在雇员年满 68 岁时与之解约，2026 年这一年龄限制将提高到 69 岁。雇员与雇主达成约定的，雇员可以继续工作的同时领取养老金。职工可以全额或部分领取 NDC 养老金，也可以在领取养老金的同时继续全职或兼职工作。这种设计旨在鼓励职工到达领取养老金的最低年龄时，灵活选择退休方案。

向 DC 养老金计划转型提高了经济效率。 在 NDC 计划和 FDC 计划中，养老金的金额都取决于个人账户余额和退休时的预期余命，这传递了一个清晰的

---

① 瑞典养老金管理局维持所有养老金参与者的账户记录，参与者有责任向养老金管理局告知自己的当前住址。不论参与者在哪个国家，其账户都将转换成养老金，按年支付。在国外居住者需提供所在国家出具的证明，证明他仍然在世及当前住址。

信号：如果工作年限更长，领取养老金的年龄显著高于最低退休年龄，那么领取的养老金金额就会显著增加。到达退休年龄时，职工会通过养老金管理局和大众媒体清楚地了解到，大幅延迟退休将获得极大好处。由于养老金的计算基于申领人的预期余命，职工会有很强的动机延长工作年限，以领取更高的养老金。

除了延迟退休的个人可获得相应的经济利益外，激励健康职工延迟退休也是应对劳动人口减少问题最显而易见的办法，至少能够在一定程度上缓解这一问题。在很多生育率低和/或工作年龄人口净流失率高的国家，工作年龄人口的减少是养老金体系面临的一大难题。在这种情况下，DC 计划发挥了重要作用，把叙事重点从“政府”作为养老金提供者的角色，转移到了个人作为使能者的角色。总而言之，DC 计划在微观经济层面，通过延迟退休等途径增加了劳动力供给，提高了就业率和 GDP，进而提升了宏观经济效率。

NDC 计划和 FDC 计划确保代内公平和代际公平。对养老金体系的讨论往往涉及代内公平和代际公平的问题，本文已有提及。代内公平是指，来自相同出生队列的两个人，如果工作内容、所获时薪和工作年限全部相同，那么在退休时获得的养老金也应相同。在这对“经济双胞胎”中，如果一人每天的工作小时比另一人少 25%（和/或寿命比另一人长 25%），其收入也比另一人低 25%，那么，在一个代内公平的养老金计划中，两人中工作时间较短的一人领取的养老金应少于另一人，养老金差额应与收入差额成正比。同样，如果其他方面全部平等，下一代的真实收入水平较上一代平均增长了 X%（缴费率不变），那么平均养老金也应相应增长。NDC 计划和 FDC 计划通过养老金的构成，管理预期余命延长带来的影响。这是 NDC 养老金计划实现代际公平的基础。

分配政策。上文对于公平的定义，并不代表国家不重视纵向公平。总体而言，正好相反，DC 计划旨在：（1）强调税收政策在促进收入公平方面的作用，加强国家分配性税收政策的透明度，（2）通过社会、政府预算（税收）为个人养老金账户提供附加支持，助力国家实施社会政策。在瑞典，最显著的例子是，在劳动者发生人生大事，被迫离开“劳动力市场上的正式工作”时，养老金体系会通过相应的政策予以支持，包括劳动者刚刚生育子女后无法工作的前几年，注册失业期（但是需要积极寻找新工作），以及劳动者遭受暂时或永久性疾病或伤害（例如残疾），进修，或者为提高技能而参与其他形式的正规机构教育，以及参军等。

（二）瑞典养老金体系各支柱概述

1. 最低保障养老金

瑞典的最低保障养老金是面向老年人的最低收入保障。养老金金额与领取人在瑞典居住的年限成正比，在瑞典居住满 40 年可全额领取养老金。NDC 计划和 FDC 计划养老金的最低领取年龄是 62 岁，最低保障养老金的最低领取年龄则是 65 岁，到 2023 年将提高到 66 岁。

作为零支柱的最低保障养老金完全由国家一般性税收收入出资，通过瑞典的一般性政府预算支付。与公共 NDC 计划和 FDC 计划不同，最低保障养老金基于家计调查（当然，也有人主张家计调查应涵盖个人的职业养老金）。

图 2 展示了瑞典最低保障养老金的构建。其中最值得注意的技术特点是，随着 NDC 计划和 FDC 计划的养老金（之和）逐渐增加，最低保障养老金金额会逐渐减少。在瑞典模式中，最低保障养老金的保障作用被基于家计调查的“住房福利”所强化，在住房福利中，申领人居住地区的住房成本和家庭人口数量等因素都会被纳入考量。

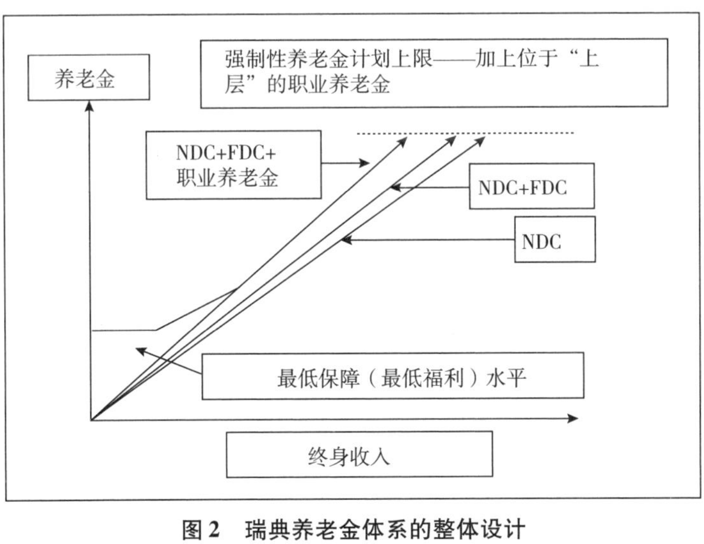

图 2　瑞典养老金体系的整体设计

在讨论最低保障养老金时，有理由提出如下疑问：瑞典规定领取养老金的最低年龄是 65 岁，不久之后将提高到 66 岁，这个年龄是否过高？在回答这个问题时，应考虑以下几个方面：第一，2019 年，瑞典居民在 65 岁的平均预期余命是 18 年（女性比男性多 4 年）。总体来说，没有令人信服的理由称 65 岁（从 2023 年起为 66 岁）的年龄限制过高。第二，由于健康原因无法工作或无法全职工作的人，在 65 岁之前即可获得残疾补助，也就是说，他们失去的收入能力已经得到补偿。第三，瑞典的就业政策有一个重要目标，即帮助任何工作年龄的人从疾病和伤害造成的困境中恢复过来，重回劳动力市场。第四，瑞典的就业政策强调创建工作之间的流动性，以便劳动者因身体或年龄等相关个人情况需要更换工作时，为之提供帮助。最后，瑞典的就业政策致力于帮助遭受功能性损伤的年轻人，在自己所在社区的劳动力市场上找到有价值的工作。

2. 第一支柱 NDC 计划：一般模式和瑞典模式

一般而言，NDC 养老金计划有以下特点（也是瑞典普惠式公共养老金计划的特点，下文将专设小节详细阐述）：①

- 按照个人收入的固定缴费率缴纳养老金。在设定缴费率时，目标是实现一般终身劳动者的目标替代率。
- 各代职工按照相同的缴费率缴纳养老金。各代职工支付的养老金占其收入的比例，均等同于以往各代的缴费率，从而确保代际公平。
- 职工缴纳的养老金进入个人账户。个人账户的透明性是 NDC 计划微观经济效率的基础。
- 缴纳养老金的每个资金单位，为所有参与者提供相同的养老金权利。这种 1∶1 的关联传递的信息是“权利公平”，也就是说，同一出生队列（同年出生）的两个人享有代内公平。
- 账户和养老金的指数化：人均真实工资增长率 × 缴费人数增长率 × 通货膨胀率。NDC 计划可以通过两个因素的动态调整，持续引导养老金体系朝向长期的财政稳定性和可负担性发展，其中一个因素就是积累阶段账户的指数化和去积累阶段养老金的指数化。
- 养老金金额的计算取决于职工退休时的个人账户余额和职工选择退休时

① Palmer（2013）更详细地阐述了 NDC 计划的技术特点。Holzmann（2020）介绍了 NDC 的基本知识，Góra and Palmer（2020）讨论了 NDC 为何是通用的养老金计划。

所属出生队列的预期余命（LE）。可简单表示如下：

$$年金 = \frac{退休时的账户余额}{预期余命}$$

以上公式仅体现了计算 NDC 养老金的一般概念，但在具体实践中，养老金的构建有多种方式［参见 Palmer、Zhao、Gosson and Varennes（2020）年论文的概述部分］。瑞典的养老金采取“标准”年金形式，每年的回报率被假定为 1.6%。在具体实践中，回报率是根据缴费者人均收入增长情况计算的。养老金金额会每年根据实际人均收入增长率与 1.6% 这一标准增长率之间的差值进行调整（详见下文养老金的指数化一节）。

- 在结构设计方面，养老金的领取年限等于参与者的预期余命，有利于财政的稳定性。随着预期寿命增加，在其他条件不变的情况下，为保持预期付款年限不变，职工必须延迟领取养老金的时间。职工也可以选择不延迟退休，在这种情况下，由于账户余额不变而预期余命增加，每年领取的养老金就会减少。
- 规定了领取养老金的最低年龄，但未规定领取养老金的“绝对”年龄。领取养老金的最低年龄根据预期余命确定。需要注意的是，得益于 NDC 账户的结构设计，职工可以在退休的最初几年领取部分养老金。也就是说，职工可以轻松地把全职/兼职工作与全额或部分领取养老金结合使用。养老金的领取年龄通过指数化，与预期余命挂钩。
- 养老金缴费率固定不变，各世代所有人投入国家人寿保险计划（整个国家就是保险池）的金额占其终身收入的比例是相同的，从而确保代内公平和代际公平。
- NDC 计划的特点是可以脱离国家预算独立运行。但是，由于短期经济衰退和周期性出生率变动等因素，需要建立储备基金。储备基金可以是独立的机构/实体（例如瑞典采取的模式），也可以是由政府预算覆盖的正式的触发式储备（例如拉脱维亚和波兰采取的模式）。挪威采用的是政府全球养老基金（石油基金）。关于 NDC 储备基金更深入的探讨，可参见帕尔默等人的研究（Holzmann、Palmer and Robalino，2013）。

20 世纪 50 年代以来，瑞典的劳动年龄人口持续增长。原因包括：第一，生育率上升到1.8—2.0（得益于强有力的家庭政策支持）；第二，人口持续向瑞典净流入（移民政策支持劳动力增长）。① 得益于这两个人口发展特点，至少从20世纪50年代开始，瑞典就经历了劳动人口的持续增长。瑞典的人口增长形成了一种人口红利。回头再看上文提到的养老金指数化，可以发现，劳动力的持续正增长，并未作为“收益”分配给当时的劳动人口和养老金领取者。相反，在其他条件不变的情况下，这些人口红利进入了储备基金。

- NDC计划是正式的账户计划，也就是说，在任意时间点 t，NDC计划的流动负债都可以得到明确界定。使用可靠的程序，估算“缴费资产”和可用于支持同一时间点的负债的基金资产，就可以计算出偿付比率。政策目标是实现并保持偿付比率等于或高于1。这是瑞典NDC计划中至关重要的一部分内容（参见Settergren，2001，2013；Palmer，2013）。
- 向NDC计划转型，必须从初始阶段就确保良好设计。②

在本节结束时，有必要回到瑞典的NDC计划，重温图1的金字塔图形。瑞典的NDC计划占全国养老金缴费总额的70%（16/23），其中，全国养老金缴费总额包括公共FDC计划、准强制性职业养老金FDC计划和作为“安全资产”的NDC计划。对新兴经济体而言，如果可以对养老金权利进行量化，那么，在建设全国强制性缴费型养老金体系时，可以将普惠式最低保障养老金（类似于瑞典的保障养老金）结合NDC计划作为起点。

3. 瑞典的强制性普惠式支柱：FDC计划

世界各国公共部门（政府）参与FDC退休储蓄计划，并涉及私人金融基金和保险市场时，有三种主导架构模式，分别是：

模式1 典型的私人保险模式，鼓励职工（在雇主的合作下）参

---

① 1943年到1950年，二战后“婴儿潮”一代出生，在20世纪70—90年代产生了第二个“婴儿潮”。也就是说，“婴儿潮”会每20年左右出现一次。这意味着，如果生育率保持在每个女性生育两个子女，每代人都将能够继续生育出养老所需的劳动人口。参考Palmer and Könberg（2020）。

② 意大利养老金体系的NDC计划转型出现了多方面的困难。2011年的Fornero养老金改革很大程度上修正了NDC计划转型的问题，但是并不全面。参见Gronchi et al.（2020）。NDC计划实施过程的问题包括，1996年的意大利改革没有严肃对待人口问题，例如，没有明确建立储备基金。鉴于二战后意大利的出生队列和生育率情况，储备基金本应起到巩固养老金体系的作用。此外，尽管意大利的养老金法律规定发生了变化，预期余命因子却多年未变。此外，新计划的代际推行缓慢，使人们对新体系缺乏了解。

与具体保险公司提供的退休储蓄计划，或者强制雇主帮助职工购买私人保险公司的产品。在这个模式下，政府的参与方式包括提供税收优惠，匹配缴费（政府出资）和/或政府补贴。政府也可以不采取上述任何方式，完全寄希望于所有职工自主意识到退休储蓄计划的益处，并自行购买私人保险。（税收优惠等措施往往不能完全成功，并且主要面向收入较高的中等收入群体、高收入群体和大公司职员等，而不适合低收入群体中占大多数的低收入职工、小企业职工或自雇者，参见 OECD，2018，2019。）

模式 2 政府不是鼓励参与，而是强制参与。当然，强制参与也可以结合向职工/雇主提供的税收优惠，匹配缴费和/或由政府税收支持的其他形式的补贴。

模式 3 政府可以强制所有职工（和自雇者）参与公共养老金计划，由"公共清算所"（Public-Body Clearinghouse）管理，参与养老金体系的保险商由清算所负责招标。清算所可以/负责向雇主收取养老金，收集信息和资金，并转移给参与养老金体系的保险公司。在这个模式中，参与公司是私营保险公司，通过招标参与强制性退休储蓄计划。清算所的职责还包括对参与公司的业务进行商业层面的监管，也就是说，清算所的职责比审计和监管机构更加贴近实际运营（这一点也很有必要）。在这种模式下，只有少数保险商能够通过招标程序提供养老保险服务。

瑞典模式是建设强制性公共 FDC 计划的全新模式

"公共清算所"是瑞典的强制性普惠式 FDC 计划的实施平台。该模式最重要的原则是，将养老保险参与者的费用成本控制在最低范围，并在投资回报率既定的情况下，使终身养老金最大化。瑞典模式的主要特点包括：

- 瑞典清算所（瑞典养老金管理局，简称 PPM）作为一个平台，从金融市场上招募投资（投资相连）基金服务。自 2000 年初起，在瑞典监管机构注册运营的所有基金，如果满足并同意 PPM 的合同条款规定，都可以寻求签约。PPM 负责清算所有形式的基金交易，包括流入基金的货币和基金之间的货币流动，并提供相应的交易信息，也是唯一的年金垄断提供商。具体而言，PPM 每个工作日操作（最多）一笔总交易（所有单项买卖交易之和）；而各基金收到的卖/买订单请求是参与者

（通过基金的官方网页）发出的。根据 PPM 合同规定，各基金必须在每个工作日结束时（以电子形式）向 PPM 报告基金单位市值，并根据基金交易和市值变化，每天更新个人账户余额。参与者的个人“资产组合”最多可以包括 5 只基金。基金必须按照与 PPM 签订的合同，按照 PPM 管理下的该基金管理公司资产总额缴纳服务费。①

- 瑞典税务局负责收取金融账户计划的缴费，缴费基于个人总收入、其他全部社会保险缴费和初级所得税计算。在缴纳的养老金纳入养老金体系之后，以及资金转入基金指定的银行之前，由国家债务办公室（The National Debt Office）提供“储蓄银行服务”——所有这些操作均基于税务局向 PPM 提供的个人付款信息汇总。
- 参与公司与 PPM 的合同规定，PPM 根据参与公司的整体业务规模（即参与公司在 PPM 平台上管理的全部基金），收取有上限的服务费。根据这一标准，基金提供商可以享受规模经济的好处，管理资产规模越大，受益越大。2018 年，PPM 平台收取的投资基金平均管理费率是管理资本的 0.20%。
- PPM 平台最初提供约 90 个基金管理人和 800 只基金。很快，这一自由放任模式饱受批评，近年来，由于诈骗和管理不善等事件浮出水面，PPM 正在准备修改相关程序。变化包括两个方面。首先，基金必须先完成招标流程，通过全面审核后，才能获批登上 PPM 基金平台。其次，经过甄选登上平台的基金数量将显著减少。目前拟议的基金数量是 150—200 只，也有人表示反对，认为应将基金数量限制在 20 只左右。PPM 的职员大多拥有多年金融市场工作经验，负责持续评估投资模型和参与基金的表现。
- 养老金产品由 PPM 提供。公共 FDC 计划仅视为人寿保险。根据这个理念，清算所提供的产品是个人人寿年金、联合人寿年金和遗属抚恤金。年金既可以是“传统保险年金”（保障），也可以是“基金年金”，后者的预期寿命是固定的，但回报率是变动的。

默认基金

除 PPM 平台提供的金融市场基金外，还有公共默认基金（瑞典称之为

① 2018 年，约 90 个基金管理人和 800 只基金的平均费用约为 0.20%，即 20 个基点。

AP7 基金）。AP7 基金面向不主动选择基金的养老保险参与者，95% 的新参与者属于此类。很多最开始自动选择了默认基金的参与者（通常是年轻人），后来都换成了市场基金。2018 年，默认基金的资产管理规模为全部基金的 40%。1995 年到 2018 年，默认基金的平均资本加权回报率是 6.3%，高于平台上所有基金（包括许多国际基金）的平均水平。

AP7 默认基金包括两个资产组合：一个股票基金和一个利息基金。参与者 55 岁之前，所有缴纳的养老金都投资到股票基金中。该股票基金根据收益表现和投资费用，挑选约 100 个投资相连基金。这种安排非常合理，因为尽管从 PPM 的网站上可以轻松获取关于基金选择的有用信息，但约 95% 的新参与职工相对年轻，通常没有兴趣主动挑选基金。参与者 56 岁时，默认基金将自动把参与者的资产逐步从股票基金转移到利息基金，直到参与者 75 岁时，养老金的构成达到 25% 的股票和 75% 的计息资产，或者直到参与者选择把积累储蓄转换为终身年金。

选择单一年金提供者模式的原因

经济学家经常提出为金融养老金计划建设年金市场的理论。尽管如此，即使这样的市场真的存在，恐怕也只有智利而已。"真正的" 年金市场之所以不存在，原因如下：

- 第一，即使相互竞争的保险公司在所谓的"年金市场"上提供年金产品和相关信息，参与者也无法理解这些产品及相关信息的真正含义。有意义的竞争必须以知情消费者为前提，也就是说，消费者必须能够运用相关信息为自己做出知情、最好是合理的决策。因此，竞争的重要前提条件并不存在。成本是透明的，但是即使在最理想的情况下，也只有专业人士能够理解特定成本给参与者带来的不同影响。
- 第二，提供人寿保险最需要的专业知识，是必须拥有相应的能力和判断力，选择财务上可行的长期回报率，同时对参保人整体的出生队列预期余命做出专业估算。如果参保人的特征分布基本相同，那么预期余命的预测结果也应接近（即便并不相同）。同样，不同专家基于平均寿命对年金的回报率预测也应大致相同，① 因为他们都从相同的金融环境中获取相关信息。换言之，技术实践需要专业知识，但是在信息环境中计算

① 事实上，大多数国家都有精算团队定期对预期寿命进行计算和预测。

年金所需的信息是相同的。最终，估算和预测的差异应当是围绕中心值的随机变动（中心值是所有专家都应使用的值）。

对于区域性、职业性差异等（这些差异无处不在），可以通过分割保险池，创造同质性更强的子保险池来应对。这种方法的弊端在于，差异不一定始终不变。影响预期寿命的因素有很多，其中包括生活方式等，然而生活方式并非一成不变，而是可以且应当通过公共健康政策改善的。

在 NDC－FDC 架构中，NDC 被视为“安全资产”

如前文所述，瑞典的 NDC 计划可以视为整个公共养老金计划中的安全资产。图 3 展示了约 20 年间并存的 NDC 计划和 FDC 计划各自的回报情况。

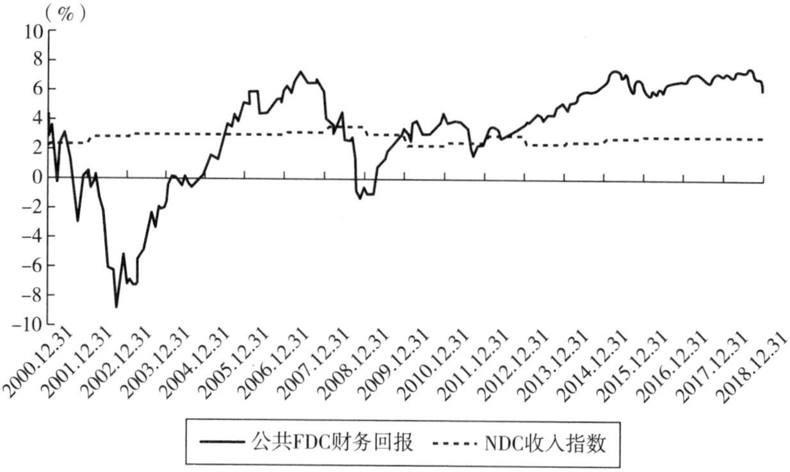

图 3　资本加权名义回报率

资料来源：瑞典养老金管理局。

4. 瑞典的第三支柱：准强制性职业养老金计划

瑞典的养老金体系涵括四项主要职业养老金计划。这四项计划覆盖瑞典 90% 的雇员，其中包括：(1)“蓝领”雇员；(2) 私营部门白领雇员；(3) 公务员、其他政府雇员（如大学教职人员）和市政人员；(4) 郡县政府雇员（医疗卫生服务人员、就业服务人员、教师等）。该等养老金计划基于劳工和雇主组织之间的集体谈判协议建立。四项计划中，蓝领计划最晚制定（1974 年）。随着 20 世纪 90 年代公共养老金的改革，瑞典职业养老金计划从 DB 计划转变为（F）DC 计划。

该等计划在瑞典整体养老金体系中扮演三重角色：首先，它们能够覆盖公共养老金计划未覆盖且高于公共养老金计划最高限额的收入；其次，它们可以为公共养老金计划覆盖但低于最高限额的收入提供额外补充；再次，私营部门的雇员和雇主可以相互协商选择变通方案，例如，雇员可出于职业特殊原因，选择提前退休，但前提是雇主在确定商品和服务的价格时，需将该等提前退休隐含的额外成本纳入考量。本文不就此展开详细讨论，仅对瑞典职业养老金计划做一般介绍，并重点着眼于公共养老金零支柱、第一支柱和第二支柱的分析。

瑞典在 20 世纪 90 年代施行改革，促成旧体制向 NDC 和 FDC 转变时，上述职业养老金计划已经存在（虽然当时该计划仍采用 DB 形式，后来才逐渐由老式 DB 计划转变为新式 DC 计划）；由于这种路径依赖效应，瑞典公共养老金计划的改革花费的时间相对较短。改革完成后，职业养老金和公共养老金 FDC 计划合计缴费率达到收入的 7%——约占瑞典缴费人总缴费额的三分之一。值得注意的是，除公务员外，所有准职业计划均采用清算所模式进行中央管理（每个主要计划对应一个清算所）。相关证据表明，首先，养老保险金缴费率可以再提高 2 个百分点；其次，更重要的是，这一增量将进一步提高 NDC 覆盖面。

（三）NDC 和 FDC 制度下养老保险中伤残津贴和遗属抚恤金的分离

20 世纪 90 年代初，瑞典的政策制定者已认识到，伤残津贴不应视为养老保险的组成部分。原则上，伤残津贴是为保障因严重疾病或受伤丧失工作能力而设立的保险。从历史上看，20 世纪 70 年代到 90 年代，欧洲越来越多的老年劳动者（55 岁以上）因“伤残”离岗，并享受“伤残”津贴，但该等劳动者离岗的真正原因，是他们与劳动力市场的脱节日渐严重（例如，失业的真正原因在于新技术的引入或相关市场的消失）。事实上，当今发达经济体的劳动力市场也呈现类似的动态特征。瑞典的政策制定者因此认识到，养老保险改革的目标应当是提高对整体工作环境重要性的认识、鼓励技能再培训、促进工作之间的流动性。

1994 年，瑞典在养老金制度改革中，将伤残保险与养老保险分离。这是一项合乎逻辑的举措——老年劳动者因年老、无法胜任工作而离岗，与青年劳动者因严重疾病或受伤而失去工作能力显然是两种不同的情况。也就是说，老年保险和伤残保险覆盖的风险判然有别。此外，除了注重劳动环境之外，这一举措还将重点转移到鼓励个体劳动者“重返工作岗位”的政策上，更加强调其服务于劳动力市场的角色，并在必要情况下，提供“部分”伤残津贴。自此以后，瑞典的伤残保险开始成为疾病保险的组成部分，疾病保险重点着眼于参保人病后康复和重返劳动力市场，而非让参保人带着养老金彻底离开劳动力市场。总体而言，伤残保险与养老保险分离是一项成功的政策。

同时，瑞典也对遗属抚恤金进行了改革。传统上，退休年龄以下的遗偶可享有遗属抚恤金；针对这一政策的主要批评在于，该抚恤金可能减弱遗偶自食其力寻找工作的经济激励。因此，改革后的遗属抚恤金转化为额外津贴，育有20岁以下子女的配偶一方亡故的，其遗偶可领取该津贴；死者子女仍在上学的，年龄限制可进一步放松。育有超过法定年龄子女的配偶一方亡故的，其遗偶可在一年内领取“过渡性”收入补助。这一改革举措已于1990年立法并得到实施。

当然，老年人对遗属保险的需求并没有消失。平均而言，男性要比自己的女性配偶年长两岁，而在瑞典，女性的预期寿命通常比配偶长4年左右。令人惊讶的是，尽管瑞典公共FDC计划提供遗属保险作为一种险种选择，但大多数人并不会因为该等寿命的差距而申请遗属保险，同时，对联合生存年金产品的需求也不高。显然，替代老年遗属保险的最佳方式，即是配偶共同购买一份联合年金（Klerby、Larsson and Palmer，2013），NDC框架本可提供，但并未提供这一选择。

最近的一项研究（Klerby、Larsson and Palmer，2020）以及瑞典1960年以来的NDC账户数据显示，在最小的子女年龄达到12—16岁之前，多数女性的工作时间仅占全职工作的75%—80%（时间使用调查也佐证了这一数据），配偶之间的寿命差距很大程度上可归因于此。上述研究的作者提议将账户共享作为这一问题合乎逻辑的解决方案。目前的情况是，对许多失去配偶的老年女性而言，她们需要在养老金中纳入一项最低保障养老金和住房补贴。然而，目前为止，瑞典既没有联合年金，也没有配偶之间共享退休储蓄（NDC和FDC）账户的相关安排。

（四）先进新兴经济体对NDC的引入

一般而言，先进的新兴经济体与发达经济体不同，对既已取得的养老金权利往往并无翔实的文件记录，在这种情况下，是否能够顺利引入 NDC 计划？换言之，在当期劳动力人口的劳动投入并无相应文件记录的情况下，如何才能不失公允地对之进行估值？问题的答案势必因国家不同而有所差异。然而，原则上说，先进的新兴经济体需要通过特定的技术程序，来评估历史上既已取得的养老金权利的价值，得出一个能够为公众普遍接受的结果，即根据收入确定一个合理的替代率（或许可以根据不同工种分别确定）。该等估值应当与当前的收入状况接轨。在计划前几年，基于收入收取的缴费构成养老金计划用于支付历史养老金的“预算限制”。

值得一提的是，1995 年拉脱维亚引进 NDC 时，或多或少也通过相关程序对既已取得的养老金权利进行了估值。拉脱维亚曾是苏联的一部分。1995 年，拉脱维亚的全部劳动力都拥有在苏联经济体的工作历史记录；但该等记录显示，不同类型的工作之间的收入差异相对较小——在某种意义上，这与新兴经济体的情况类似。拉脱维亚根据当时的工资率进行了估值，并将之适用于“过渡世代”的劳动者，作为其开始领取养老金时养老金账户的起始价值。对于 NDC 计划实施之时已经开始领取养老金的人，则保留其既已取得的养老金，但在最初几年，在财政可以负担的情况下，上调了这些人的养老金（Fox and Palmer，1999；Palmer、Stabina、Svensson and Vanovska，2006）。

四、缴费率、个体提供的正式劳动及关于充分替代率定义的讨论

仍然悬而未决的问题是，养老金怎样才算足够？本文从普通劳动者和普通领取人的角度研究了该问题。在任意时间 t，这两个群体都是连续动态宏观经济过程中的关键“角色”（Palmer，2013）。当然，宏观经济过程是一个国家确定最终 GDP 时，其背后所有经济过程的结果，但养老金系统也与宏观经济过程直接相关，这是因为养老金系统直接影响人口和经济动态要素，而后者又决定了劳动力规模和劳动者收入（以及相关人群最终的养老金缴费）。但是，如何才能确定养老金缴费率，以及缴费人退休时合理的收入替代水平呢？

假设在任意时间 t“某国”（由该国劳动者和养老金领取人的所有成年出生队列构成）的养老金缴费率如以下等式所示。我们为该国构造一个比率，其中分子是在第 t 年需要向所有年龄的领取人支付的养老金总和，分母是所有劳动者队列在第 t 年的收入总和。该等式的分子可分解为所有领取人的平均养老金乘以养老金的平均支付年数。通常而言，该年数是领取该平均养老金的领

取人队列的平均预期余命。同样，比率的分母可以表示为劳动力的平均年收入乘以平均工作年数。分子分母之比实际上就是宏观经济养老金缴费率，它也是该国平均养老金和平均收入之间的微观经济关系的一种体现。

缴费率 = 平均养老金/平均年收入 ×（预期余命 LE）养老金平均支付年数/平均工作年数

示例：$22.5 = 0.5 \times \frac{18}{40}$

其中：预期余命（LE）表示退休后的预期寿命，即预计个人可领取固定养老金的平均年数（在这类计算中，假设该年数等于事后确定的实际付款年数，且付款金额仅在平均值上下随机波动）。

实际上，上述等式背后的数字随时都在变化。换言之，真实情况并不会像上面的等式那样保持静止。相反，实际缴费率将随着经济和人口参数的变化而不断变化。本文将参照上述等式，主要讨论 NDC 的两个重要特性。第一，如果支付的养老金与缴费人收入的宏观经济比率，等于在实践中用来确定个人缴费额（继而确定缴费总额）的微观经济缴费率，那么 NDC 养老金计划即可视为处于均衡状态；第二，上文中的等式可用于确定相应缴费率，确保每个领取人退休后平均领取的养老保险金额保持在合理水平（在确定合理性时应考虑常规可负担性）。① 请参见等式下的数字示例。

在进行计算时，我们先假设一个财务平衡状态，即将 NDC 缴费人账户收入与福利指数化的情况下，使用稳态计算的方法，得出维持缴费率稳定，等式右侧所需数值。由于养老金和收入原则上都是名义价值，故全国平均水平的计算结果（等式右侧）会使用相同的消费者价格指数向下调整。换言之，养老金和收入之间的比率（即替代率）基于实际价值确定。

当右侧的微观经济数据显示，计划参与人全体的平均值等于实际固定缴费率时，我们即可认为 NDC 计划处于均衡状态。虽然在计算年度数据结果时，背后的动态过程可能刚刚好处于稳定状态，但结果应相接近，使结果不断接近均衡方向就是指数化的任务，下一节将对此进行讨论。

等式下方列举的数字等式，是一张可以在任意时间点拍摄的“快照”。在

① See Palmer (2013). “Generic NDC: Equilibrium, Valuation, and Risk Sharing with and without NDC Bonds” in R. Holzmann, E. Palmer and D. Robalino (eds.) *Nonfinancial Defined Contribution Pension schemes in a changing Pension World: Vol. 2. Gender, Politics, and Financial Stability*. The World Bank.

该数字快照中，NDC 计划参与人在 40 年间持续工作，并按规定缴纳养老保险金，且平均在与平均预期余命（男女均适用，即 18 年）相对应的年龄退休。但问题在于，假设平均而言，50% 的替代率（即年平均养老金与当年平均收入的比率）是一个理想的收入替代率，那么，假设在参与人职业生涯和预期余命各不相同的情况下，缴费率应当是多少？在该情况下，研究这个问题的重要性在于，计划参与人可以根据其希望获得的养老金收入，来分配自己作为劳动者和领取人的“生命时间”。

图 4 说明了参与者需要合理确定工作年数和退休年数，并在此背景下考虑替代率的充分性问题。一般来说，对于任何基于缴费的退休养老金计划而言：

- 工作和缴费的年数越长，及
- 预计退休保险金兑付期越短，替代率也会越高。

直接利用预期余命来确定 NDC 福利可实现自动调整。这种福利确定方式将刺激年老劳动者延长工作年限，因为在基于预期余命计算年度养老金的情况下，工作年限越长，退休后每年获得的养老金就越多，且养老金发放年限也越短。从宏观经济的角度分析，延迟退休则意味着劳动力增加，有利于促进国家 GDP 增长。

根据图 4 的数据，瑞典 NDC 与 FDC 计划合计缴费率为 23%，如果瑞典整个养老金体系能够达到相同的回报率（即完全基于实际收入增长率确定的回报率），且假设瑞典劳动者平均工作年数为 42 年，平均退休年龄 65 岁，对应该退休年龄的普适预期余命为 20. 3 年，则收入替代率预计可达到 50%。

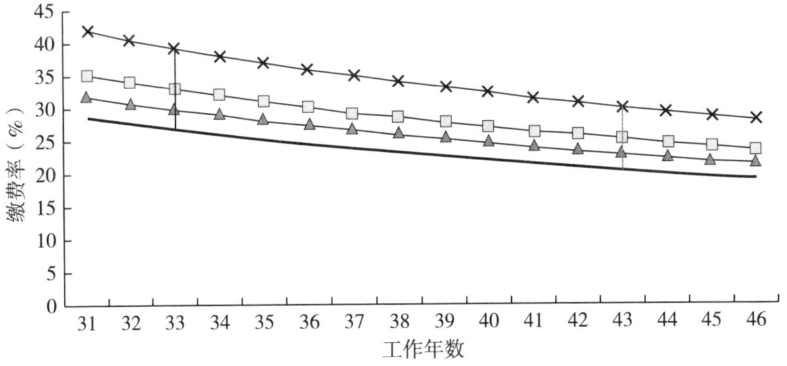

图 4　实现 50% 替代率所需的缴费率

综上所述，本节主要在国家层面，阐述收入年数、预期余命（养老金领取年数）和平均收入替代率之间的结构性联系。由于所有参与人的缴费率相同，养老金会随缴费的增加而增加。NDC 和 FDC 计划的主要区别在于，FDC 的潜在长期平均回报率更高，但短期的波动性也较强。

值得注意的是，在上述情况下，新兴经济体具备两个优势。首先，新兴经济体可以在长达数十年的时间内，享受高生产率和随之而来的收入增长。这是因为在经济体起步阶段，随着通识教育的普及、生产技能的提升以及劳动力素质的不断提高，必然产生额外的经济红利。此外，新兴经济体正在经历从非正规就业向正规就业的转变。因此，对于一个新兴经济体而言，在未来几十年内，其自身从新兴经济体向发达经济体转型过程中获得的经济红利，很可能对 NDC 回报率产生正面影响。①

五、指数化、偿付比率的作用以及储备基金的必要性：以拉脱维亚和瑞典的不同做法为例

（一）概述②

瑞典 NDC 计划的回报率完全基于参保人人均收入的增长计算，未考虑劳动力正增长或负增长的影响。瑞典的账户和福利指数化模型的逻辑是，NDC 计划参与者的实际人均收入增长率，代表着养老金和工资之间的核心关系。然而，劳动力增长是一种宏观经济力量，它影响着养老金体系收入的增长，为了保持财政的可持续性和长期的可承受性，养老金福利和指数化模型的制定需要将劳动力的增长纳入考量。

当劳动力因低生育率和/或移民净流出而减少时，在一定时期内，可以通过增加现有劳动力的参与度，来抵消劳动力减少的影响。参与度的增加，可以通过加强劳动者工作倾向的方式实现，例如延长现有工作人口的工作年限或年度工作月数。本节中，我们将以两个采用 NDC 的国家为例对此展开分析。

① Larsson et al.（2020）就该动态过程提供了一个例子，并引用了诸多相关文献。

② Holzmann、Palmer and Robalino（2013）对建立储备基金的挑战展开了更加技术性的讨论。

（二）拉脱维亚①

1995 年至 2017 年间，拉脱维亚的劳动年龄人口约下降了 20%，主要原因是该国对外移民率较高；尽管如此，2017 年，其参与劳动的劳动年龄人口较 1995 年仍增加了约 11%（参见 Palmer and Stabina，2020）。然而，同时期极低的生育率也进一步加剧了对劳动力的负面影响。

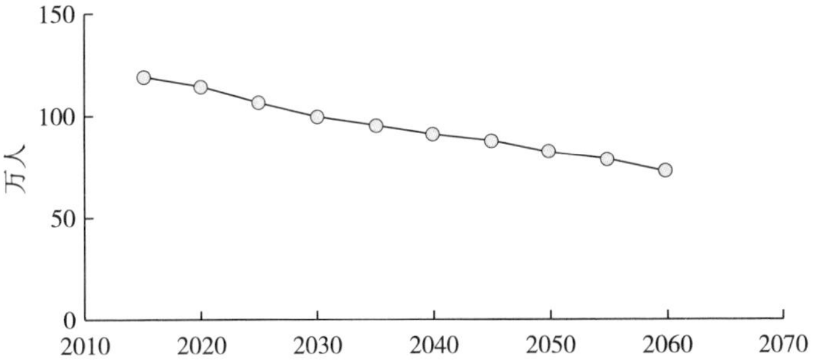

图 5　2015—2060 年拉脱维亚劳动年龄人口发展走势

资料来源：联合国，《世界人口展望：2017 年修订版》。

受低生育率和劳动年龄人口外流双重影响，联合国预测，在 2017—2070 年，尽管同期的生育率预计可达 1.85，但拉脱维亚劳动年龄人口将从约 120 万人下降至略高于 65 万人的水平（每年约下降 0.9%，参见图 5）。图 6 显示了截至 2070 年，上述情况对拉脱维亚养老金缴费人增长和 NDC 账户和养老金指数化的影响。

21 世纪 60 年代缴费人的增长将为负值，虽然在该年代后半段可能重新回复到零水平。在 21 世纪最初约 20 年（或以上）期间，基于缴费的实际养老金收入年增长率约为 4%，随后稳定在 2%，该等数值更像是欧盟计算时采用的通用数值，而非针对拉脱维亚做出的具体预测。NDC 总指数化等于实际人均收入增长率加上通胀率减去劳动力负增长。尽管劳动力的减少对经济增长造成了严重的负面影响，但最终结果依然保持在正值水平；在整个期间调整率为负

① 本节参考了拉脱维亚在开展和管理其 NDC 计划的过程中，对 25 年以来（1996 年至 2020 年）相关工作的文献记录和讨论。这些文献介绍了拉脱维亚脱离苏联独立后以及在世界银行第三次编写 NDC 计划的最终“报告”后，引入 NDC 制度的始末。参见 Palmer E. and S. Stabina（2020）。

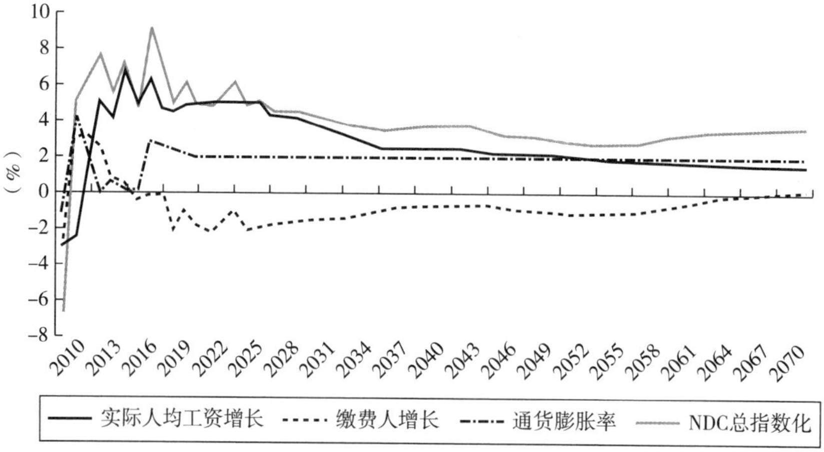

图 6　2010—2070 年拉脱维亚 NDC 指数

资料来源：拉脱维亚福利部社会保险部，2019 年，发表于 Palmer and Stabina（2020）。预测基于欧盟委员会在《2018 年全球老龄化报告》中就拉脱维亚做出的假设。

的情况下，福利和养老金的实际指数化水平为 2% -0.9% =1.1%。NDC 支出与养老金体系收入之间的平衡是通过自动调整机制维持的。

综上所述，拉脱维亚的经验表明，NDC 指数化是一种在未来半个世纪中，将劳动力下降的“成本”分配给所有成年队列（劳动者和养老金领取人）的有序方式。这种调整由劳动者和养老金领取人共同承担，尽管从经济上而言，每一代劳动者和养老金领取人仍比上一代人更加富裕。

（三）瑞典①

1. 指数化

自 20 世纪 50 年代以来，瑞典劳动力情况较为良好，平均生育率保持在 1.9 左右，接近人口再生产（以及劳动年龄人口和劳动力再生产）所需的 2.1。同时，由于瑞典政府有意识的政策推动，该国移民人数保持在正值，进一步填补了劳动力流失的“鸿沟”。更重要的是，瑞典自 1963 年开始建立人口基金——“国家储备基金”（AP 基金）。如前文所述，立法推出 AP 基金的最初目的，是因为 DB 收入关联型公共养老金（该制度在 1999 年被新的 NDC 取

---

① 本部分大量借鉴了 Palmer and Könberg（2020）的观点。

代）设定的缴费工资水平并不高，而 AP 基金是为了对远超出上述水平的工资部分征收缴费。NDC 制度实施后，劳动力增加导致的“人口过剩”产生的人口红利也积累在 NDC 储备基金中。

正是在这种背景下，瑞典虽未将劳动力变化纳入 NDC 指数化，但其 NDC 仍然得以维持财务平衡。然而，瑞典 NDC 制度设立了一个偿付比率，即在任意时间 t 的预估 NDC 资产与预估 NDC 负债的比率。在负债超过资产的情况下，该制度就会使用一个额外“平衡指数”，使资产与负债的比率再次达到平衡（至少为零）。这是一种额外的预防措施。那么，在基本劳动人口统计数据如此有利的情况下，瑞典为什么仍要实施该预防措施呢？首先，瑞典无法保证劳动人口始终处于增长的趋势；其次，周期性的经济衰退，以及随之而来的失业和/或人口结构的周期性变化，是任何经济体发展都必经的过程。

资产和负债的估算基础是什么？无论何时，NDC 负债都等于所有缴费人的账户价值和当前领取人有权领取的养老金之和。NDC 资产则根据单位资金在系统中的时间段进行估计，该时间段为该等单位资金平均存入系统的时间，至其平均预计支出的时间（即养老金池内所有领取人的平均预期余命），我们将这段时间称为周转期。如果像瑞典的 NDC 制度那样设有储备基金，那么在计算 NDC 在 t 时的资产时，储备基金的资产价值将构成总资产的额外组成部分（参见 Settergren，2001，2013；Palmer，2013）。以这样的方式计算资产时，在回报率一定的情况下，养老金池内所有领取人平均预期余命的增加，会延长单位缴费在整个养老金池中存在的时间，从而提高资产流动性（即延长相关单位资金支出前的时间段）。因此，这种资产计算方式会提高总资产的规模。当然，领取人平均预期余命降低，则会造成相反的结果。

图 7 显示了瑞典 NDC 指数化各组成部分的发展趋势。目前为止，平衡指数曾在 2010 年、2014 年和 2015 年三次被触发，以影响负债变化。该等触发均为短期性触发，这意味着需要启用储备基金，以便在不触发负平衡的情况下平稳度过该等短期下跌。这也是该机制最近发展的一个重点。“收入指数”是标准的 NDC 指数，用于稳定账户的名义价值（该指数包括实际人均收入增长率和通胀率）；调整指数为收入指数减去 1.6%，以便将 1.6% 范围之外的影响指数化（养老金构建时已将 1.6% 的年增长率考虑在内）。如果偿付比率降至 1 以下，则将适用平衡指数而非收入指数。此时，平衡指数会减少账户余额和养

老金额度，直到再次具备偿付能力为止。图 7 展示了 2002—2017 年瑞典 NDC 指数化的变化情况。

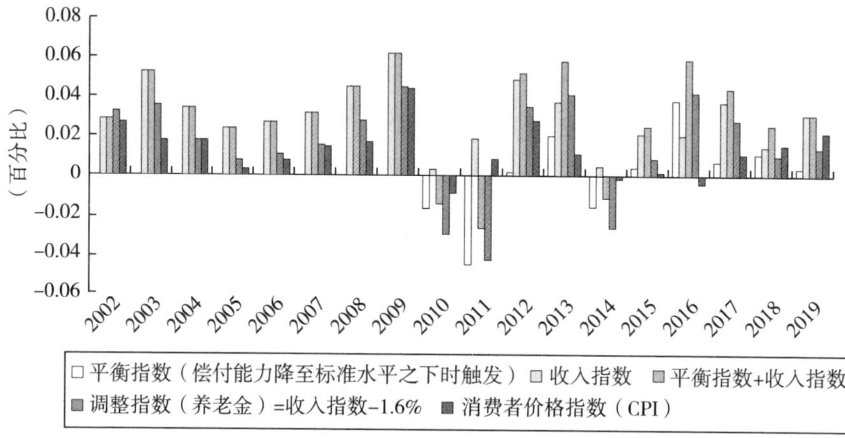

图 7　2002—2017 年瑞典 NDC 指数化

资料来源：图中数据由瑞典养老金机构分析部门于 2019 年提供。同时发表于 Palmer and Könberg（2020）。

2002—2017 年，人均实际收入平均增长率为 2.1%，导致个人账户指数值呈现类似趋势。在计算初始终身养老年金时，系统已自动考虑 1.6% 的增长系数。因此，由于实际年收入增长率为 2.1%，养老金额外的平均指数化值为 2.1% −1.6% =0.5%。此外，账户余额和养老金也根据每年 1.2% 的通胀率（CPI）进行调整。

2. NDC 储备基金和偿付能力的发展趋势

图 8 显示了瑞典 NDC 储备基金的历史发展和未来模拟发展趋势。总体而言，瑞典养老金系统的财政状况良好。图 8 显示，系统偿付比率大于零。储备基金目前正在为瑞典婴儿潮时期出生的人口提供养老资金（该等人口从 2010 年左右开始领取养老金）。当婴儿潮一代的子女退出劳动力市场，以及他们的孙辈退休并加入养老金领取人的行列时，储备基金仍将为这些人的养老金支付提供支持。此外，对未来偿付比率发展趋势的模拟表明，一直到 2090 年为止，瑞典都不会出现重大的人口威胁。相反，乐观模拟情景下的储备基金增量巨大，因此，最大的风险在于储备的增长过于强劲，必须设计一种分配方法，用以应对未来几十年内可能形成的流动性过剩问题。

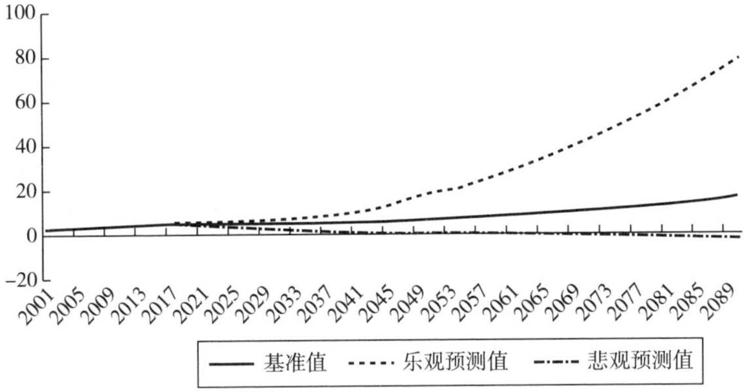

图 8 2002—2090 年瑞典 NDC 储备基金发展趋势（预测）

注：y 轴表示在相应年度，当前储备基金可用于支持养老金偿付额的储备基金规模；x 轴表示时间 t。

资料来源：数据由瑞典养老金机构分析部门于 2019 年提供。

六、总结和结语

本文的目的，是从整体上概述瑞典养老金体系结构、底层逻辑和实际运作。同时，重点着眼于 NDC 的运作情况，阐述 NDC 的结构，并特别分析了 NDC 如何运用指数化，将个人退休账户福利与个人出生队列预期余命直接挂钩，造就长期的财务可持续性。NDC 的这种特殊构建方式，需要由庞大的储备基金和有效的平衡机制提供支持。本文以瑞典 NDC 养老金计划为例，旨在帮助读者了解 NDC 制度的设计，及其在国家养老金体系中的实际运作方式。

DC 个人账户结构通过鼓励年轻的劳动年龄人口参与养老金体系，并在劳动者临近退休时“传达”延迟退休的好处，从而有助于提高微观和宏观经济层面的效率。本文还讨论了一个重要的设计问题，即如果最终目的是为那些达到平均退休年龄的一般参与者创造足够的福利，那么应当如何确定缴费率水平。同时，本文着重探讨作为养老金系统基础保障的“零支柱”发挥的作用，以及如何构建养老金体系，实现从最低保障向 NDC 的转型。

就 DB 向 DC 的转型而言，如今采用 NDC 的欧洲国家（如意大利、拉脱维亚、波兰和挪威），通过将既已取得的养老金权益转换为个人账户价值，来完成 NDC 的引入。本文同时强调了经验计算的重要性，该计算方法可用于估算将被 NDC 名义账户替代的旧有养老金系统的资金。本文论证了，在建立全国普惠式养老金系统的初步阶段，NDC 即便不是最有力的工具，也可以说是一个强有力的工具。在建立 NDC 之后，才应建立上层的 FDC 制度（该制度在起始阶段存在明显缺陷，通常需要历时半个世纪才能臻于成熟），作为 NDC 的补充。

在关于 NDC 账户和福利待遇指数化的讨论中，笔者通过关键章节，说明了对于劳动年龄人口长期下降的国家而言，一般性的 NDC 指数化对其养老金体系构建的重要性，该指数有助于这些国家系统性地分配劳动力下降造成的经济后果。在其他条件相同的情况下，NDC 通过系统性地降低负人口红利伴随的实际工资一般正增长率，来应对这一人口现象（本质上是一种“负人口红利”）。本文以拉脱维亚为例说明了这一观点。拉脱维亚在 1996 年引进了瑞典的 NDC 改革，预计将继续通过一般性的 NDC 指数化，使劳动者（缴费人）和养老金领取人共同分担劳动力下降的后果，同时通过生产率和平均工资的增长将 NDC 指数化维持在正值水平。

本文认为，在面对不定时的短期小型冲击（例如经济衰退）时，NDC 指数化规则本身无法提供维持财务平衡所需的所有支持。为解决这一问题，必须通过储备基金或类似程序，来消除短期和中期（例如 20—25 年的出生周期）的波动。这是因为短期和周期性的波动，尤其是底层人口结构的波动，必定存在，国家需要相应措施加以应对。瑞典设立了制度化的储备基金，并将其持有的资产投资于国际金融市场。两种方法各具效果，但由于瑞典同时设立了基于偿付比率的自动平衡机制，因此瑞典采用的方法成效更加显著。在拉脱维亚采用的程序中，其储备基金则采取了专门的正式政府储备账户的形式。

本文专设章节，解释了瑞典为管理公共 FDC 计划采用的清算所模式，这种模式也被用于两个主要的职业养老金计划——“白领”和“蓝领”雇员养老金计划。清算所模式的特点在于，该模式利用规模经济降低私人市场的费用，同时对私人金融市场的专业投资能力进行了必要利用。养老金系统中的清算所负责维护参与者的最大利益，具体包括监督投资组合管理，要求金融市场参与人就收费标准达成协议，降低基金管理人在其管理资金增加的情况下收取的费用（清算所要求该收费标准在基金运作前 40 余年的时间内固定不变）。参与基金目前收取的平均费用（即所有参与基金收取的费用）约为 20 个基点，即管理资本的 0.20%，远低于 1.00%—1.50% 的金融市场费用。与此同时，超过 25 年的投资回报率一般在 5.0%—7.0%。

总而言之，本文力求全面阐述瑞典普惠式养老金体系架构背后的理念和设计。换言之，本文的基本目标是为其他考虑建立普惠式养老金制度结构的国家提供可资参考的出发点。

参考文献

Ageing Report 2018. Brussels: European Commission.

Góra, Marek and Edward Palmer. 2020. "NDC: The Generic Old – Age Pension Scheme." In *Progress and Challenges of Nonfinancial Defined Contribution Pension Schemes. Vol. 1: Addressing Marginalization, Polarization, and the Labor Market*, ed. Robert Holzmann, Edward Palmer, Robert Palacios, and Stefano Sacchi, pp. 167 –188. Washington, DC: World Bank.

Gronchi, Sandro, Sergio Nisticò, and Mirko Bevilacqua. 2020. "The Italian NDC Scheme: Evolution and Remaining Potholes." In *Progress and Challenges of Nonfinancial Defined Contribution Pension Schemes. Vol. 1: Addressing Marginalization, Polarization, and the Labor Market*, ed. Robert Holzmann, Edward Palmer, Robert Palacios, and Stefano Sacchi, pp. 73 –90. Washington, DC: World Bank.

Holzmann, Robert and Edward Palmer (2020). "NDC: The Achievements and Challenges of Adulthood." In *Progress and Challenges of Nonfinancial Defined Contribution Pension Schemes. Vol. 1: Addressing Marginalization, Polarization, and the Labor Market*, ed. Robert Holzmann, Edward Palmer, Robert Palacios, and Stefano Sacchi, pp. 167 – 188. Washington, DC: World Bank.

Holzmann, Robert. 2020. "The ABCs of NDC." In *Progress and Challenges of Nonfinancial Defined Contribution Pension Schemes. Vol. 1: Addressing Marginalization, Polarization, and the Labor Market*, ed. Robert Holzmann, Edward Palmer, Robert Palacios, and Stefano Sacchi, pp. 73 –90. Washington, DC: World Bank.

Holzmann, Robert, Edward Palmer, and David Robalino (2013). "The Economics of Reserve Funds in NDC Schemes: Role, Means, and Size to Manage Shocks." In *Nonfinancial Defined Contribution Pension Schemes in a Changing Pension World. Volume2: Gender, Politics and Financial Stability*, ed. Robert Holzmann, Edward Palmer, and David Robalino, pp. 343 – 358. Washington, DC: World Bank.

Klerby, Anna, Bo Larsson, and Edward Palmer. 2013. "To Share or Not to Share – That's the Question." In *Nonfinancial Defined Contribution Pension Schemes in a Changing Pension World. Volume2: Gender, Politics and Financial Stability*, ed. Robert Holzmann, Edward Palmer, and David Robalino, pp. 39 –74. Washington, DC: World Bank.

Klerby, Anna, Bo Larsson, and Edward Palmer. 2020. "Bridging Partner Life-Cycle Earnings and Pension Gaps by Sharing Nonfinancial Defined Contribution Accounts." In *Progress and Challenges of Nonfinancial Defined Contribution Pension Schemes. Volume2: Addressing Gender, Administration and Communication*, ed. Robert Holzmann, Edward Palmer, Robert Palacios, and Stefano Sacchi, pp. 143 – 162. Washington, DC: World Bank.

Palmer, Edward. 2006. "Conversion to NDCs – Issues and Models." In *Pension Reform – Issues and Prospects for Non-Financial Defined Contribution (NDC) Schemes*, ed. Robert Holzmann and Edward Palmer, pp. 169 – 202. Washington, DC: World Bank.

Palmer, Edward. 2013. "Generic NDC: Equilibrium, Valuation and Risk Sharing – With and Without NDC Bonds." In *Nonfinancial Defined Contribution Pension Schemes in a Changing Pension World. Volume2: Gender, Politics and Financial Stability*, ed. Robert Holzmann, Edward Palmer, and David Robalino, pp. 309 – 42. Washington, DC: World Bank.

Palmer, Edward, and Bo Könberg. 2020. "The Swedish NDC Scheme: Success on Track with Room for Reflection." In *Progress and Challenges of Nonfinancial Defined Contribution Pension Schemes. Vol. 1: Addressing Marginalization, Polarization, and the Labor Market*, ed. Robert Holzmann, Edward Palmer, Robert Palacios, and Stefano Sacchi, pp. 27 – 50. Washington, DC: World Bank.

Palmer, Edward, and Sandra Stabina. 2020. "Success under a Decreasing Labor Force." In *Progress and Challenges of Nonfinancial Defined Contribution Pension Schemes. Vol. 1: Addressing Marginalization, Polarization, and the Labor Market*, ed. Robert Holzmann, Edward Palmer, Robert Palacios, and Stefano Sacchi, pp. 51 – 72. Washington, DC: World Bank.

Palmer, Edward, and Yuwei Zhao de Gosson de Varennes. 2020. "Annuities in (N) DC Pension Schemes: Design, Heterogeneity, and Estimation Issues." In *Progress and Challenges of Nonfinancial Defined Contribution Pension Schemes. Vol. 1: Addressing Marginalization, Polarization, and the Labor Market*, ed. Robert Holzmann, Edward Palmer, Robert Palacios, and Stefano Sacchi, pp. 281 – 306. Washington, DC: World Bank.

Settergren, Ole. 2001. "The Automatic Balancing Mechanism of the Swedish Pension System." *Wirtschaftspolitische Blätter* 2001 (4): 339 – 349.

Settergren, Ole. 2013. "A Decade of Actuarial Accounting for the NDC Scheme in Sweden." In *Pension Reform – Issues and Prospects for Non-Financial Defined Contribution (NDC) Schemes*, ed. Robert Holzmann and Edward Palmer, pp. 361 – 394. Washington, DC: World Bank.

United Nations. *World Population Prospects: The2017 Revision.*

哈萨克斯坦养老金体系改革及最新变化

“养老金改革：国际经验与中国方案”课题组

一、1998 年哈萨克斯坦养老金改革情况①

（一）改革背景

在苏联解体后相当长的一段时间里，作为独联体国家中人口和国土规模仅次于俄罗斯的国家，哈萨克斯坦在社会保障方面继承了现收现付制养老金体系。这种代际合约实际上是用当前的税收为上代人的养老支出付费，其基本特点是以在职职工的部分工资缴费（由企业统一缴纳工资的 25%）作为退休职工的养老金，缴费和支出之间没有特别的财务关系。在中央集中管理的计划经济体制下，现收现付制养老金完全依赖国家进行统一管理，以应付低水平的社会养老需求。

但是，在哈萨克斯坦国家独立和向市场经济体制转型的情况下，旧的养老金体系再也无法正常运转。经济转轨导致大量工人选择退休或提前退休，劳动力大规模从国有部门向非国有部门转移，形成了缴费和养老金领取之间巨大的

* 本文为博鳌亚洲论坛研究院、中国金融学会、重庆金融学会和《比较》编辑室“养老金改革：国际经验与中国方案”联合课题组的研究成果，执笔人为吴素萍。

① 此部分内容摘编自《比较》编辑室的《哈萨克斯坦养老金改革》一文。

不平衡。1996年哈萨克斯坦养老金支取的不平衡已严重影响了政府财政体系的正常运转。到1996年底，哈萨克斯坦拖欠职工的债务已达400亿坚戈，国家养老基金拖欠养老金支付达190亿坚戈，其中仅政府对退休人员的负债就已经达到当年GDP的2%。而短短3个月后，国家养老基金拖欠额陡升为300亿坚戈。哈萨克斯坦养老金隐性债务已经累积到GDP的88%，过去的养老金支付体制已濒临破产，各地因拖欠养老金爆发多起大规模群众集体示威事件。在此背景下，哈萨克斯坦政府决定迅速进行彻底的养老金制度改革，并力图将建立新的个人积累制养老金体系与旧体制的养老金欠账问题一起解决。哈萨克斯坦以不同寻常的快节奏完成了从提出养老金制度改革建议到通过相关法律并使之生效的一系列步骤，用短短14个月的时间走完了通常需要几年才能走完的立法之路（表1）。

表1　哈萨克斯坦养老金制度改革时间表

时间	养老金改革步骤
1996年11月	提出养老金制度改革建议
1997年2—5月	养老金制度改革草案第一稿出台并提交公众讨论
1997年5月	养老金改革修改稿提交议会表决
1997年6月	议会以微弱多数一次性通过一系列相关养老金制度改革的法案
1998年1月1日	新养老金制度正式生效实施

（二）制度设计

1998年1月1日生效的哈萨克斯坦新的养老金制度引入了拉美模式的三支柱养老金体系。改革的目标是逐步取消现收现付制单一养老金体系，代之以由国家担保的基本养老金、强制性个人缴费确定型养老金和自愿性个人缴费养老金三大支柱构成的积累性养老金制度。简单地说，第一支柱基本养老金仍然是现收现付制，由企业缴纳15%的法定税收构成。国家基本养老金支柱保障了最低的养老金需求，覆盖哈萨克斯坦的所有老龄人口。第二支柱由职工缴纳在职月工资的10%形成，这一强制性缴费形成个人账户。第三支柱由职工自愿缴费形成。为了鼓励在职职工积极主动缴费，三支柱养老金体系还根据不同的养老金组成部分实施不同的税收优惠。对第二支柱的个人缴费可以享受延期付税的优惠，对第三支柱的个人自愿缴费，部分享受免税待遇。

新的养老金制度要求所有在职职工必须参加，并按就业和退休的年龄实行区别对待：1998 年 1 月 1 日以前退休的职工（即老人），仍由第一支柱国家基本养老金覆盖；1998 年 1 月 1 日以前参加工作并在新养老金制度实施后继续工作的职工（即中人），退休后其 1998 年 1 月 1 日以前的工作年限按国家基本养老金享受待遇，1998 年 1 月 1 日以后的工作年限按个人账户积累享受待遇；1998 年 1 月 1 日以后参加工作的职工（即新人），完全按照新制度享受待遇。

哈萨克斯坦养老金改革的重点在于个人账户的设置。哈萨克斯坦个人养老金账户与旧有养老金体制相比有许多优点。第一，新制度明确规定个人账户资金完全归个人所有。这就激励了在职职工积极参与新养老金制度，明确的所有权加上诸多税收优惠，激励在职职工积极缴费，不会产生现收现付制下“吃大锅饭”的依赖心理和“搭便车”行为。第二，无论账户持有人将个人账户资金用于何途，都不会出现“他款我用”的现象。因此人们对养老金个人账户的使用会根据个人效用最大化的原则，从而避免道德风险，提高了养老金的使用效率。第三，因为个人账户的设立分割了养老金的统筹部分与个人支取部分，所以账户持有人仅有权使用本人账户积累的资金，不会产生现收现付制下存在的因下一代缴费不足而引发整个养老金体系入不敷出的问题，从而在养老金体系内部设置了一道防火墙。第四，哈萨克斯坦个人养老金账户内积累的资金不受人口频繁流动的影响，具有较强的流动性。无论账户持有人将来在不同企业、不同行业或不同地区之间如何流动，都可以使用同一个养老金账户，这为市场经济中最重要的资源——人力资源的优化配置创造了条件。第五，个人养老金账户的建立还为扩大新养老金制度的覆盖面奠定了基础。改革之初，哈萨克斯坦新养老金体系的覆盖面仍不足。仍有一部分企业职工和城市居民尚未纳入新养老金体系，而广大农村地区人口也急需通过新养老金制度实施保障。个人养老金账户的建立为后续改革的推进提供了可能。

（三）运营设计

哈萨克斯坦新养老金制度运营体系可以用 16 个字简单概括：集中监管、分散经营、专业管理、市场运作。

哈萨克斯坦共成立了 15 家积累制养老基金（Accumulation Pension Fund，APF）和 7 家养老基金资产管理公司（Asset Management Companies，AMC），

统一由中央集中监管。养老金监管一般采取中央集中监管与地方分散监管两种方法。哈萨克斯坦吸取了原有现收现付制运转中的经验教训，采取了中央集中监管的方式。经过一段时间的运转，中央集中监管的好处开始逐渐显现：一是能够增强养老金制度改革之初人们对新养老金制度的信任。二是可以避免分散监管中因为地区利益或部门利益产生的对新养老金制度的隐性蚕食，规避防范制度外风险。三是可以实现持续一贯的专业监管，一方面有利于消除分散监管导致的地区间的不平衡，另一方面还能打破分散监管形成的地方保护，各养老基金按照统一监管标准运营可以确保公平竞争，维护养老金体系整体的安全性。四是发挥规模经济效应，降低监管成本和交易成本，从而提高养老金体系整体的收益。

15 家养老基金负责管理参与人的个人账户，7 家资产管理公司则负责把积累的基金投资于各种证券，实现养老基金的保值增值。在 15 家养老基金中，有一家为国有养老基金（State Accumulation Pension Fund，以下简称 SAPF），其余 14 家为私人养老基金（Private APFs，以下简称 PAPF）。职工可以在 15 家养老基金中任意选择一家加入，如果职工未决定加入哪一家养老基金，则被自动划入国有养老基金。国有养老基金由哈萨克斯坦中央银行直接托管，直接投资，不需要经过资产管理公司投资运营。设计国有养老基金的初衷是，担心职工在养老金改革初期不信任私人养老基金或一时还没有决定加入哪家私人养老基金时提供一个备选的基金。职工在加入任何一家养老基金后，还可以在国有养老基金与私人养老基金之间，或者在 14 家私人养老基金之间自由转换。

对新成立的养老基金、资产管理公司和托管行，在改革初期，哈萨克斯坦没有像多数养老金改革国家那样设置单一的监管机构，而是针对不同的监管对象分别予以监督管理。其中主要的监管机构有三家，分别是：哈萨克斯坦国家银行（The National Bank of Kazakhstan，NBK，即哈萨克斯坦中央银行）负责管理托管行和资产管理公司的运营；劳动保障部下设的国家养老金局（NPA）负责规范监管养老基金的运营；哈萨克斯坦证监会（NSC）负责为资产管理公司发放经营执照，规范监督资产管理公司的运营。三大监管机构运作的具体信息参见表 2。此外，还有国家养老金支付中心（SCPP，State Center For Pension Payments）负责从职工工资中扣缴缴费。

表 2　哈萨克斯坦养老金体系运营监管机构一览表

监管机构	监管对象	机构地位	领导任命	资金来源
NBK	11 家托管行	向总统负责	由总统任命	自筹资金
NSC	7 家养老金资产管理公司	向总统负责	由总统任命	央行和政府预算
NPA	15 家养老基金	隶属劳动保障部	由劳动保障部部长任命	国家预算

为了确保新养老金制度运行的安全性，并提高新养老基金运行的效率，哈萨克斯坦监管机构制定了许多具体的措施，实施了切实有效的监管。

建立严格分离的资产托管监控制度。养老基金内积累的资产由托管行托管，各养老基金不能直接处置资产。资产管理公司根据相关法规运营管理养老金资产，并有义务每天向证监会（2001 年后为央行相关部门）汇报资产运营状况。托管行一旦发现资产管理公司的投资决策违背相关法律规定，可以冻结资产管理公司的投资决策。这一相互独立、相互监督的资产运营、托管制度的建立，能有效保证养老金运转的安全性，最大程度地保护养老金参与人的合法利益。

建立结构性的资产投向限制。由于当时哈萨克斯坦金融改革才初见成效，资本市场发展仍处于起步阶段，尚缺乏成熟的多层次投资工具，而养老金的审慎投资不仅维系着养老金体系的安全，对于保持金融体系的整体安全也至关重要。所以为了保证新养老金制度在运营之初的绝对安全以及整个金融体系的平稳运行，哈萨克斯坦监管机构对资产管理公司的投资做出了一些投向结构的专门限制，并根据国内金融部门的发展、资本市场的成熟和创新金融工具的丰富度适时对投向结构做出调整。最初证监会的法规要求资产管理公司运营的养老基金投资于政府债券的比重不少于 50%，投资于银行存款、国际机构证券和公司证券的比例相应为 40%、10% 和 30%。但是，随着养老金和国内资本市场的发展，新规则已经考虑到投资的多元化。鉴于多元化投资可以减少风险头寸，增加投资组合的安全性，资产管理公司后来更多地投资于国内股票市场和固定利率工具，包括住宅抵押贷款债券等新兴金融工具。但总体而言，法规仍然倾向于市场风险较小的证券。哈萨克斯坦监管机构对国有养老基金和私人养老基金制定了不同投资指引，详见表 3。

表3　养老金投资结构限制

投资工具	对 PAPF 的限制	对 SAPF 的限制
政府债券（包括欧洲债券）	不低于 40%	不低于 50%
市政债券	不高于 5%	不高于 5%
国际金融机构证券	不高于 10%	不高于 10%
银行存款	不高于 10%	不高于 20%
外国非政府证券（评级高于 AA/Aa）	不高于 10%	不允许
国内公司证券	不高于 40%	不允许

改革后的养老金制度架构和运营情况可以直观地用下面两图表示。

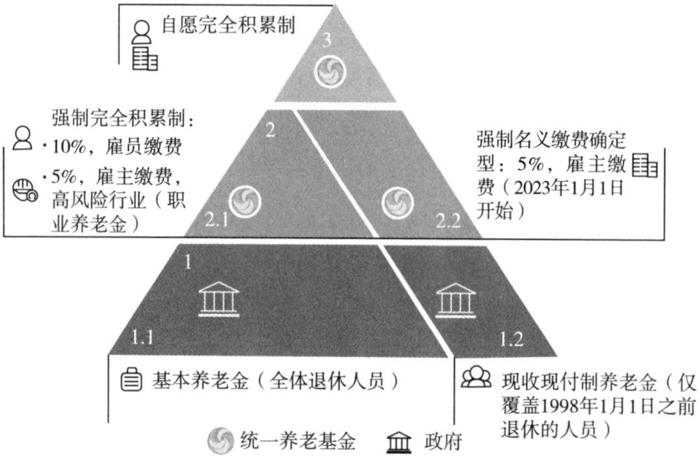

图1　哈萨克斯坦养老金制度架构

注：本图及以下未注明来源的图表均来自马尔琴科（2009）。

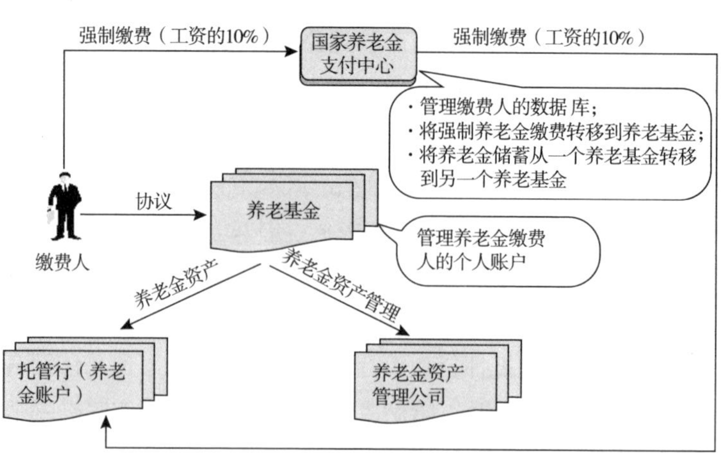

图2　哈萨克斯坦养老金制度运行情况

（四）养老金制度改革转制成本的处理

个人养老金账户建立之后，一个现实的问题是，对在现收现付制下无个人账户积累的退休人员和其他积累不足的贫困人员，如何安排养老保障？由于在新养老金制度下，覆盖此类人员的第一支柱养老金的缴费额远远小于旧体制下的缴费额，更何况旧体制已经是一个严重收支不平衡的体制，所以在用第一支柱的缴费和财政综合预算维持转制期间养老金体系运转的同时，必须开辟新途径以解决庞大的转制成本问题。哈萨克斯坦主要通过三种方法解决转制成本问题：

第一是节流，提高职工退休年龄和降低从第一支柱领取的养老金数额。哈萨克斯坦沿用了苏联的退休制度，职工的退休年龄几乎从不做调整，但人口预期寿命却不断提高。从动态福利角度看适当提高退休年龄，职工的福利水平不会受到影响。因此，1998 年，哈萨克斯坦把退休年龄统一提高到女性 58 周岁，男性 63 周岁。适当减少退休职工从第一支柱领取的养老金数额虽然会影响特殊人群的福利待遇，但却会刺激更广泛的职工参加第二支柱和第三支柱的养老保障，所以在维持第一支柱有效运行的同时还能产生积极的外部效应。不过，提高职工的退休年龄和降低从第一支柱领取的养老金数额都有一定限度。

第二是开源，以某些资产的运营收入来补充庞大的转制成本缺口。哈萨克斯坦不断开发石油等自然资源，通过变卖自然资源实现的收益来补贴转制成本。除此之外，政府通过转让国有企业股权的方式筹集到了相当的资金投入新的养老金体系。这部分资金覆盖的人群就是在现收现付制下没有获得充足养老保障的职工。因为在养老金改革以前一直沿用低工资制度，当时职工的付出并没有得到完全的回报，而是以各种形式滚存于现有的国有资产和社会财富中。所以这些职工完全有权利重新获取这些资产出让所得的回报。

第三是跨期调整，哈萨克斯坦为新养老金体系的运行发行了一定数量的政府债券。通过发行政府债券，对政府来说能在短期内解决转制成本问题，对参加新养老金体系的职工来说获得了可靠的退休保障，对在新制度下运行的养老基金来说增加了可供选择的较为安全的投资工具，从而提高了养老基金的收益水平。

（五）哈萨克斯坦养老金制度改革的配套措施

为了保证养老金改革能顺利实施，实现新体系的设计目标，哈萨克斯坦在设计养老金制度改革方案时就通盘考虑，所以与新养老金制度同期出台的还有许多配套措施。

1. 为了在新养老金制度引入后，有与新养老金规模发展相适应的金融工具，哈萨克斯坦不仅通过私有化改革鼓励企业在资本市场以股票、债券等多种类证券融资，还通过银行开发的各种新业务实现金融工具的创新。其中住宅抵押贷款的资产证券化是较为典型的例子。

2. 2000 年 6 月《保险法》提交议会审议，相关部门积极推进由保险公司参与管理和发放养老金。

3. 提高养老金运行的科技水平，以降低运行成本和规避内部风险。哈萨克斯坦为此引入了一套集中的养老金信息系统，建立了统一的数据库；改善了银行服务体系和养老金支付体系，即通过电子形式向中央数据库传输每个账户持有人包括缴费在内的相关信息，然后再把此类信息向国家养老金支付中心传送。而对养老基金和个人账户持有人都不收取汇兑费用。

4. 加强公共宣传教育。哈萨克斯坦在新养老金体制实施前花费上百万美元，进行了声势浩大的公共宣传活动，向公众传递强烈的信息：旧体制难以维系，新制度优点颇多，以增强公众对改革的认同感和对新体制的信心。

5. 对所有公民都采用个人社会账号（Social Individual Codes），保证新养老金体系的覆盖面，保证账户信息的连贯真实，避免养老金缴费领取存在欺诈行为。而且当职工调动工作、变更居住地时简便了相关手续，促进便利的可携带性。

这些事先设计的配套措施及时化解了许多阻碍新制度实行的矛盾，使得新养老金制度的运转较为顺利。

二、1998 年改革的成果和面临的挑战

（一）改革成果

哈萨克斯坦 1998 年养老金制度改革只用短短 14 个月就实现了从旧的现收现付制转向新的三支柱体系，切实体现了每位劳动年龄阶段的国民都有义务参保，每个有劳动能力的国民都要为自己的养老金负责，确保养老金资产的高效投资和安全，以及以养老金储蓄投资促进经济发展的原则。从总体上看成效显著。

1. 新制度有效扩大了覆盖面，缓解了养老金收支不平衡问题。截至 2019 年 11 月 1 日，参加强制缴费的个人养老金人数达到 9846699 人，参加自愿缴费的个人养老金人数达到 38644 人，参加强制缴费的职业养老金人数达到 486746 人。养老金累计余额为 105593 亿坚戈（约合 2111.86 亿元人民币），养老金缴费总额达到 73283 亿坚戈（约合 1465.66 亿元人民币），净投资收入为 42431 亿坚戈（约合 848.6 亿元人民币）。

表 4　积累制养老金参保人数（截至 2019 年 11 月 1 日）

参保人数	2019 年 1 月 1 日	2019 年 11 月 1 日	相比初始水平的变化（%）
强制养老金	9578487	9846699	2.8
自愿养老金	36471	38644	6.0
职业养老金	462412	486746	5.3

表 5　积累制养老金的累计余额（截至 2019 年 11 月 1 日）　（单位：10 亿坚戈）

指标	2019 年 1 月 1 日	2019 年 11 月 1 日	相比初始水平的变化（%）
养老金积累	9377.6	10559.3	12.6
强制养老金	9178.3	10319.4	12.4
自愿养老金	1.9	1.9	0.0
职业养老金	197.4	238.0	20.6
养老金缴费	6528.6	7328.3	12.2
净投资收入	3692.0	4243.1	14.9

资料来源：哈萨克斯坦国家银行网站的统计文件 “Current State of the Accumulative Pension System of the Republic of Kazakhstan: As of November 1, 2019”。

2. 养老金缴费成为稳定的储蓄，推动了投资。截至 2019 年 1 月 1 日，养老金积累额占 GDP 的 15.7%，为推动储蓄转化成投资发挥了积极作用。从 1998 年养老金制度改革以后，哈萨克斯坦投资迅速增长，2003 年固定资产投资总额高达 12593 亿坚戈。相当于改革前 1997 年 1398 亿坚戈的 9 倍（见表 6）。在亚洲金融危机以及俄罗斯金融危机的双重冲击下，作为三驾马车之一的投资有力地拉动了哈萨克斯坦的经济增长。

表 6　1997—2003 年哈萨克斯坦固定资产投资总额　　（单位：亿坚戈）

年份	1997	1998	1999	2000	2001	2002	2003
固定资产投资	1398	2639	3689	5957	9434	10100	12593
固定资产年增速（%）	—	88.8	39.8	61.5	58.3	7.1	24.7

资料来源：李毅和杨进，《哈萨克斯坦养老金制度改革与资本市场的发展》，《俄罗斯中亚东欧市场》，2006 年第 6 期。

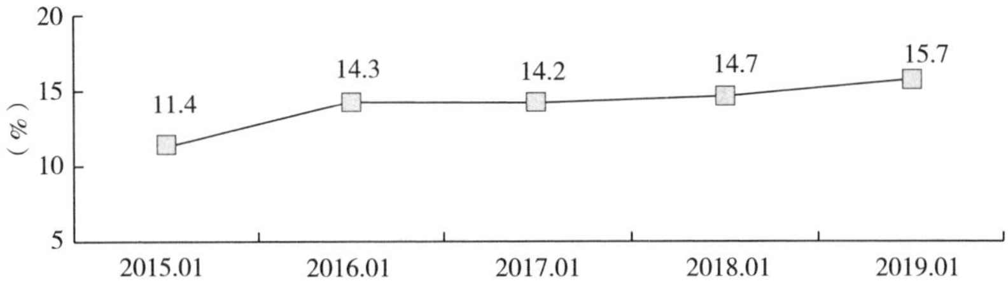

图 3　养老金积累额与 GDP 之比

资料来源：哈萨克斯坦国家银行网站的统计文件 "Current State of the Accumulative Pension System of the Republic of Kazakhstan：As of November 1，2019"。

3. 新制度刺激了对资本市场的投资，特别是极大地促进了该国公司债券市场的飞速发展（见表 7 和图 4）。从最新数据看，养老金资产投资在哈萨克斯坦的资本市场中依然发挥着举足轻重的作用。截至 2018 年底，养老金资产的投资组合配置中，除了 38.3% 投资于国债外，投资于股票和公司债的份额达到了 30.1%，约占 GDP 的 4.7%。更重要的是新制度催生了养老基金、资产管理公司，这些新的机构投资者在哈萨克斯坦资本市场上的迅速成长，有助于资本市场的稳定和有效运行，也可促进公司治理结构的改善。

表 7　哈萨克斯坦公司债券交易额及变化　　（单位：亿美元）

年份	交易额	同比增加额	同比增长率（%）
1997	0.023	—	—
1998	0.262	0.239	1032.0
1999	0.312	0.05	19.1
2000	1.197	0.885	283.6

（续表）

年份	交易额	同比增加额	同比增长率（%）
2001	3.157	1.96	163.7
2002	6.036	2.878	91.2
2003	10.252	4.216	69.8
2004	18.30	8.048	78.5

资料来源：李毅和杨进，《哈萨克斯坦养老金制度改革与资本市场的发展》，《俄罗斯中亚东欧市场》，2006 年第 6 期。

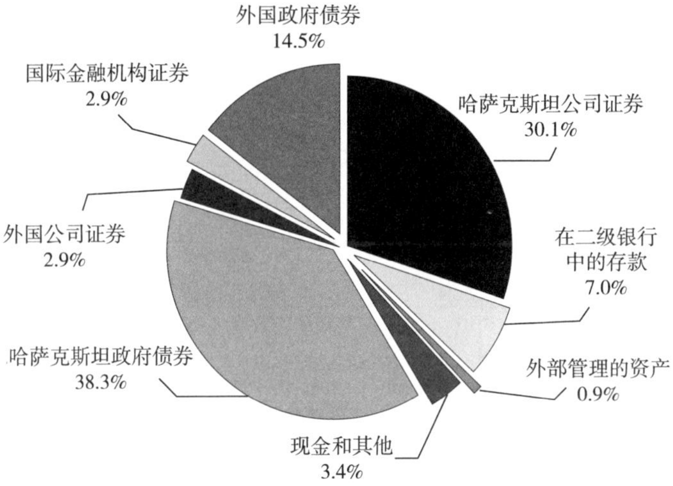

图 4　养老基金的投资组合

资料来源：哈萨克斯坦国家银行网站的统计文件“Current State of the Accumulative Pension System of the Republic of Kazakhstan：As of November 1, 2019”。

（二）新制度面临的问题

哈萨克斯坦养老金制度改革虽然取得了成功，但在后续运营中依然面临着不少挑战：

1. 人口预期寿命不断延长，老龄化加剧，加大养老金体系负担。1998 年新制度建立时，哈萨克斯坦的人口增速仍在提高，但自 2010 年开始，人口增速开始下行，据联合国预测，哈萨克斯坦的人口增长率将从目前的约 1.1% 下降到2050年的0.05%上下。与此同时，哈萨克斯坦男性出生时的预期寿命将从目前的约69岁提高到2050年的约74岁，女性出生时的预期寿命将从目前的77岁提高到2050年的81岁，65岁以上的老龄人口占比也将从2020年的7.9%提高到2050年的14.1%，由此导致潜在抚养率（25—64岁劳动年龄人口/65岁以上老年人口）的下降，据联合国预测，哈萨克斯坦的潜在抚养率从2019年到2050年将下降一半。这将给整个养老金体制带来较大的财务负担。

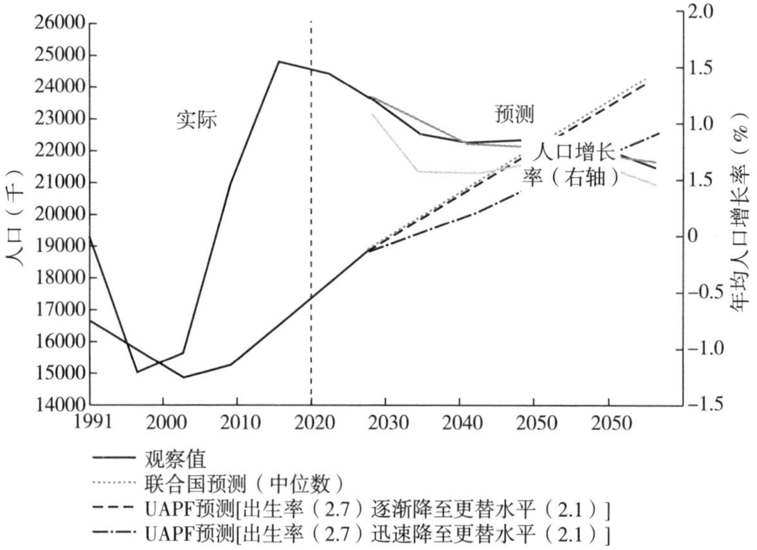

图5　哈萨克斯坦的实际人口和预测人口

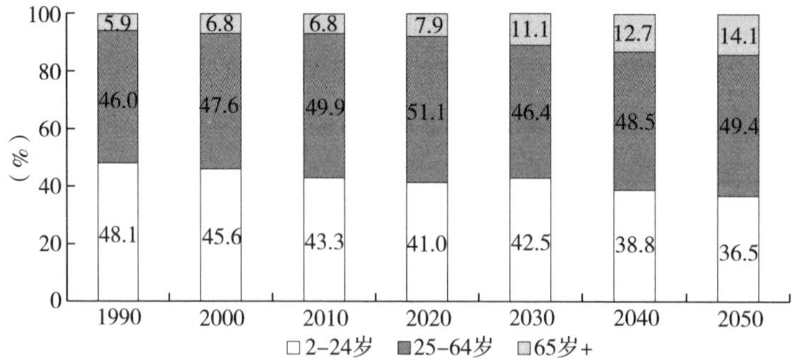

图6　联合国对哈萨克斯坦人口老龄化趋势的预测

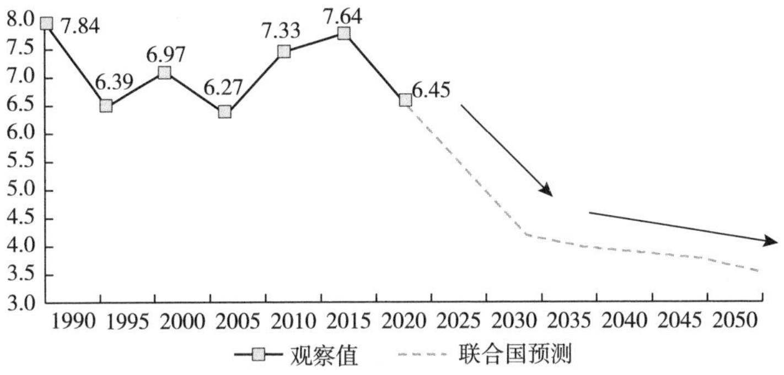

图 7　联合国对哈萨克斯坦潜在抚养率的预测

2. 哈萨克斯坦经济在快速增长的同时，波动性大，通胀率高于增长率，给养老金保值增值带来了相当大的挑战。

表 8　哈萨克斯坦 1988—2018 年的经济增长率

1998	-1.90%	2004	9.60%	2009	1.20%	2014	4.20%
1999	2.70%	2005	9.70%	2010	7.30%	2015	1.20%
2000	9.80%	2006	10.70%	2011	7.40%	2016	1.10%
2001	13.50%	2007	8.90%	2012	4.80%	2017	4.10%
2002	9.80%	2008	3.30%	2013	6.00%	2018	4.10%
2003	9.30%						

资料来源：https：//www.kylc.com/stats/global/yearly_per_country/g_gdp_growth/kgz-uzb-tjk-kaz-tkm.html。

表 9　哈萨克斯坦 1988—2018 年的通胀率

1998	7.15%	2004	6.88%	2009	7.31%	2014	7.40%
1999	8.30%	2005	7.58%	2010	7.12%	2015	13.60%
2000	13.18%	2006	8.59%	2011	8.35%	2016	8.50%
2001	8.55%	2007	10.77%	2012	5.11%	2017	7.10%
2002	5.84%	2008	17.15%	2013	5.84%	2018	5.30%
2003	6.44%						

资料来源：1998—2013 年数据来自 http：//www.100ppi.com/mac/world_gj---4413.html；2014—2018 年数据来自马尔琴科（2019）。

不过，从近20年养老基金的投资表现看，累计回报率持续高于通胀水平。

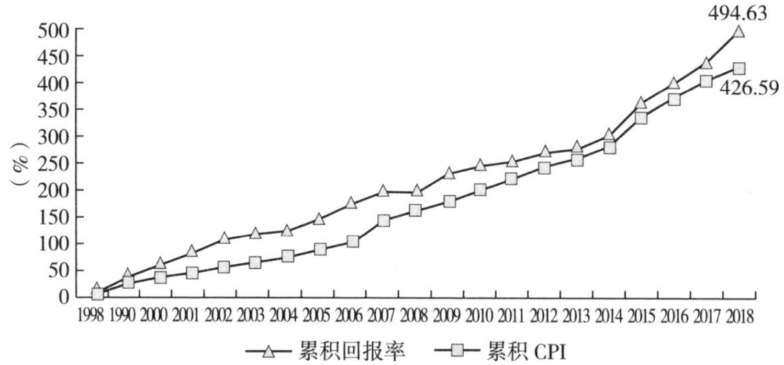

图8　1998—2018年哈萨克斯坦养老基金投资回报率

除了宏观经济风险外，各养老基金的内部经营管理也存在一些问题。首先，部分基金将大量资金投入高风险行业，造成较高的损失，例如，2013年1月养老基金对有价证券投资的亏损达到169亿坚戈（约合3.38亿元人民币）。① 其次，2019年各养老基金对其管理的资金收取0.5%的手续费，随着养老金总额不断增长，收取手续费即可满足利润要求，容易弱化各养老基金对资金进行有效管理的激励。不仅如此，基金也存在行政管理费用过高等问题。这些问题也导致国民对养老基金缺乏信心，担心养老金储蓄安全缺乏有效的国家立法担保，而在未来难以获得维持体面生活所需的养老金待遇。② 因此，在2013年前后，哈萨克斯坦国内出现了设立统一的国家养老金基金的呼声。

3. 不同人群的养老金待遇和风险差异较大。哈萨克斯坦欧亚国立大学安娜法耶娃和库尔曼诺夫（Zhibek Anafiyaeva and Nurlan Kurmanov）③ 根据哈萨克斯坦的养老金法律条例，按照收入来源和风险将哈萨克斯坦公民划分为5组。第一组由1998年以前退休的人员组成，国家养老金为其全部收入，从某种意义上说他们是无风险的。第二组是2019年之前退休的人员，他们将获得

① 参见 http：//kz. mofcom. gov. cn/article/ztdy/201306/20130600160651. shtml。

② 参见 Yermek A. Buribayev et al.，“Pension reform in the republic of Kazakhstan：Main directions，conditions for implementation and development prospects”，*International Journal of Environmental & Science Education* 2016，VOL. 11，NO. 18，11611－11619.

③ 祁别克·安娜法耶娃、努尔兰·库尔曼诺夫，《哈萨克斯坦养老金制度改革回顾与展望》，《新疆大学学报：哲学·人文社会科学版》，2008年第6期，第88—96页。

100%的国家养老金待遇，以及个人养老金账户中的待遇，个人账户中的部分收入具有一定的风险。第三组是2020年进入退休年龄的人员，由于保证他们获得100%国家养老金待遇的工作年限并不足够，国家养老金占其养老金待遇的份额将逐年缩小，但他们的这部分待遇减少可以用个人账户积累中的待遇增加来弥补，所以虽然风险逐年增加，但却趋于温和。第四组包括1998年之前没有工作记录且无权享受国家养老金的雇员。他们的养老金待遇不包括基本养老金收益，而是全部由个人养老金账户支付，这些人将暴露在高风险之下。第五组是1998年之前没有工作年限且没有参加积累制养老金的人员，退休后只能依靠基本养老金和由财政预算支付的老年津贴。两位作者在下表中总结了上述人群的不同收入和风险情况。

表10　不同群体的养老金收入和风险

退休年份	出生日期	1998年之前的工作记录	国家养老金收益（财政预算资助）	存储系统年限	风险
1.1998年之前	1936年之前出生的男性 1941年之前出生的女性	非常充分 男性>25年 女性>20年	总和+75%的15倍MCI额外比例	0	—
2.2019年之前	男性—1956 女性—1956	充分 男性—25年 女性—20年	总和，没有额外比例-60%的MCI（25MCI从2018年开始）	20	低，增加
3.2020年	男性1956年之后 女性1956年之后	不充分	非总和；男性每年递减2.4%，女性每年递减3%	23	适度，增加
4a.2038年之后	女性—1980	没有工作记录	不支付	40—43	高
4b.2043年之后	男性—1980	没有工作记录	不支付	45—48	高
5.	男女不论年龄	没有工作记录	不支付	不参加	国家承担

资料来源：祁别克·安娜法耶娃、努尔兰·库尔曼诺夫，《哈萨克斯坦养老金制度改革回顾与展望》，《新疆大学学报：哲学·人文社会科学版》，2008年第6期，第88—96页。

这种养老金待遇和风险差异体现了多劳多得，多缴多得的原则。但是，对养老基金来说，随着逐步转向完全积累制，为了保证国民退休后的养老金待遇，降低待遇受损风险，就需要不断提高收益率，这显然是一个艰巨挑战，对国家财政来说，也构成较高的隐性负债。

4. 养老金替代水平较低。2018 年，按强制养老基金计算的替代率为 21.1%。据安娜法耶娃和库尔曼诺夫测算，随着养老金体系逐步退出现收现付制，转向完全积累制，养老金总替代率将逐步降低为男性不超过 14%，女性不超过 20%，这与哈萨克斯坦政府设定的 60% 替代率的目标相去甚远。这两位作者还研究了在现行缴费水平下，工资增长率和养老基金投资回报率对替代率的不同影响。他们的研究结果表明，在养老金缴费阶段，工资增长率超过养老基金的投资回报率，则替代率水平不会有根本改观，相对于工资增长率，养老金积累总额对投资收入的变化更加敏感。当投资收入增长 1% 时，养老金积累总额比工资增长 1% 时提高得更快（见表 11）。换言之，如果工资适度增长，投资收入越高越有可能得到较高的替代率。

表 11　养老金的 40 年累积总额　（单位：坚戈）

	投资收入（%）	1%	2%	3%	4%	5%
工资	1	11675	28543	50842	80563	120486
	2	11365	32734	37852	91060	135328
	3	15869	37818	66321	103680	153080
	4	18691	44023	76610	118939	174437
	5	22169	51636	89178	137493	200279

资料来源：祁别克·安娜法耶娃、努尔兰·库尔曼诺夫，《哈萨克斯坦养老金制度改革回顾与展望》，《新疆大学学报：哲学·人文社会科学版》，2008 年第 6 期，第 88—96 页。

5. 自愿养老金投保率偏低。在哈萨克斯坦的养老金体系中，自愿养老金是哈萨克斯坦养老金制度的第三支柱，也是哈萨克斯坦政府养老金改革的另一新亮点，其设立的初衷旨在强调哈萨克斯坦个人养老保险的责任意识。但国民对自愿养老金并不积极，近年来尽管政府不遗余力地推广，但收效甚微。截至 2019 年 11 月 1 日，累计参保人数为 38644 人，累计缴费额为 19 亿坚戈（约合 3800 万元人民币），在整个养老金盘子中可谓微不足道（见表 4 和表 5）。

此外，第二支柱的强制养老金的缴费率偏低，自雇者参保率低等问题也较为突出。

三、近期改革

面对人口、宏观经济等外部环境的变化，以及制度运营本身面临的挑战，哈萨克斯坦政府肯定了个人账户养老金体系在应对人口老龄化方面的重要作用。同时，陆续推出了一些新的改革措施，试图在不改变制度运行基本原则的情况下，确保养老金储蓄的安全，保护国民的利益。主要改革方向为合并养老基金，降低管理成本；提高退休年龄，减轻支出负担；强制雇主为个人账户缴费；在基本养老金缴费上引入激励机制以及推动发展第三支柱商业养老保险等。

1. 成立统一养老基金（Unified Accumulative Pension Fund，以下简称 UAPF）。如前所述，新制度成立之初，哈萨克斯坦共有一家国有养老基金 SAPF、14 家私人养老基金和 7 家养老金资产管理公司，到 2013 年 7 月 31 日 UAPF 成立时，共有 10 家私人养老基金和 8 家养老金资产管理公司。UAPF 成立后，开始合并所有的养老基金和养老金资产管理公司，到 2014 年 3 月完成合并，属于哈萨克斯坦央行的国家养老基金股权转至哈萨克斯坦财政部国家财产和私有化委员会，原来的国有养老基金 SAPF 也归入 UAPF。UAPF 是一家营利的股份公司，唯一的股东是哈萨克斯坦政府，由它单独负责强制养老金缴费和自愿养老金缴费的归集、个人养老金账户的记账、养老金待遇的发放；养老金资产的投资管理交由哈萨克斯坦央行负责，UAPF 负责资产投资组合的核算和报告（详见图 8 和图 9）。自 UAPF 成立以来，行政管理费用持续下降，而且下降幅度较为明显（见图 10），近年来，略低于智利、阿根廷、墨西哥、匈牙利、波兰、玻利维亚等国家。为了提高养老金储蓄的投资收益率，哈萨克斯坦央行也在积极谋求海外投资，包括投资于新兴市场主权债务，并在 2018 年 7 月向全球招聘海外投资经理。①

2. 2014 年为从事危险工作的雇员成立强制职业养老金，由雇主缴纳员工工资的 5%。此后政府将定期审核并确定将哪些行业、就业岗位和工会工人纳入职业养老金。

---

① 参见 https：//nationalbank. kz/？docid = 3424&switch = english。

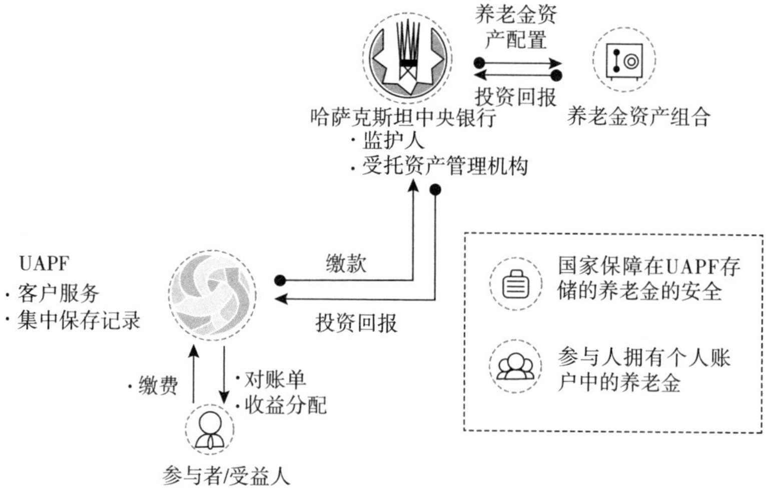

图9 UAPF成立后养老金制度的运行结构

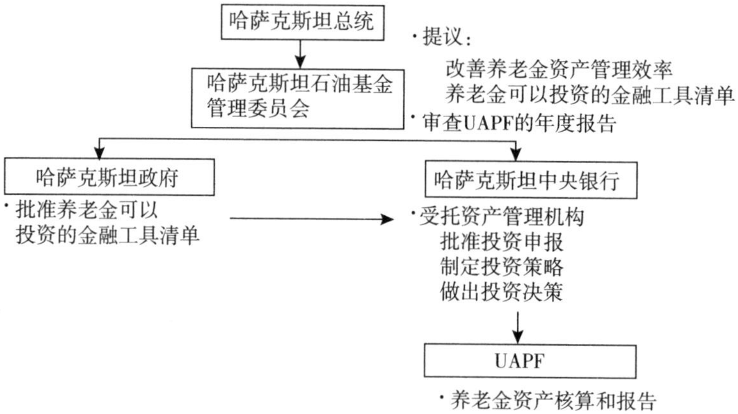

图10 养老金资产配置的决策

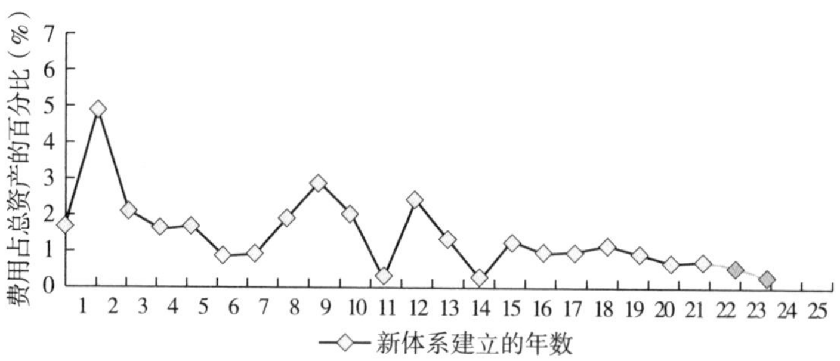

图11 1998—2020年全部费用占养老金总资产的比例

3. 2016 年，国防和安全部门的公务员退出完全积累制养老金，改由国家预算承当，并实现此类公务员的全覆盖。

4. 2018 年 1 月 1 日开始在未来 10 年逐步提高女性退休年龄至 63 岁，这可以延长女性的缴费年限，增加养老金储蓄，从而增加积累制养老金的规模。用 10 年的时间延长退休年龄，是基于以下考虑：一是让民众更容易接受；二是可以让民众做好心理准备，并适应新的工作年限；三是便于采取各种政策措施为女性创造更多的就业机会。

5. 2018 年 7 月 1 日起，按缴费年限领取基本养老金，缴费 10 年以内的，按最低生活工资（COLA）的 54% 支付；缴费 10 年以上的，每增加一年，递增 2%；缴费 33 年以上的，可获得的基本养老金为最低生活工资的 100%。对现收现付制部分的养老金发放，新规定要求，1998 年 1 月 1 日前退休的人员，必须有 6 个月的缴费记录，方可获得现收现付养老金，要获得全部养老金待遇需要缴费 20—25 年；全部养老金待遇相当于自 1995 年 1 月 1 日起连续三年的平均月收入的 60%。计算现收现付制收入的上限是 46MCI（Monthly calculation indicator）。

6. 自 2023 年开始，为个人账户引入强制性雇主缴费，费率为 5%。

总之，如哈萨克斯坦新养老金体系的主要推动者、央行前行长马尔琴科所说，世界上没有完美的养老金体制，哈萨克斯坦也不例外。要确保养老体系的可持续，兼顾公平和效率，就必须结合国际经验，根据本国实际国情的变化，不断进行调整和改革。这是一个艰难权衡的过程，因为它涉及众多人的利益，事关全局稳定。

参考文献

徐菁、张安、高世楫，《哈萨克斯坦的改革之路——养老金改革的成功例子》，《比较》第 3 辑，中信出版社 2002 年版。

马尔琴科，《哈萨克斯坦的养老金制度》，提交给 2019 年 12 月 3 日在重庆招开的“养老金改革：国际经验与中国方案”国际研讨会

哈萨克斯坦国家银行网站的统计文件“Current State of the Accumulative Pension System of the Republic of Kazakhstan：As of November 1，2019”。

祁别克·安娜法耶娃、努尔兰·库尔曼诺夫，《哈萨克斯坦养老金制度改革回顾与展望》，《新疆大学学报：哲学·人文社会科学版》，2008 年第 6 期，第 88—96 页。

Yermek A. Buribayev et al.，“ Pension reform in the republic of Kazakhstan：Main directions, conditions for implementation and development prospects", *International Jorrnal of Environmental & Science Education* 2016, VOL. 11, NO. 18, 11611 - 11619.

Alina Aldambergen, "Kazakhstan Pension System in Times of Crisis: Kazakhstan Pension System in Times of Crisis: Challenges and Measures Undertaken"

李毅和杨进,《哈萨克斯坦养老金制度改革与资本市场的发展》,《俄罗斯中亚东欧市场》, 2006 年第 6 期。

杜姗,《哈萨克斯坦养老金制度改革研究》, 北京化工大学 2016 年硕士论文。

金融评论

Financial Forum

Comparative

低利率
成因与应对

缪延亮　唐梦雪　胡李鹏

全球长端名义利率20世纪80年代以来持续下行。这一趋势在2008年国际金融危机后仍然持续。美国10年期国债收益率近期创200年新低，而日本、德国更是在2016年降至负值。1983年以来，美国和德国10年期国债收益率分别下降890和830个基点，日本国债收益率自1990年高点也下降了700个基点。① 新兴市场经济体债券收益率也呈现下行趋势。

对利率持续下行的原因存在多种解释。危机前，一部分研究认为通胀水平和波动率的下降拉低通胀预期和期限溢价，从而推动名义利率下降（Knight，2006）。背后是央行货币政策框架带来的“大缓和”时代（Bernanke，2004）。另外一部分研究强调新兴市场储蓄过剩压低全球特别是美国利率（Bernanke，2005）。危机后，在货币政策框架并未出现重大调整且新兴市场储蓄过剩出现缓解的情形下，名义利率的持续下行引发学术研究对人口结构、不平等和技术进步等结构性因素的关注。部分学者（Summers，2010）据此提出“长期停滞”假说，认为低利率将长期持续。

---

* 缪延亮，就职于国家外汇管理局，中国金融四十人论坛成员；唐梦雪和胡李鹏均供职于中央外汇业务中心，本文仅代表作者本人观点，与所在单位无关，作者文责自负。

① 数据为国债收益率年度均值，2019年数据为1至11月平均值。

现有研究对利率下降的解释都存在一定不足。若利率下降来自期限溢价，由于期限溢价模型大多假设利率在长期保持稳定，利率理应随着货币政策正常化而回升，这与主要央行停止量化宽松后利率仍持续下行不符。若利率下降主要来自结构性因素带来的中性利率的下降，与危机前通胀预期和期限溢价显著下降的事实不符。我们仍然将名义利率分解为通胀预期、预期短端实际利率（中性利率）与期限溢价三个互斥的因素，并对各因素进行定量评估。但考虑到期限溢价受货币政策影响，长期看中性利率才是把握长期利率走势的关键，我们还重点考察了结构性因素如何影响中性利率。

我们发现，通胀预期、中性利率和期限溢价均对利率下降有贡献，但不同阶段利率下降的主导因素不同。危机前名义利率下降由通胀预期和期限溢价下降主导，主要反映货币政策框架调整的影响；危机后则几乎完全由中性利率主导，其背后是人口结构、收入不平等等结构性因素。以美国为例，1983—2007 年 10 年期国债收益率下降 650 个基点，通胀预期和期限溢价的贡献各接近一半；2008—2019 年 10 年期国债收益率下降 250 个基点，中性利率贡献 180 个基点。往前看，压制全球中性利率的结构性力量难有改善，中国面临利率长期下行压力。在利率趋势下行的情况下，货币政策空间受限，财政政策和结构性改革需扮演更重要的角色，宏观审慎政策也应在熨平金融周期上发挥核心作用。

本文具体结构如下：第一部分提出利率分析框架，即将长端名义利率拆分为通胀预期、预期短端实际利率与期限溢价三部分，并按此框架归纳整理已有文献。第二部分探究中性利率的影响因素，包括潜在增速、储蓄偏好和投资偏好。第三部分分析货币政策框架调整对通胀预期和期限溢价的影响。第四部分展望全球低利率环境并提出应对建议。

一、学术文献关于利率分析的归因

危机前，文献通常将利率下降归因于央行货币政策框架调整以及新兴市场储蓄过剩。20 世纪 70 年代高通胀和高失业率共存的惨痛经历促使全球央行反思货币政策框架，央行承认就业和通胀之间并没有永久的替代关系，央行容忍更高通胀并不能永久提高就业（Bernanke，2004）。自 20 世纪 80 年代开始，各国央行开始注重通胀波动和增长波动之间的平衡（Taylor，1987），并逐步引入通胀目标制（Inflation Targeting，IT），到 2007 年金融危机前通胀目标制成为主流的货币政策框架，全球经济也迎来“大缓和”时代。这一时期通胀持续下行，增长和通胀的波动率显著下降，压低了长期名义利率中通胀预期和期限溢价部分。“大缓和”时代的出现被认为是货币政策框架调整带来的重大胜利。此外，1998 年亚洲金融危机后，新兴经济体大量积累外汇储备，加上油价暴涨推升石油出口国经常账户盈余，新兴经济体呈现储蓄过剩，进一步压低了全球利率（Bernanke，2005）。

危机后，学术研究更强调潜在增速下降和人口等结构性因素对利率的抑制。货币政策框架在危机后并未出现重大调整，美国也一度退出量化宽松政策，近年来新兴经济体经常账户盈余也在逐步消失，但利率仍持续下行。戈登（Gordon，2012，2014）提出，危机后美国人口结构改变、受教育程度相对下降、不平等加剧叠加高债务，显著降低经济潜在增速并带来低利率，技术进步放缓将加剧这一趋势。萨默斯（Summers，2013，2014）提出了长期停滞（Secular Stagnation）假说：由于资本品相对价格下降和人口增速放缓等结构性因素，资本需求下降而储蓄倾向过剩，经济增长放缓，实际利率将长期处于较低水平。

为了准确分析名义利率的主导因素，学术研究试图从不同维度对名义利率进行定量拆分。主要拆分方式包括两种：一是雷切尔和史密斯（Rachel and Smith，2015）、埃格森等人（Eggertsson et al.，2019）从潜在增速、储蓄和投资偏好角度利用结构模型对利率影响因素进行定量归因；二是金等人（Kim et al.，2019）和多数市场机构研究基于期限溢价模型将名义利率分解为预期短端实际利率（中性利率）、通胀预期和期限溢价三部分。但上述分解方法存在三个弊端，一是大多数模型均假设期限溢价在长期是稳定的，与利率长期下行趋势不符；二是对期限溢价的估计存在较大分歧，三是缺乏经济学含义，无法对利率影响因素提供定量估计。本文将两个框架相结合，先是按金等人（2019）的期限溢价模型将长端名义利率拆分为通胀预期、预期短端实际利率（中性利率）和期限溢价三部分，然后对影响中性利率的结构性因素及其贡献进行讨论，最后分析影响通胀预期和期限溢价的因素。我们还以美国 10 年期国债收益率为例，对 1983 年以来的下降进行归因，探讨不同因素的相对贡献。

二、中性利率下降是危机后利率持续下行的主因

中性利率（neutral rate）最早于 19 世纪由维克塞尔（Knut Wicksell，1889）提出，指的是可保持商品价格稳定的利率水平。① 布林德（Alan Blinder，

① Knut Wicksell（1898）：“存在某个贷款的利率，它对商品价格保持中性，往往既不会提高也不会降低商品价格。”

1998）提出了现代中性利率概念，即稳态 IS 曲线上，经济处于潜在增速时对应的实际利率水平（图 1）。① 美联储（2004）较官方的定义是使经济维持在潜在增速的实际政策利率水平②，又称为均衡利率，是衡量货币政策松紧程度的标尺。总之，中性利率是经济处于稳态时的利率水平。短端实际利率和政策利率无法长期与之分离，否则会带来金融条件过紧或过松，引发产出和通胀的过度波动。因此，长期看，央行政策利率水平仅仅是对中性利率变化的反映。实证研究也显示，1999—2007 年美国实际利率冲击逐步传导到美联储政策利率，但政策利率调整对实际利率几乎没有持久性影响（Gerlach and Moretti，2014）。

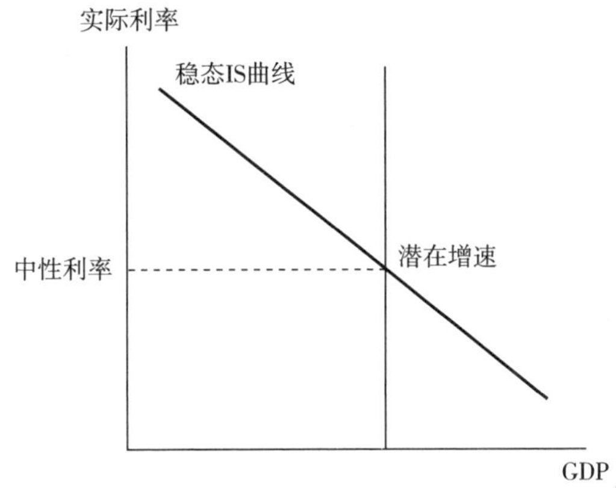

图 1　中性利率定义

1. 中性利率的分析框架与测算

中性利率由结构性因素决定，文献通常将这类因素拆分为潜在增速和以储蓄偏好为主的其他影响资金供给与需求的因素［等式（1）］。新古典和新凯恩斯利率模型认为，在消费最大化的平衡增长路径上（图 2 向上倾斜直线），均衡利率主要由潜在增速和居民时间偏好决定，并且通常认为居民时间偏好保持不变，因此中性利率主要由潜在增速水平决定。但危机以来，更多文献开始关注时间偏好、产出分布以及其他因素对中性利率的影响。太平洋投资管理有限

---

① Alan Blinder（1998）：“这一利率使稳态 IS 曲线上的 GDP 等于潜在 GDP，中性货币政策与中期内不变的通胀率一致。”

② Roger Ferguson（2004）：“联邦基金利率维持在这一水平持续几年时间，经济活动将达到潜在水平。”

公司（PIMCO，2019）提出，由于预期寿命提高，居民退休后生存时间延长，相比于当下的消费，会更加偏好退休后的消费，导致时间偏好由正转负，显著降低中性利率。弗里格（Vlieghe，2017）指出利率取决于产出（消费）的完整分布，除增速外，方差、偏度①和峰度②等都会影响中性利率。埃格森等人（2019）提出的叠代（OLG）模型显示，除消费者时间偏好、潜在增速等因素外，人口、资本品相对价格等其他任何能够影响可贷资金供给和需求的因素均可能影响中性利率。下文的分析将在新古典框架基础上，进一步关注潜在增速以外因素的影响。如图 2 所示，左图为潜在增速下降时，g_0^* 降至g_1^* 导致中性利率 r_0^* 沿平衡增长路径降至 r_1^* ，IS 曲线随之下移；右图为潜在增速以外因素改变，如居民时间偏好下降时，平衡增长路径整体下移，同一潜在增速 g_0^* 对应的中性利率由 r_0^* 降至 r_2^* ，IS 曲线随之下移。

$$r_t^* = c * g_t^* + z_t \tag{1}$$

其中，r_t^* 为中性利率，g_t^* 为潜在增速，在新古典模型中 c 为跨期替代弹性（EIS），z_t 为时间偏好。

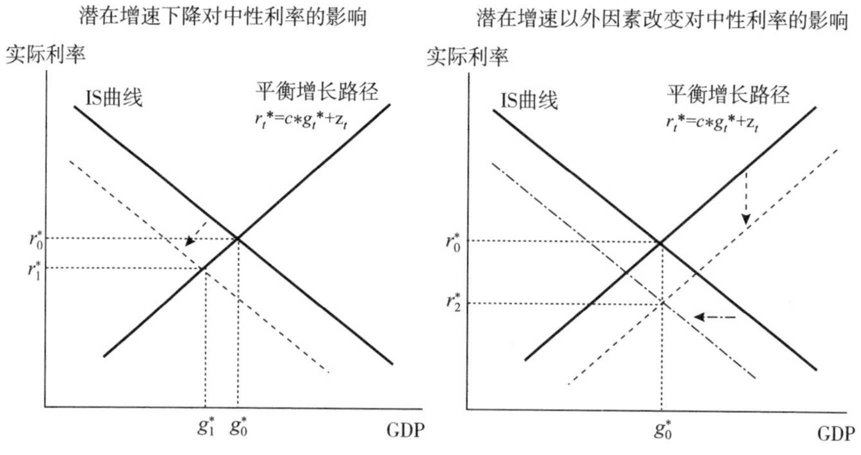

图 2　中性利率分析框架

① 偏度（skewness）度量统计数据分布偏斜方向和程度，为样本的三阶标准化矩，可以分为左偏分布、正态分布和右偏分布。

② 峰度（kurtosis）度量变量概率密度分布曲线在平均值处峰值高低，为样本的四阶标准化矩，可以分为正态分布、厚尾和瘦尾。

根据上文的分析框架，除了潜在增速外，能够影响到储蓄倾向和投资倾向的因素都可能会影响中性利率。参考雷切尔和史密斯（2015）对中性利率影响因素的归纳，我们梳理了历史文献中对各因素影响程度的评估（表1）。从表中可以看到，不同因素对中性利率的影响幅度存在较大差异，潜在增速及储蓄偏好对利率下降的贡献要超过投资偏好。

实证测算一致显示全球中性利率持续下滑，危机后降幅更显著。中性利率不可观测，需要通过统计模型测算或者通过金融市场数据推断。[①] 其中，被提及最多的是霍尔斯顿、劳巴克和威廉姆斯（Holston-Laubach-Williams，2017）的模型［下文简称HLW（2017）］。HLW（2017）将中性利率影响因素分解为潜在增速及其他因素，通过卡尔曼滤波方法从实际GDP、通胀和短端利率中推算得到中性利率。中性利率测算模型虽有差异，但一致认为20世纪80年代以来美国及全球主要发达国家中性利率显著下滑（图3）。根据HLW（2017）模型测算，美国中性利率1983年为2.8%，危机前下降50个基点至2.3%，危机后加快降至0.5%—0.6%，平均每年下降16个基点。欧元区、加拿大和英国中性利率同样下滑，1983年以来分别累计下降170、190和50个基点，各国中性利率之间存在共振表明或许存在“全球中性利率”。雷切尔和萨默斯（Rachel and Summers，2019）测算发现，OECD整体中性利率在1980年至2017年间下降约2个百分点，与HLW（2017）的测算接近。

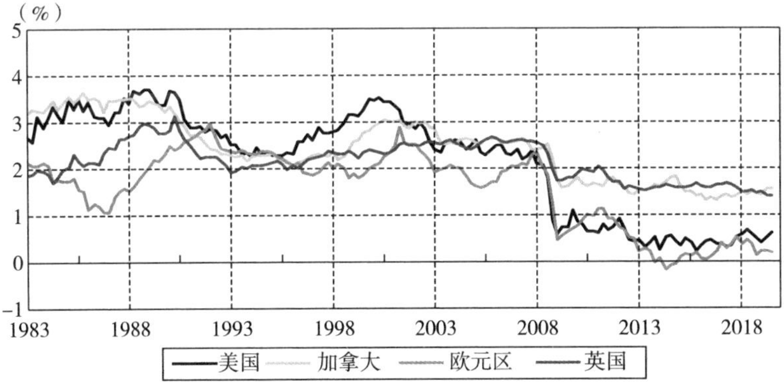

图3　美国、加拿大、欧元区、英国中性利率测算结果

资料来源：HLW（2017）。

---

① Bauer and Rudebusch（2017）利用TIPS（通胀保护债券）市场中的实际利率数据作为中性利率。

表 1 文献对中性利率下降的归因

影响因素		影响幅度	测算时间	测算经济体	文献
潜在增速		降低实际利率 1 个百分点	1980—2015	全球	Rachel and Smith(2015)
潜在增速		降低实际利率 1. 8 个百分点	1971—2017	OECD 整体	Rachel and Summers(2019)
潜在增速		降低实际利率 1. 9 个百分点，解释 44%	1970—2015	美国	Eggertsson et al. (2019)
潜在增速		降低实际利率 1. 3 个百分点	1983—2019	美国	HLW (2017)
储蓄偏好	人口老龄化	降低实际利率 1. 5 个百分点	1990—2014	发达国家(美国、日本、西欧)	Carvalho et al. (2016)
储蓄偏好	人口老龄化	降低实际利率 1. 6 个百分点，解释 45%	1980—2015	全球(用美国数据进行模拟)	Lisack et al. (2017)
储蓄偏好	人口老龄化	生育率下降解释 1. 84 个百分点，死亡率下降解释 1. 82 个百分点，合计解释 86%	1970—2015	美国	Eggertsson et al. (2019)
储蓄偏好	人口老龄化	降低实际利率 0. 9 个百分点，解释 22%	1980—2015	全球	Rachel and Smith (2015)
储蓄偏好	人口老龄化	降低实际利率 1. 8 个百分点	1971—2017	OECD 整体	Rachel and Summers(2019)
储蓄偏好	人口老龄化	降低实际利率 1 个百分点	1990—2030	欧元区	Papetti(2018)
储蓄偏好	人口老龄化	降低实际利率 0. 9 个百分点	2008—2030	欧元区	Kara and von Thadden(2016)
储蓄偏好	人口老龄化	降低实际利率 1 个百分点	1980—2010	欧盟	Bleleckl et al. (2018)
储蓄偏好	不平等加剧	降低实际利率 1 个百分点，解释 22%	1985—2005	美国	Lancastre (2016)
储蓄偏好	不平等加剧	推升储蓄率 1. 9 个百分点，压低全球实际利率 0. 45 个百分点，解释 10%	1980—2010	全球(用美国数据模拟测算)	Rachel and Smith (2015)
储蓄偏好	不平等加剧	降低实际利率 0. 6 个百分点	1971—2017	OECD 整体	Rachel and Summers(2019)
储蓄偏好	不平等加剧	降低实际利率 0. 66 个百分点	1980—2013	美国	Auclert and Rognlie(2016)
储蓄偏好	不平等加剧	降低实际利率 1 个百分点	1970—2014	美国	Ludwig Straub (2017)

储蓄偏好	新兴经济体储蓄过剩	降低实际利率 0.25 个百分点	1998 年以来	全球	Rachel and Smith(2015)
投资偏好	资本品价格下降	投资品相对价格下降 42%	1980—2012	美国	Karabarbounis and Neiman(2014)
		降低实际利率 0.44 个百分点	1970—2015	美国	Eggertsson et al. (2019)
		投资品相对价格下降 30%,使均衡名义投资率下降 1%,降低实际利率 0.5 个百分点	1980—2010	11 个发达经济体	Rachel and Smith (2015)
	风险溢价上升	风险溢价上升约 1 个百分点,拖累实际利率约 0.7 个百分点	1980—2014	全球	Rachel and Smith(2015)
	政府投资下降	实际利率下降 0.2 个百分点	1980—2007	全球	Rachel and Smith(2015)

资料来源:作者整理。

2. 潜在增速与中性利率的数量关系存在较大不确定性

在新古典框架下，潜在增速与中性利率高度相关，变动幅度接近一一对应（HLW，2017）。部分文献基于索洛模型，将潜在增速进一步拆分为全要素生产率和人口增速，并认为全要素生产率对中性利率的影响系数甚至大于1（Eggertsson et al.，2019；Rachel and Smith，2015；详见表1）。但历史数据显示，美国实际政策利率①与实际GDP增速的比值仅有0.4—0.7（图4）。弗里格（2017）也指出，金本位时期消费增速平均为0.8%，低于非金本位时期（2%），但后者利率更低。美国时间序列数据及跨国面板数据均显示，利率与增长的相关性较弱，且容易受到少数样本点的影响（Hanmilton et al.，2016）。本文以1983—2007年实际政策利率与实际GDP之比0.7作为估算系数，根据HLW模型和美国国会预算办公室（CBO）的测算，1983年至2019年，美国潜在增速下降130个基点至2.1%，对应拖累中性利率约90个基点，危机后拖累幅度约为50个基点。

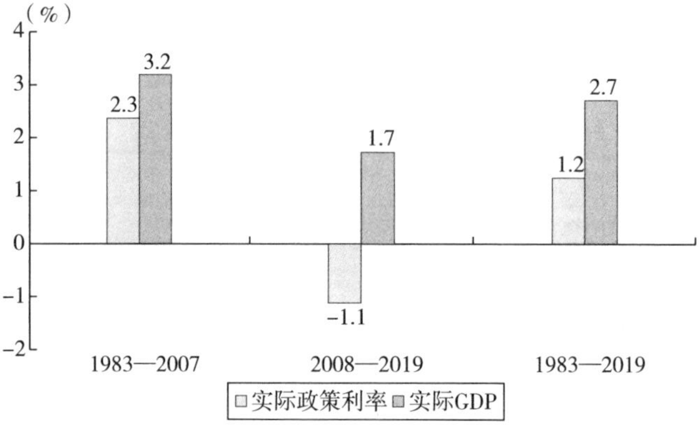

图4　美国实际政策利率与实际GDP增速

资料来源：BEA，BLS，Haver。

3. 储蓄偏好上升压低中性利率

人口结构变化是储蓄偏好上升的重要原因。生命周期理论认为，少年和老年人储蓄倾向低而工作人口储蓄倾向高，因此抚养比与储蓄倾向成反比。过去30年全球抚养比持续下降（图5），推升整体储蓄倾向（Rachel and Smith，2015）。但

① 实际政策利率为联邦基金目标利率与CPI同比涨幅之差。

2015 年以来抚养比因老龄化开始回升，高储蓄却并未逆转，背后原因主要在于人口预期寿命提高导致退休后生存时间延长，推升整体储蓄倾向。20 世纪 70 年代以来，发达国家居民寿命延长，居民退休后生存时间从 10.5 年延长至 2015 年的 18.7 年（Rachel and Summers，2019）。为满足退休后的消费需求，居民储蓄倾向提高（Carvalho et al.，2015；Ferrero，2010；Bean et al.，2015），并且 65 岁以上人群工作比率和储蓄率也出现上升。以老龄化较严重的欧元区国家为例，除德国、比利时等国外，60 岁以上人口储蓄率均高于整体储蓄率，在法国、意大利、西班牙等国更是显著高于其他年龄段（表 2）。此外，新古典主义认为决定利率水平的不是储蓄流量（flow of saving），而是财富存量（stock of wealth），老年人财富水平超过年轻人，因此老龄化将导致储蓄存量上升而压低利率（Lisack et al.，2017）。从影响幅度看，综合文献估计，20 世纪 80 年代以来，人口结构变化导致发达经济体实际利率下滑 0.9—1.8 个百分点，平均每年下降 3—5 个基点；但埃格森等人（2019）认为，1970 年以来生育率和死亡率下降累计拖累中性利率 370 个基点，年均拖累达 8 个基点，原因在于其进一步考虑了人口结构对信贷创造和房地产市场的影响（表 1）。美国老龄化程度低于欧、日等主要发达经济体，但危机后明显加速，我们综合文献估计认为人口结构对其中性利率拖累幅度平均每年为 3—5 个基点。

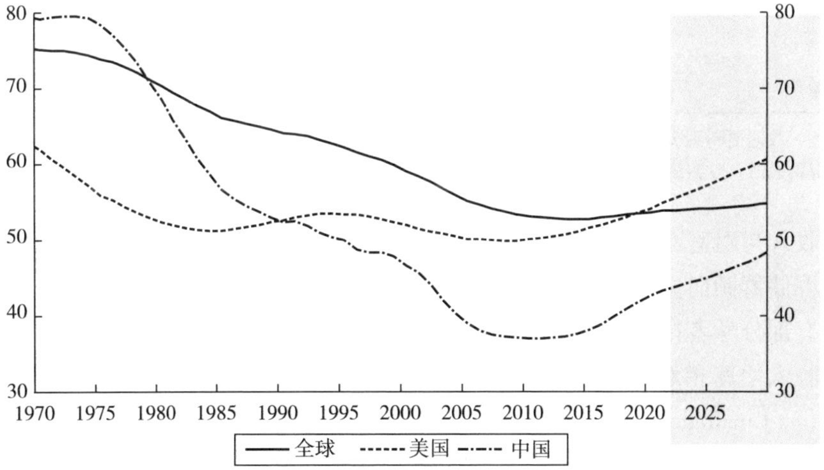

图 5　全球、美国和中国抚养比[①]（每 100 人）

资料来源：United Nations，Haver Analytics。

① 抚养比 =（0—14 岁人口 +65 岁以上人口）/15—64 岁人口。数据来自联合国（2019），灰色区域为预测值。

表 2　欧元区国家分年龄段储蓄率

国家	整体	30 岁以下	30—44 岁	45—59 岁	60 岁以上
德国	13.6	2.9	18.9	17.0	8.0
法国	29.1	4.2	24.2	29.8	36.2
意大利	26.1	-31.5	15.7	25.3	33.5
西班牙	17.7	-4.5	13.4	15.4	25.1
奥地利	18.7	-9.0	16.1	22.2	21.7
葡萄牙	14.0	8.1	6.8	13.0	21.7
爱尔兰	19.0	0.3	17.6	21.1	21.9
卢森堡	29.8	15.4	26.3	29.7	35.7
爱沙尼亚	35.2	27.5	36.2	32.1	37.0
芬兰	23.1	7.2	22.2	23.6	28.0
塞浦路斯	11.3	-13.2	0.6	13.1	21.3
斯洛文尼亚	18.0	-7.9	14.9	20.2	20.4
斯洛伐克	24.5	21.1	25.8	28.7	19.8
拉脱维亚	12.2	12.4	15.9	7.8	12.7
比利时	9.9	4.2	12.8	15.2	3.1
希腊	-9.5	-48.2	-20.4	-9.7	2.4

注：数据更新到 2017 年 5 月。
资料来源：欧盟统计局。

收入与财富不平等加剧进一步推升储蓄偏好。大多数学者认同，由于高收入人群储蓄倾向更高，不平等加剧将导致社会储蓄偏好提升（Dynan，2004）。但也有部分学者指出，个人储蓄率还取决于相对收入，不平等加剧时，低收入人群收入增速相对更慢，为保持相对消费稳定，消费倾向上升，总储蓄下降（Alvarez-Cuadrado and Vilalta，2012）。从实证证据看，20 世纪 80 年代以来，美国、英国、德国、日本等国不平等程度持续上升，美国前 1% 人口收入占比由 11% 大幅上升至 2015 年的 20%，同期实际利率持续下降，更支持不平等加剧推升储蓄倾向的观点。从影响幅度看，文献测算结果存在一定差异，大部分研究发现，不平等拉大对全球实际利率的拖累幅度为 45—66 个基点，平均每年 1—2 个基点（Rachel and Smith，2015；Auclert and Rognlie，2016；Rachel and Summers，2019）；但兰卡斯特（Lancastre，2016）估计的幅度超过多数文献，认为 1985—2005 年美国收入不平等加剧导致实际利率下滑 100 个基点，部分由于其进一步考虑了不平等对借贷需求的抑制（表 1）。

新兴市场储蓄过剩不是中性利率下降的主要原因。广为流传的新兴市场储蓄过剩理论（EM saving glut）是由伯南克（2005）首次提出的。根据该理论，1998 年亚洲金融危机后，新兴市场经济体通过积累外汇储备以抵御可能的金融风险，同时油价暴涨推升石油出口国的经常账户盈余，共同导致储蓄过剩。2000 年以来，新兴市场经济体储蓄与 GDP 之比提高 10 个百分点，推升全球储蓄率 1.7 个百分点。中国是储蓄增加的主要来源，2013 年新兴市场经济体储蓄中一半来自中国（Bernanke，2015）。但是这一理论无法解释两个现象：第一，新兴市场储蓄过剩现象在 2000 年以后才变得明显，而 20 世纪八九十年代实际利率持续下行；第二，近年来以中国为代表的新兴市场经济体经常账户盈余逐步消失，但发达国家利率仍持续下行。雷切尔和史密斯（2015）的测算也显示新兴市场储蓄过剩对实际利率影响有限，仅为 25 个基点，只能解释实际利率下行的 6%（表 1）。

4. 投资偏好下降压低中性利率

资本品相对价格下降，投资需求总量减少。由于资本品技术进步更快，其相对消费品的价格持续下降，1980—2010 年下降约 30%（Rachel and Smith，2015）。资本品相对价格下降虽然能够提振其需求，但量的增加不及价的下降，总投资占 GDP 比率下降（Bean et al.，2015）。实证测算显示，资本品相对价格下降使得投资占 GDP 比率下降 1 个百分点，拖累实际利率 44—50 个基点（Rachel and Smith，2015；Eggertsson et al.，2019），平均每年下降 1—2 个基点（表 1）。伯恩等人（Byrne et al.，2013）指出，当前统计的价格指数未完全考虑半导体行业技术进步的影响，因此资本品通胀被高估，据此折算的资本品实际相对价格降幅被高估，其对实际利率的贡献应小于 50 个基点。国际货币基金组织（IMF，2014）测算显示，资本品相对价格 2002 年以来已经开始走平，因此预计未来资本品相对价格下降对实际利率的影响将消退。

资本回报率与无风险利率的利差上升。20 世纪 80 年代以来，无风险利率持续下降，而预期资本回报率降幅有限，危机前后更是基本保持不变，二者利差（又可称为风险溢价）持续扩大。国际货币基金组织（2014）使用银行贷款利差、公司债利差和股权风险溢价加权得到的利差自20世纪80年代以来上升约100个基点。风险厌恶和企业垄断程度上升是利差扩大的主要原因。风险溢价是投资者要求的对投资风险的补偿，其上升反映了经济中持续存在的风险厌恶情绪。危机前，新兴市场经济体积累大量外汇储备以避免重蹈亚洲金融危机的覆辙；危机后，监管要求银行和保险公司持有大量安全资产（Caballero et al.，2017）。而布兰德等人（Brand et al.，2018）则认为，企业垄断增加可解释2000年后美国和欧元区利差的近三分之一。20世纪80年代以来，市场垄断程度上升，发达国家的企业成本加成上涨高达43%（Diez et al.，2018）。这导致市场竞争性下降，总投资需求受到抑制。根据雷切尔和史密斯（2015）测算，资本回报率与无风险利率之间的利差上升拖累实际利率约70个基点，平均每年下降约2个基点（见表1）。

政府投资下降拖累总投资需求。20世纪80年代以来，全球特别是发达国家政府投资占比下降。发达经济体基础设施投资占GDP比率从80年代的4%左右下降到2011年的3%左右，新兴市场经济体从10%左右下降到危机前的8%左右（IMF，2014），危机后发展中国家因逆周期调节增加政府支出，但政府投资长期呈现下行趋势。政府投资下降背后的原因是80年代后经济思潮偏好小政府以及近年来政治逐渐两极化，因而难以达成推动大规模投资的共识。雷切尔和史密斯（2015）指出，1980—2007年政府投资偏好变化使得全球总投资率下降1个百分点，进而使实际利率下降约20个基点，平均每年不到1个基点，对于实际利率下降的影响较为有限（见表1）。

综上，中性利率下行受潜在增速下降和储蓄、投资偏好改变共同影响。危机以来美国中性利率每年下降16个基点，其中受潜在增速下降拖累约为5个基点，受储蓄投资偏好变化拖累达12个基点。全球来看，20世纪80年代以来储蓄偏好上升每年拖累中性利率5—8个基点，投资偏好下降每年拖累4—5个基点，其中人口结构变化、不平等加剧和资本回报率下降的影响最显著。

三、货币政策框架调整带动通胀预期和期限溢价下降

20世纪80年代以后主要国家通胀和通胀波动率普遍下降。70年代布雷顿森林体系解体以及两次石油危机导致全球通胀显著上升。80年代初美国通胀一度攀升至10%以上，随后持续回落，2000年以后维持稳定。1990—2007年

美国通胀平均为2.3%，核心通胀为2.2%。通胀水平下降的同时，通胀波动性也显著下降（见表3）。其他发达国家以及发展中国家也表现出同样的趋势，发展中国家通胀的标准差从1970—1994年的25.1%大幅降至1995—2018年的4.8%。随着通胀水平和通胀波动率的下降，通胀预期从1980年的高点逐步回落，并在2000年后整体保持稳定。央行货币政策成功稳定住通胀预期，使之不再受到短期通胀波动的影响。

表3　通胀均值与波动率

地区	平均通胀		通胀标准差	
	1970—1994	1995—2018	1970—1994	1995—2018
美国	5.2	1.8	2.8	1.5
美国核心通胀	5.1	1.7	2.2	0.5
其他发达国家	6.7	1.4	3.8	1.0
新兴市场经济体	32.7	6.6	25.1	4.8

资料来源：Clarida（2019）。

同期期限溢价趋势性下滑导致利率下降。期限溢价是投资者持有长期债券相对短期债券要求的额外回报，以补偿其承担的短端实际利率和通胀变动风险，因此期限溢价常被拆分为实际利率风险溢价①（real term risk premium）和通胀风险溢价（inflation risk premium）两部分。期限溢价不能直接观测，实际测算结果依赖模型和参数假设，不同模型②测算得到的结果存在一定差异，并且多数期限结构模型暗含了长期利率稳定的假设，会高估期限溢价的变化幅度。文献大多显示期限溢价自20世纪80年代后趋势性下滑（Bauer et al.，2019；Li et al.，2017；Clarida，2019），下滑幅度为3.5—5个百分点，其中本轮金融危机之后下滑幅度为1—2个百分点（Cohen et al.，2018）。

增长、通胀波动性降低是期限溢价下滑的直接原因。历史上高通胀和经济增长不确定性较高时期，期限溢价往往更高（Bernanke，2015；Adrian，2015）。20世纪80年代中期以来全球经济进入“大缓和”时代，增长、通胀

① 债券投资者将其称为久期风险溢价。

② 常见模型包括ACM（Adrian et al.，2013）、Kim and Wright（2005）、Hordahl and Tristani（2014）、Bauer and Rudebusch（2019）。

波动性下降导致实际利率溢价和通胀风险溢价下降，是期限溢价下滑的直接原因。据金（2019）测算，20 世纪 90 年代以后美国 10 年期国债通胀风险溢价和实际利率风险溢价分别下降 100 和 250 个基点。此外，科恩（Cohen，2018）还发现 2000 年以后美国和欧元区实际利率风险溢价降幅均超过 1 个百分点，欧元区通胀风险溢价同期还进一步下降。我们直接用实际利率减中性利率表示期限溢价的贡献，1983 年以来累计降幅为 360 个基点，与金（2019）的估计接近。

“大缓和”时代货币政策框架调整助力宏观经济波动性下降。20 世纪 80 年代中期以来的“大缓和”时代被认为是货币政策的重大胜利。伯南克（2004）指出，增长和通胀波动的下降是因为央行克服了 70 年代所犯的错误，承认就业和通胀之间并没有永久的替代关系，央行容忍更高通胀并不能永久提高就业。自 80 年代开始，各国央行开始注重通胀波动和增长波动之间的平衡（Taylor，1987）。80 年代末新西兰央行率先引入通胀目标制，至金融危机前夜 2007 年，通胀目标制成为主流的货币政策框架和“一个目标，一个工具”（IMF，2014）央行共识的核心。货币政策框架的调整带来的宏观经济波动性下降导致期限溢价下降。例如，英国央行正式采用通胀目标制后，通胀风险溢价大幅下降（Abrahams，2017）。此外，90 年代末以来股债回报由正相关转为负相关，债券能对股票价格变动风险提供对冲，市场对债券需求增加，所要求的期限溢价下降（Clarida，2019；Bernanke，2013；Campbell，2017）。股债回报负相关背后的原因可能包括资产价格驱动因素由通胀预期变化转向增长预期变化、货币政策策略变化导致通胀和产出缺口的关系发生改变等。我们的估算也显示 1983—2007 年实际利率的下降主要来自期限溢价的贡献。

大规模量化宽松、股债回报负相关等因素增加债券需求，进一步压低期限溢价，但幅度相对有限。危机后，主要国家央行实施的量化宽松政策（QE）推升对长端国债的需求，压低期限溢价。美联储 2008—2014 年累计购买 3.7 万亿美元资产，欧央行 2015—2018 年累计购买 2.6 万亿欧元资产，英国、日本等国央行亦实施量化宽松。我们估算显示，危机后期限溢价仅下降了 50 个基点。但也有研究认为，美联储和欧央行的量化宽松压低期限溢价超过 100 个基点（Abrahams，2017；Bonis，2017；Eser，2019）。

综上所述，中性利率、通胀预期和期限溢价对于长端名义利率的下降均有贡献，背后既有货币政策框架调整的原因，还有结构性因素的原因。为了给出各因素的定量结果，本文对1983年以来美国10年期国债收益率的下降进行了定量归因（表4），其中中性利率、通胀预期和期限溢价分别对应学术文献测算的中性利率、通胀保值债券隐含的通胀预期以及名义利率扣减了前两者后的残余项。1983年以来①，美国10年期国债收益率近900个基点的降幅中，通胀预期、中性利率和期限溢价的贡献相当，均约为300个基点（表4）。但不同阶段的主导因素不同，危机前名义利率下降由通胀预期和期限溢价下降主导，主要反映了货币政策框架调整的影响；危机后则由中性利率主导，并且其中偏好改变的影响更大，反映了人口结构、收入分配等结构性因素的拖累。

表4　美国10年期国债收益率归因（基点）

	1983—2019	年均	1983—2007	年均	2008—2019	年均
名义利率	-895	-24	-650	-25	-250	-23
通胀预期	-305	-8	-290	-11	-20	-2
实际利率	-590	-16	-360	-14	-230	-21
预期短端实际利率（中性利率）②	-230	-6	-50	-2	-180	-16
潜在增速③	-88	-2	-38	-1.5	-51	-5
投资、储蓄偏好	-142	-4	-12	-0.5	-129	-12
期限溢价及其他	-360	-10	-310	-12	-50	-5

资料来源：HLW模型，作者测算。

四、低利率环境长期持续及应对

全球来看，压制中性利率的结构性力量难有改善。第一，人口增速放缓和技术进步放缓将继续拖累潜在增速。根据联合国预测，全球人口增速将从2019年的1.1%放缓至2030年0.8%，2050年将进一步放缓至0.5%。劳动生产率短期内也难看到显著回升迹象。戈登（2012，2014）认为，1870—1970年

① 1980—1982年高油价和美国经济连续衰退对数据扰动较大，因此以1983年以来数据作为观测区间。

② 使用的是HLW模型估计的中性利率，数据源为纽约联储，更新至2019年三季度。

③ 基于1983—2007年美国实际政策利率与实际GDP增速的比值0.7作为估算系数。

多项重大发明推动这一时期技术进步，但是汽车、死亡率下降等不可重来的革命性进展是一次性的，故 1970 年以后技术进步放缓且这一趋势将在长期内持续。全球贸易摩擦、技术竞争加剧，或将进一步拖累生产率表现。第二，老龄化进程持续，高储蓄倾向难有显著逆转。根据联合国预测，2030 年时全球人均预期寿命将从当前的 65. 5 年延长至 67. 5 年，即使考虑退休年龄推后，退休后生存时间仍达 18. 3 年。老龄化还将通过提高老年人储蓄率、增加财富存量继续抬升储蓄倾向。布兰德等人（2018）和利萨克等人（Lisack et al. ，2017）研究预计，到 2030 年人口结构变化还将拖累实际利率 40—50 个基点，平均每年下降 4—5 个基点。第三，已有研究多认为不平等加剧对利率的抑制作用还将持续。解决不平等问题需要依赖更大力度的收入分配政策，在当前政治两极化情形下，不平等趋势预计难以逆转。第四，资本品相对价格、资本回报率与无风险利率之间的利差预计也不会出现明显的逆转趋势。现有研究大多认为当前的低利率情形未来将延续（Rachel and Smith，2015），未来 10 年实际利率将维持在 -2% 至 0% 之间（Gourinchas and Rey，2016；Rachel and Summers，2019）。

我国面临利率长期下行压力。第一，潜在增速因劳动年龄人口增速下降和技术进步放缓而下降。根据世界银行（2019）预测，中国劳动年龄人口增速将从 2018 年的 -0. 3% 逐步放缓至 2030 年的 -0. 6% 。同时，随着我国更加接近世界技术前沿，技术进步更多依赖于自主创新，在全球技术进步放缓的背景下，潜在增速下行压力难被扭转。参考美国经验，潜在增速每降 10 个基点，中性利率下降 7—10 个基点。第二，预计储蓄偏好仍将维持高位，投资偏好继续回落，利率面临下行压力。我国面临严峻人口老龄化压力，根据联合国预测，2030 年我国 65 岁以上人口占总人口比重将由 2018 年的 11% 升至 17% ，上升速度是美国危机以来升速的两倍（图 6）。因此，老龄化对我国中性利率的拖累幅度可能将高于文献基于发达国家数据估算的平均每年 3—5 个基点。此外，不平等程度上升预计将使居民储蓄倾向维持高位，甚至持续上行。当前我国投资占 GDP 比率仍位于 45% 的高位，往前看，由于资本回报率下降、地方政府债务风险上升，投资偏好大概率将继续回落。第三，对外开放使得中国无法独善其身。随着我国持续推进金融开放，资本跨境流动会推动我国利率水平向世界靠拢。实证研究发现，主要发达国家中性利率受到全球中性利率的驱动，20 世纪 70 年代以后，全球中性利率能够解释国内利率变动的相当部分（Jorda and Taylor，2019）。

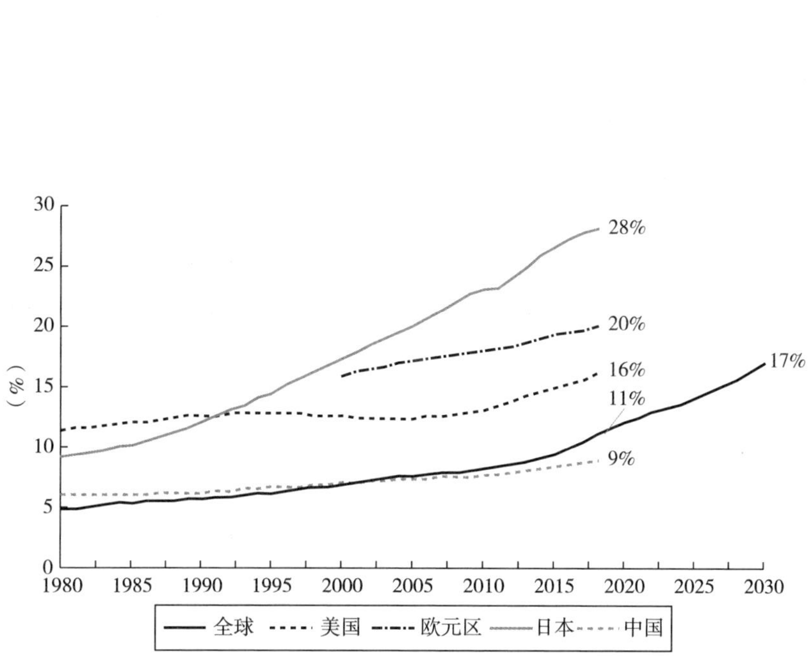

图6　全球及主要国家65岁以上人口占总人口比重

资料来源：UN，World Bank，US BLS。

及时调整保持货币政策中性。货币政策对中性利率的影响有限，但若长期与之偏离，可能会通过改变潜在增速或催生金融市场泡沫影响中性利率。在负面需求冲击下，若货币政策持续过紧，将会通过降低劳动参与率、抑制企业投资和研发等产生伤痕效应（hysteresis effect），导致潜在产出下降、降低中性利率。但低利率环境下，若降息过猛，政策利率又会更快触及“零下界”，引发“新费雪效应”（Neo-Fisherian effect），即利率与通胀预期同步下降，而真实利率不变，货币宽松失效。此外低利率还可能导致资源错配，流动性的长期过剩将阻碍熊彼特式创造性破坏的发生。综合来看，基于我们对我国中性利率面临长期下行压力的判断，为保持货币政策中性，政策利率应该跟随缓慢下调。

宏观审慎政策和货币政策相互配合熨平金融周期。金融周期就是杠杆率和资产价格的周期，一般比经济周期要长，要求货币和宏观审慎政策更具前瞻性。过度宽松的货币政策可能驱动金融周期，促使资金流向高风险资产以追求高收益，带来金融稳定风险，一旦发生金融危机，央行将不得不更大幅度降息，导致利率变得更低。只有熨平金融周期才能避免陷入低利率陷阱，才能有更高的中性利率。更高的中性利率意味着更稳健的金融体系，更高的银行资本金和盈利能力，更强的潜在增速和更充足的应对经济下行的子弹。宏观审慎政策和货币政策应相互配合熨平金融周期。结构性的宏观审慎政策能够解决分部门和行业的问题，但货币政策是总闸门。总量意义上的宏观审慎政策则和总量货币政策面临一样的跨期取舍：是要更多的当期增长还是要更稳健的长期增长和金融体系。

财政政策和结构性改革有助于缓解中性利率下行趋势，需扮演更重要的角色。在低利率环境下，货币政策空间愈发受限，应对经济下行压力需要财政政策发力。财政政策还可通过降低公共部门储蓄偏好来对冲私人部门储蓄偏好上升的影响，提振中性利率。雷切尔和萨默斯（2019）发现，20世纪70年代以后政府在养老和健康上的支出提高了中性利率400个基点，否则人口、不平等因素将会导致中性利率下降多达700个基点。埃格森等人（2019）同样发现，政府债务上升在1970—2015年提振实际利率211个基点。此外，还应通过结构性改革释放经济潜力，缓解经济潜在增速下行以及由此带来的利率下行压力。

参考文献

Abrahams M, Adrian T, Crump R K, et al. Decomposing Real and Nominal Yield Curves [J]. Journal of Monetary Economics, 2016, 84: 182-200.

Alvarez-Cuadrado F, Vilalta M E. Income Inequality and Saving [R]. Institute of Labor Economics Discussion Papers 7083, 2012.

Bauer M D, Rudebusch G D. Online Appendix for "Interest Rates Under Falling Stars" [J]. 2019. Bean C, Broda C, Ito T, et al. Low for Long? Causes and Consequences of Persistently Low Interest Rates [R]. Geneva Reports on the World Economy, International Center for Monetary and Banking Studies and Center for Economic Policy Research, 2015.

Bernanke B. Why Are Interest Rates So Low [R]? Brookings Institute, 2015.

Bernanke B. At the Meetings of the Eastern Economic Association, Washington, DC, February 20, 2004

Bernanke B. The Global Saving Glut and the U. S. Current Account Deficit [R]. Remarks at the Sandridge Lecture, Virginia Association of Economics, 2005.

Bonis B, Ihrig J E, Wei M. The Effect of the Federal Reserve's Securities Holdings on Longer-term Interest Rates [J]. 2017.

Brand C, Bielecki M, Penalver A. The Natural Rate of Interest: Estimates, Drivers, and Challenges to Monetary Policy [J]. ECB Occasional Paper, 2018 (217).

Byrne D, Kovak B K, Michaels R. Price and Quality Dispersion in an Offshoring Market: Evidence from Semiconductor Production Services [R]. National Bureau of Economic Research, 2013.

Caballero R J, Farhi E, Gourinchas P O. Rents, Technical Change, and Risk Premia Accounting for Secular Trends in Interest Rates, Returns on Capital, Earning Yields, and Factor Shares [J]. *American Economic Review*, 2017, 107 (5): 614 -620.

Campbell J Y, Pflueger C, Viceira L M. Macroeconomic Drivers of Bond and Equity Risks [R]. National Bureau of Economic Research, 2014.

Campbell J Y, Sunderam A, Viceira L M. Inflation Bets or Deflation Hedges? The Changing Risks of Nominal Bonds [R]. National Bureau of Economic Research, 2009.

Carvalho C, Ferrero A, Nechio F. Demographics and Real Interest Rates: Inspecting the Mechanism [J]. *European Economic Review*, 2016, 88: 208 -226.

Clarida R H. Monetary Policy, Price Stability, and Equilibrium Bond Yields: Success and Consequences: A Speech at the High-Level Conference on Global Risk, Uncertainty, And Volatility, co - sponsored by the Bank for International Settlements, the Board of Governors of..., November 12, 2019 [R]. 2019.

Cohen B H, Hördahl P, Xia F D. Term Premia: Models and Some Stylised Facts [J]. *BIS Quarterly Review*, September, 2018.

Dynan K E, Skinner J, Zeldes S P. Do the Rich Save More [J]? *Journal of Political Economy*, 2004, 112 (2): 397 -444.

Diez M F, Leigh M D, Tambunlertchai S. Global Market Power and Its Macroeconomic Implications [M]. International Monetary Fund, 2018.

Eggertsson G B, Juelsrud R E, Summers L H, et al. Negative Nominal Interest Rates and the Bank Lending Channel [R]. National Bureau of Economic Research, 2019.

Eser F, Lemke W, Nyholm K, et al. Tracing the Impact of the ECB's Asset Purchase Programme on the Yield Curve [J]. 2019.

Ferrero A. A Structural Decomposition of the U. S. Trade Balance: Productivity, Demographics and Fiscal Policy [J]. *Journal of Monetary Economics*, 2010, 57: 478 -490.

Gordon R J , The Demise of US Economic Growth: Restatement, Rebuttal and Reflections, NBER Working Paper No. 19895, 2014.

Gordon R J, Is US Economic Growth over? Faltering Innovation Confronts the Six Headwinds, NBER Working Paper No. 18315, 2012.

Hakkio C S. The Great Moderation [J]. *Federal Reserve History*, 2013, 22.

Holston, Kathryn & Laubach, Thomas & Williams, John C. , Measuring the Natural Rate of Interest: International Trends and Determinants, Working Paper Series 2016 - 11, Federal Reserve Bank of San Francisco, 2016.

IMF, World Economic Outlook, Washington, DC, 2014 April.

Karabarbounis L, Neiman B. The global decline of the labor share [J]. *The Quarterly Journal of Economics*, 2013, 129 (1): 61 - 103.

Kim D H, Walsh C, Wei M. Tips from Tips: Update and Discussions [J]. FED Notes, 2019 (2019 -05): 21.

Lancastre M. Inequality and Real Interest Rates [R]. Munich Personal RePEc Archive Paper 85047, 2016.

Laubach, Thomas and Williams, John C. , Measuring the Natural Rate of Interest Redux, Finance and Economics Discussion Series 2016 – 11, Board of Governors of the Federal Reserve System (US), 2016.

Li C, Meldrum A C, Rodriguez M G. Robustness of Long-maturity Term Premium Estimates [R]. Board of Governors of the Federal Reserve System (US), 2017.

Lisack N, Sajedi R, Thwaites G. Demographic Trends and the Real Interest Rate [R]. Bank of England Working Paper No. 701, 2017.

Powell J H. Monetary Policy and Risk Management at a Time of Low Inflation and Low Unemployment [J]. *Business Economics*, 2018, 53 (4): 173 – 183.

Summers L H, Rachel L. On Falling Neutral Real Rates, Fiscal Policy and the Risk of Secular Stagnation [C] //Brookings Papers on Economic Activity BPEA Conference Drafts, March 7 – 8. 2019.

Rachel L, Smith T D. Secular Drivers of the Global Real Interest Rate [R]. Bank of England Working Paper No. 571, 2015.

金融体系的风险与脆弱性

社会网络的视角

马修·杰克逊

当今世界，各国的金融联系日益紧密，这促进了世界繁荣、增进了全球福祉，但同时也带来了风险。2008 年发生的全球金融危机正是由一些金融机构的投资失利所致，而这些机构的违约最终波及整个金融体系。回顾历史，20 世纪 30 年代美国和部分欧洲地区出现的萧条，并没有发生全球蔓延。实际上，中国在 20 世纪 30 年代前几年经济反而还在增长，被波及的时间也晚于其他国家。而现在，一国发生的金融危机会迅速蔓延至全球。这也引发了大家更全面了解金融体系的兴趣。

这里我主要想谈一谈金融机构的投资激励，它们做投资决策时并不考虑对整个体系的影响。首先，我会讨论金融市场与其他市场的不同之处，其独特性体现在两个方面。一是一家金融机构的投资会影响其他金融机构。如果某个银行欠了其他银行的债务，或者其他银行持有这家银行发行的股票，那么这家银行的投资决策就会影响其他银行的投资组合。但在其他竞争性小企业市场中，情况并非如此。在其中，一家小企业的违约或破产不会对其他企业造成太大的影响。另一个问题是，在金融市场上，人们对整个体系的信念和推测也非常重

* 本文根据作者访华期间在中国金融学会和《比较》编辑室组织的“金融传染与金融稳定”内部研讨会上的发言整理而成。

要。如果人们对金融机构的偿付能力和良好保护失去信心，这本身就会导致问题。2008—2009 年发生的金融危机就是很好的例证。当时全球股指暴跌，损失惨重。金融体系不确定性飙升，人们对整个体系失去了信心。由此可见，信念对金融体系极其重要，这也是金融市场与其他市场的不同之处。

另外，我还想分析一下金融传染与疾病传染的不同。疾病，比如流感，通过人际接触很容易从一个人传染给另一个人，这一点很容易理解。但金融行业的“疾病”传染与人类疾病有极大的不同。金融行业的独特之处在于，其拥有的是数量不多的大机构，所以金融行业的网络比我们通常认为的要小。

本文的重点是银行面临的激励。一是，银行倾向于过度冒险，这与社会的期望不相符。银行决定投资组合时，只考虑自身的目标，不会顾及社会的整体利益。二是，不同银行的投资组合的风险关联性。目标一致的银行最终的投资组合也会非常相似。这一严重问题在 2008—2009 年金融危机中显露无遗。三是，银行的交易对手数量不多。后面我还会谈到银行间伙伴关系以及银行交易对手较少的原因；政府的最优救助和监管；风险度量、压力测试以及评估银行健康度的其他方法。

本文安排如下：首先，我先分析网络与全球化背景，先从社会大网络谈起；然后转向分析金融部门以及金融市场的传染，最后分析金融机构的激励以及风险的度量。

一、网络视角下的全球化趋势

我将以 10 年为周期，来说明全球化和全球网络的变化趋势。总体来说，全球化使贸易更加频繁，国家之间的联系更为紧密。全球化在促进和平、减少贫困方面发挥了积极作用。与此同时，不断发展的金融网络在国家间和国家内部投资中扮演着非常重要的角色。银行业出现了大规模的合并。随着时间推移，许多国家的银行数量不断减少，单个银行的规模不断扩大。

我和我的学生斯蒂芬·奈（Stephen Nei）曾做过一项关于国家间政治联盟的研究。我们以 10 年为周期，研究了 1815 年拿破仑战争后 200 年间国家联盟结构的演变过程。通过对比 1870—1950 年和 1950—2010 年这两个时期，我们发现，1950—2010 年国家联盟网络更加稠密和稳固。1950 年之前每个国家平均有 2. 5 个盟国，而且这些联盟存在时间较短，任意联盟只有 2/3 的概率能维持到 5 年以上。到 1950 年后，每个国家的盟国数量增加至之前的 4 倍以上，达到 10.5 个。更关键的是，这些联盟关系相当稳固，任意联盟有 95% 的概率能维持到 5 年以上。

国家间联盟关系更紧密，这表明我们已经进入了历史上最和平的时期。我们研究了从 19 世纪初到 21 世纪初，两个国家在任意年份处于战争状态的平均概率。不同时期情况有所不同，因此数据集中存在很多噪音。1950 年之前，两国往往会陷入战争，恢复和平，然后再陷入战争，循环往复。但 1950 年后战争几乎消失了，同时国家联盟网络变得更为稠密和稳固。当今世界战争发生频率的下降与贸易增长密切相关。1950 年之前，全球贸易额占世界 GDP 的比例大约是 20% 甚至更低。1950 年后这一比例不断攀升，如今已经超过了 60%。政治盟国往往是自己的贸易伙伴，因此全球贸易的急剧增长使得国家联盟更加紧密。历史上的很多战争可以从贸易方面找到解释：非贸易伙伴国家开战的概率更大，而贸易伙伴国不会轻易兵戎相见。从古至今，双边贸易额超过 300 亿美元的国家之间从未发生过战争，显然，300 亿美元并不是一个很高的贸易额。通过这些数据我们可以看出，经济增长和全球化极大地促进了世界繁荣与和平。国际政治版图以及核武器的存在都不能真正解释长期的和平状态，稠密的贸易网络才是推动和平的主要力量（具体的分析参见 Jackson and Nei, 2015）。

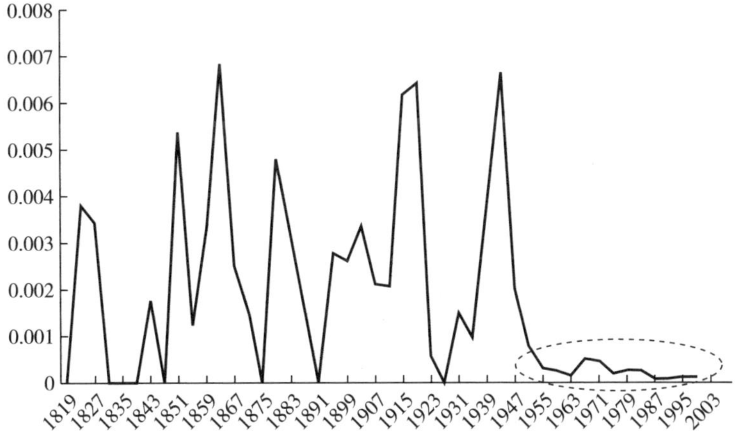

图 1 国家间发生战争的概率

全球化也极大地促进了中国的发展。一直以来美国都是世界上最大的商品出口国，但其占全球商品出口市场的份额在不断减少。反观中国，中国商品出

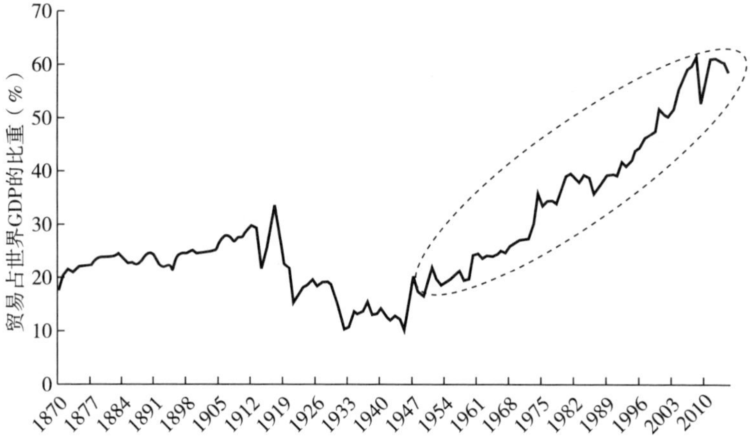

图2　国际贸易演变趋势

口额呈指数增长，现在已经成为世界上最大的商品出口国。全球贸易的增长大幅降低了贫困率。1980年，全球40%的人口生活在贫困线以下，如今这一比例不到10%（见图3）。全球化促进了贸易，减少了贫困人口。虽然当今世界上仍有不少贫困人口，也有人怀疑现在的贫困线太低，但毋庸置疑，全球在减贫方面已经取得了相当大的成就。

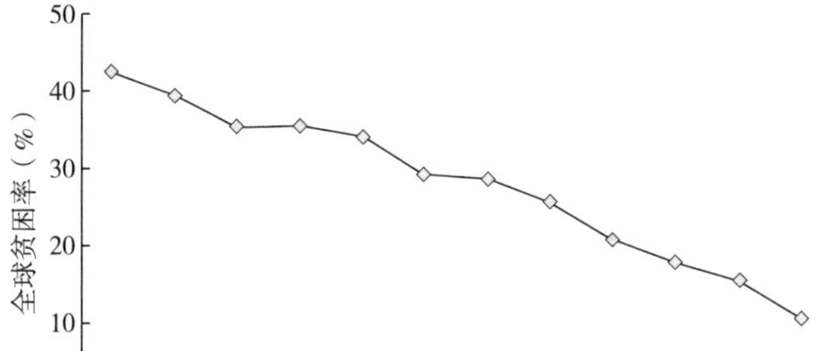

图3　全球贫困率

然而全球化的成果并没有被均等地分享。我们可以看看美国、中国和英国的基尼系数。在大萧条时期，美国基尼系数达到历史最高水平，在20世纪40年代后有所回落，但在70年代后又开始升高。中国在传统农业社会时期基尼系数很低，但是随着制造业和服务业的发展，中国的基尼系数急剧上升。英国的基尼系数也在不断攀升。由此可见，全球化加剧了各国内部的不平等。这不是本文要讨论的主题，我这里只是简单提及。

二、金融网络及其系统性风险

随着全球化的推进，全球金融网络也在不断演变。金融网络主要有两个变化趋势。一是金融一体化。贸易增长促进了金融一体化，更多资金在国家间以及国家内部机构之间流动。二是金融机构的合并。纵观世界各国，我们会发现，很多国家的金融部门在发展壮大，金融部门的资金在增长，但是金融机构的数量却在减少。追求规模经济和范围经济促使银行等金融机构不断扩大规模。

首先，我们可以通过一组数据了解全球金融一体化的加剧。2000 年全球跨境投资（包括债券、股票、外商直接投资以及其他类型的跨国借贷等）总额约为 26 万亿美元，2016 年增至 132 万亿美元，增长超过了 5 倍。2000 年跨境持有的债券和股票的比例为 17% 和 18%，到 2016 年分别增至 27% 和 30%。随着金融一体化的加深，国际资金流动、外国直接投资、跨国公司、国家间借贷及交叉持股不断增加。一国内部各机构之间的联系也在日益增加。仅举一例，美国银行 23% 的资产来自其他银行的债务或权益，48% 的债务是对其他银行的债务，也就是说其他银行几乎持有该银行一半的债务。这意味着金融部门的网络是高度连接的，如果其中一家银行违约，其他银行也会面临危机，因为资金无时无刻不在银行间流动。不管从短期还是长期看，不同银行之间的联系都非常紧密。

其次，金融机构的合并。1980 年，美国联邦存款保险公司的客户银行超过 14000 家，到 2008 年只剩下不足 5000 家，数量仅约为原来的 1/3。银行数量减少不是因为银行部门的收缩，相反，银行部门的总资产增长了 8 倍以上，从 1980 年的 2 万亿美元增加到 2015 年的 16.5 万亿美元。金融服务合并到大型银行体现了金融行业巨大的规模经济效应。在金融市场上，规模庞大会带来很多优势：规模更大的金融巨头有利于获取信息，实现规模经济，使投资组合更加分散。

资本在银行间的分布并不均匀，大量资本集中在头部的少数几家银行。2016 年，全球最大的 10 家银行的总资产近 26 万亿美元，几乎占全球 GDP 的 1/3，当时全球 GDP 仅略高于 75 万亿美元。这 10 家银行中有 4 家来自中国，所以这 26 万亿美元中的很大一部分是由中国这四家银行贡献的。2018 年，欧洲前 10 大银行的总资产超过 15 万亿美元。1990 年美国前 5 大银行约占国内银行业总资产的 10%，到 2015 年已接近 45%。

总之，全球化在促进贸易、维护和平、减少贫困以及提高投资效率方面发挥了积极作用。全球化还带来了范围经济和规模经济效应。但是，随着各大金融机构之间的联系越来越紧密，全球化也加剧了冲击传导和危机传染的风险。

全球金融体系的一体化会加剧金融传染风险。此处我将系统性风险分为四类。第一类是恐慌和挤兑，表现为人们对金融体系失去信心。我们可以借用博弈论中的多重均衡这一基本经济学模型解释这一现象。如果我认为其他人都对金融体系充满信心，我就愿意把钱存在银行。银行挤兑指的是我们认为其他人都对银行丧失了信心，如果我预见其他人都会从该银行提取存款，那么谨慎起见，我也要尽早提取存款，由此挤兑会自我实现，这也是引发系统性风险的元凶。只要引起挤兑的消息在人们心里埋下了不确定性的种子，就会导致系统性金融危机。

第二类系统性风险来源是推测和流动性枯竭。这一问题在 2008 年金融危机中暴露无遗，2009 年时最为严重。当时各国银行对美国、欧洲甚至中国金融市场都丧失了信心。银行间互不信任导致同业拆借几乎枯竭。不确定对方是否具有偿付能力使得银行不会轻易放贷。当时银行间借贷市场急剧收缩，美联储以及欧洲央行在内的各国央行不得不为银行提供了大部分流动性。

第三类系统性风险是资产抛售和相互关联的投资组合（correlated portfolios）。这类风险相当严重，也是目前金融体系的一大威胁。许多金融机构为相同的地区、企业和个人提供贷款，投资组合趋于同质化且相互关联。一旦其中一个出问题，其他都会被牵连，致使金融网络非常脆弱。

最后一类系统性风险最为常见，即连锁违约（cascading defaults）和网络效应，也即传染效应。当一家规模较大的银行出现偿付危机时，比如无法偿还债务、无法履行回购协议或者无法为衍生品追加保证金，这个过程就启动了。不管出于以上何种原因，只要一家银行违约就会拖累其债权人，债权人再拖累它的债权人……进而导致系统性金融风险。这一问题在美国 2008 年金融危机中尤为突出。一旦美国国际集团步雷曼兄弟的后尘走向破产，房利美和房地美也难逃厄运。所以当美国国际集团深陷泥潭，无法偿还巨额债务时，美国政府不得不出手救助，以避免危机蔓延。

三、网络与传染的关系

金融市场的传染从根本上有别于其他类型的传染。此处，我想谈谈网络与传染的关系。我主要分析疾病传染、行为传染和金融传染三种不同类型的传染。疾病传染，包括流感、感冒和其他疾病的传染，较为简单。以流感为例，假设在一个很小的社会网络中，只考虑两个人之间的互动，即两人互为朋友。假如其中一个人患病，就会把流感传染给另一个人。如果患者与其他人接触，第三个人也会患病，疾病随之扩散。这里我们要引入一个平均度的概念。平均度指的是每个个体的平均连接数。平均度为 0.5 表示每个人平均有 0.5 个朋友，我稍后会把平均度应用于金融传染。当平均度为 0.5 时，网络基本不连通，由于网络较为稀疏，疾病不会扩散，所以网络不会出现系统性传染。疾病感染的临界值是平均度为 1。一旦平均度超过 1，不同节点就能通过网络路径连接起来。疾病在节点之间传播，系统性传染就可能发生。从电脑随机生成的网络可以看出，当平均度为 1.5 时，如果是没有连通的节点患病，也不会发生传染；如果是连通的节点患病，最终将感染网络中一半的节点。随着平均度从 1.5、2.5 增加至 5，网络越来越密集，疾病传染风险也越来越高。平均度达到 5 时，疾病网络非常密集，传染风险极高。

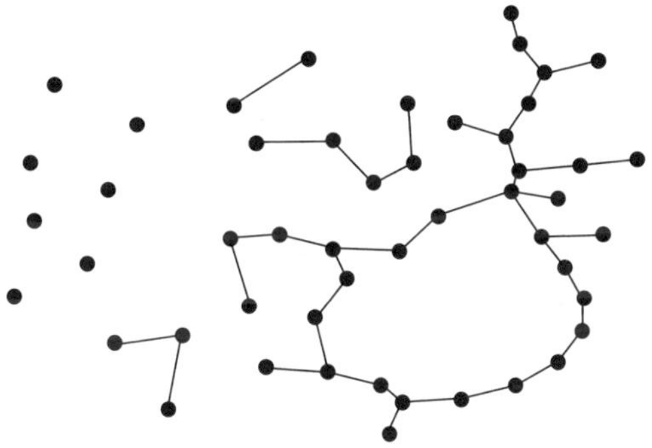

4a　平均度为 1.5

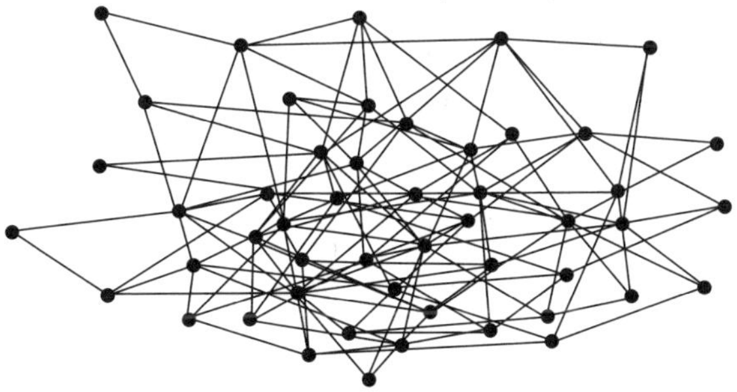

4b　平均度为 5

图 4　电脑随机生成的不同平均度的网络

基本再生数是指一个病人在其患病期内传染的人数，用于表示疾病传染的难易程度。“1”是个很神奇的数字。基本再生数大于1，疾病就会蔓延；小于1，疾病会逐步消亡。如果每个感染者造成的新感染超过1个，传染就会继续扩大。不同病种的再生数不同。麻疹是传染性最强的疾病之一，基本再生数可达12—18，对于未接种疫苗的人群非常危险。埃博拉病毒的基本再生数为1.5—2.5，传播度不高是该病毒没有波及全球的原因之一。白喉、腮腺炎、小儿麻痹症、风疹等疾病的基本再生数为4—7。对于疾病，人们真正关心的是传播网络的密集程度，即互动的人数和疾病传染的难易程度。降低基本再生数是免疫政策的核心。为患者接种疫苗可以阻止疾病的广泛传播。黑死病传播速度其实非常缓慢，经过两年的时间才从中国传到欧洲，又经过了四年的时间才蔓延至整个欧洲。但当今世界紧密相连，传染性疾病传播极其迅猛。比如埃博拉病毒仅用一周时间就从非洲蔓延至美国。

人类行为的传染网络更为复杂。人们倾向于让自己的行为与其他人保持协同。借用博弈论的术语讲，叫作多重均衡。注册微信、购买软件、采用新技术、信谣传谣，无一不体现出人类行为的传染性。假设我只有一个朋友注册微信，我可能不会注册微信。一旦我有10个甚至50个朋友注册微信，我就会跟风注册。注册微信的人越多，我注册微信的想法就越强烈。行为传染其实不太容易发生，这也是新技术很难被采纳的原因之一。不同于疾病传染，行为传染需要经过多次互动才能实现。无法实现多次互动就增加了采纳新技术的难度。没有人跨出第一步，因此所有人都不愿意轻易尝试。

四、金融危机的传染

接下来，我们讨论金融危机的传染。金融危机传染的前提是金融机构间的互动以及传播途径。首先，一家银行的违约必能引起另一家银行的违约，这与疾病传播一样简单。其次，与行为传染一样，金融传染需要有多次互动（多个合约），因为必须有多个交易对手违约才会导致某个银行陷入困境。再次，金融机构间存在相互关联的投资组合。于是，一家银行出问题，其他持有同类资产的银行也可能会面临问题，使金融危机更易传染。相同的风险敞口会使银行同时处于脆弱状态。

金融传染与疾病传染网络有根本的区别。网络越稠密，疾病传染风险越高。但稠密的金融网络会使投资组合多样化，反而有助于降低风险。我和阿加瑟·帕努德（Agathe Pernoud）合著的一篇论文中提出了金融传染的基本模型。首先我会以银行 i 为例，简单解释银行资产负债表的组成。银行 i 资产负债表中的资产端包括投资组合和持有的其他银行的债务。其中投资组合指银行 i 向私人企业发放的贷款，或者进行的一些投资。比如，D_{ij} 指银行 j 对银行 i 的负债，S_{ij} 表示银行 i 持有的银行 j 的股份，这些都要记录在银行 i 的资产端。银行 i 资产负债表中的负债部分包括对非银行部门的外部负债和对其他银行的负债。以上是最简单的银行资产负债表模型。

下面我将通过简单的案例分析解释金融传染。假设银行 i 总资产为 22，其中持有其他银行债务为 10，投资组合为 12。银行 i 总负债为 22，其中欠其他银行债务为 10，存款为 10，权益为 2。假设银行 i 与其他银行间存在债务往来。银行 i 持有其他银行的债务 10 分别来自 4 家不同银行，每家银行欠银行 i 2.5 的债务。银行 i 所欠的债务同样由 4 家银行持有，每家银行持有银行 i 价值 2.5 的债务。现在我们看看如果其中一家银行违约会发生什么。如果某家欠银行 i 债务的银行失去偿付能力，那么它就没办法偿还欠银行 i 的债务，这也意味着银行 i 无法按期偿还其部分负债……由此会引起连锁反应，进而产生不连续的破产成本（discontinuous bankruptcy cost）。银行破产成本包括银行必须抛售资产、终止合约、解除复杂合同等。

资产	负债
10 其他银行的负债	10 欠其他银行的债务
	10 存款
12 投资组合	2 权益

图 5　银行 i 的资产负债表

2008 年雷曼兄弟破产时，其欠有 3620 亿美元的债务，事实上按债权人的说法，雷曼兄弟所欠债务几乎高达 1 万亿美元。最终法院批准了 3620 亿美元的债务，但其中只有 28% 得到了清偿。其余的都用于支付法律诉讼费用以及其他费用，成了破产成本。破产成本的约 4/11 是（为尝试解决破产问题的）法律成本，7/11 为资产贬值，因为机构破产后终止投资、清算资产时，资产价格会急剧下跌。而如果其他银行也持有同类资产，则持有同类资产的这些银行也会遭殃。

金融传染与疾病传染的不同之处在于，银行间流通的少量资金出现问题，就足以让银行资不抵债。银行 i 持有其他四家银行各 2.5 的债务，那么银行 i 对这四家银行就有很大的风险敞口。假设银行 i 有更多的交易对手，不再仅持有 4 家银行各 2.5 的债务，而是持有 10 家银行各 1 的债务，金融网络会更加密集。提升金融网络连通性有利于减小银行 i 对任一交易对手的风险敞口。现在即使某个交易对手违约，银行 i 也不会丧失偿付能力。银行拥有更多交易对手会减小其对任一交易对手的风险敞口，这是金融传染与疾病传染的根本区别。

以下这一简单模型出自我和马修·艾略特以及本·戈卢布（Matthew Elliott and Benjamin Golub）合著的一篇关于金融传染的论文。该模型与我们之前提到的基本再生数这一概念有关。图 6 中 x 轴表示银行 i 拥有的交易对手数量，即与银行 i 存在债务往来的银行数量。y 轴表示随着银行 i 交易对手数量不断增加，银行 i 违约可能传染的银行数量。以简单的资产负债表为例，随着银行 i 的交易对手数量从小于 1、等于 1，增加至大于 1，y 轴会如何变化？如果银行 i 违约，会对金融体系造成多大风险？如果银行 i 的交易对手数量极少，金融网络基本不连通，此时不会发生金融传染。随着合作伙伴增加，金融网络连通，传染就可能发生，且银行 i 对每个交易对手都有很大的风险敞口。交易对手数量为 3 时，金融网络密集性强，风险敞口大，金融传染风险最高。随着交易对手数量的继续增加，传染风险会有所下降。简单疾病传染符合单调递增函数，而金融传染的函数是抛物线。网络连通性低时，金融传染风险低。网络连通性高时，金融机构风险敞口会变得分散，传染风险也会降低。金融传染风险最高的是中间地带，此时连接数大于基本再生数“1”，各金融机构间有足够的连通网络，但风险敞口又不够分散。所以处于中间地带对于金融市场来说是最危险的。

不过，就算交易对手数量非常多，风险敞口足够分散，相互关联的资产也会导致金融传染。如果交易伙伴的投资同质化，那么其中一家银行出现违约，其他伙伴也会出现危机。希腊金融危机以及最近发生的金融危机无一不

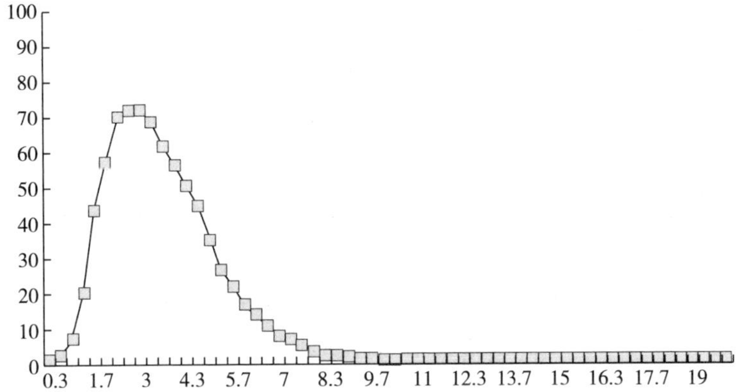

图6　交易对手和传染风险

体现了这一点。希腊金融危机发生时，法国、德国、意大利等欧洲国家的很多银行都持有希腊国债，对希腊国债风险敞口较大。这些银行的投资组合非常相似，关联性高，极易同时出现违约。由此看来，即使风险敞口分散，也难以杜绝金融传染。如果各银行资产关联性高，一旦出现不良贷款，它们就会同时丧失偿付能力。因此，金融传染风险取决于交易对手数量、资产关联性以及投资组合风险。如果了解金融网络的构造，通过粗略计算，就可以简单模拟压力测试。进行压力测试时不能只着眼于个别银行，而需要考虑整个金融体系。研究金融网络时需要了解某家银行的交易对手有多少，分别是哪些银行，以及交易对手之间的资产关联性。这些因素都会影响金融传染的系统性风险。

五、金融机构投资和建立伙伴关系的动机

下面我以银行 i 为例，运用简单的标准金融模型，来解释银行投资和建立伙伴关系的动机。假设银行 i 可以投资两种资产——风险资产与无风险资产。银行 i 需要决定投入风险资产的比例。q_i表示投入风险资产的比例，$1-q_i$表示投入相对安全资产的比例。银行 i 的净资产可以用公式表示为：$q_i p_i+(1-q_i)(1+r)+D_i^A-D_i^L+\sum S_{ij}V_j$。其中 p_i表示风险资产的收益率，$(1+r)$ 表示相对安全资产的收益率，D_i^A 表示银行 i 所持债务，D_i^L 表示银行 i 所欠债务，$S_{ij}V_j$表示银行 i 在银行 j 的持股收益。

现在我们来分析两个简单问题：一，银行 i 的投资动机是什么？二，银行

i 是如何决定 q_i 的，它的这一决定会对社会产生什么影响？银行 i 追求净资产的最大化，但前提是其预期净资产为正。因为一旦净资产为负，银行 i 就不再有偿付能力，投资人就会撤资，也就无须再关心该银行的净资产了。但银行的社会价值不仅是指银行的投资与正资产，银行净资产为负也会对社会产生影响。也就是说，如果银行 i 违约，整个社会中的其他银行、投资者、政府等都会承担它的违约成本。银行违约会产生传染成本，即违约银行的负资产以及对其他银行的拖累。社会必须承担这些损失，因此社会关心银行的全部资产价值，但银行投资者只顾追求高回报，而不注重防范投资风险。银行有动机投资高风险资产，以至于其风险投资水平与社会期望相背离。

那该如何监管一家有动机投资高风险的银行呢？一般来讲，监管银行投资风险水平有两种方法。第一种是规定银行必须持有一定数量的无风险资产，比如准备金，一定数量的国家债券和其他相对安全的资产。第二种方法是让银行自由投资，在银行违约时，政府出面干预或救助。也就是说，你愿意救助它们，所以你让它们自由投资。想知道不同的情景下哪种干预更有效，我们引入了金融中心度的概念。金融中心度指银行在金融体系中的重要程度，即该银行违约或破产对其他银行的潜在影响。如果我们有一张金融体系网络图，我们就能清晰地知道一家银行持有的债务和权益，以及它的投资取向，进而知道其投资组合的变动会对整个体系产生多大的影响。也就是说，我们可以将所有机构总价值的变化视为该机构投资组合的函数。通过粗略计算，就能看出一家银行投资组合的改变，会引起整个金融体系多大的波动，这其实可以设计一个很简单的算法。对于一家有多种投资组合的大型银行而言，看起来可能会非常复杂，但在设定好算法之后，实际操作过程中其实很简单，就是分析一家银行破产产生的诱导性破产风险，以及其违约导致其他金融机构失去偿付能力的总影响。因此，只有银行的中心度不高，即对其他银行的影响不太集中的情况下，才能允许其自由进行风险投资。

个别银行金融中心度很高可能因为它是一家大机构，其影响范围很广；也可能它是一家规模不大的机构，但是它处在网络的重要节点上，也能对整个金融体系产生重大的影响。

银行的破产成本包括金融中心度导致的传染成本（简称金融成本，FC）和干预成本。干预成本指政府接管破产银行时产生的资金成本及其他成本，如果银行事先知道面临破产时会有政府救助，它就有激励过度冒险。下面我们来分析银行的投资组合。假设银行 i 进行风险资产的投资比例为 q，风险资产收益率可能为 R，那么银行 i 投资资产价值是 $qR+(1-q)(1+r)-d$，只要净资产大于 0，银行 i 就不会发生危机。如果银行 i 投资的风险资产是收益率为 0 的不良资产，在这种情况下，银行 i 的净资产为安全资产收益与债务支出，以及由于金融中心度造成的金融成本的差值，即 $(1-q)(1+r)-d-FC$。此时银行 i 的资产价值可能为正，也可能为负。那么如何对银行进行监管呢？什么时候应该允许银行进行风险投资？一种情况是设定准备金要求，并确保银行持有足够的安全资产来偿还其所有的债务，即 $(1-q)(1+r)>d$。在没有准备金要求时，银行净资产是资产的预期价值与金融成本的差值。如果有准备金要求，就不存在金融成本，但资产的预计价值会降低，因为银行的风险资产投资更少了。

因此政府需要权衡利弊，实现自由市场与监管的恰当平衡。政府可以根据以上公式决定是否允许一家银行进行风险投资。如果风险资产的超额收益高于银行破产带来的金融成本，政府应允许银行自由投资。反之则应该设定准备金要求。如果银行 i 的风险投资预期收益高，且它的金融中心度相对较低，则应该允许银行进行自由投资。但如果银行 i 的金融中心度高，与很多银行存在业务往来，那么银行 i 破产带来的潜在危害就很大，政府应该监管。因此，实施准备金政策取决于金融中心度的大小。

政府可以采用以上方法决定是否对银行采取放任态度，等到危机发生后再来收拾残局。如果政府决定救助银行，那么银行的中心度将不再重要，因为无论如何政府都会替银行清偿贷款，银行的危机就不会蔓延至整个金融体系。这种情况下银行投资净资产的计算方式会略有不同，成本不再是银行倒闭产生的金融成本，而是政府的干预成本。这种计算方式有点复杂，但是基本理念是政府允许银行进行高回报的风险投资会产生成本：一是银行破产可能导致金融市场连锁反应的成本，二是政府救助破产银行的干预成本。如果这两种成本都相对较低，政府应放任银行自由投资。反之，政府则应对银行进行监管，确保投资组合更加安全以避免金融成本和干预成本。银行进行风险资产投资时只考虑自己的风险成本，而政府在监管时会评估银行破产的金融成本以及干预成本。

六、投资组合的关联性

接下来我想谈谈投资组合的关联性。如果金融机构间投资组合的关联性过高，会同时因资不抵债而破产，引发系统性风险。金融机构投资组合关联性高的原因之一就是政府限制银行的可投资资产类型。以欧洲为例，欧洲政府通过限制不同银行可投资的资产类型对银行进行监管。在中国也有类似的规定，银行只能投资特定的资产类型。因此，一家银行陷入困境，其他银行也将难逃厄运。政府的限制导致了银行投资的同质化，提高了投资组合的关联性，最终使得这些银行同时面临财务危机。

金融机构投资组合关联性高的第二个原因是，各大银行为吸引存款客户相互竞争。银行争相提供高利率来吸收存款，力争实现利润最大化以吸引外部股东的青睐。为了在预期收益方面胜过对手，所有银行都在寻求最高回报的投资组合，同业竞争促使银行做出相同的投资组合决策。

金融机构投资组合关联性高的第三个原因是，同业拆借导致的风险叠加。一家银行违约或者破产就会拖累其他银行。如果一家银行破产，其他银行为了不被拖累，就会与该银行中断业务往来；如果这家银行有偿付能力，其他银行会继续与之合作。因此银行会同时具备偿付能力或同步陷入财务危机。以上是银行等金融机构投资组合关联性高的三个原因。而关联性高的风险在于，使各大银行同时陷入危机并加速危机的蔓延。

图6为金融传染的威胁随交易对手数量变化的曲线。如果银行交易对手较少，则金融传染风险较高，因为它对为数不多的几个交易对手都有很大的风险敞口。随着交易对手数量的增加，银行对任意交易对手的风险敞口将会减小，金融传染风险也会降低。那么银行希望与几家伙伴做生意呢？同太多银行维持业务联系要付出更大成本，订立合同与细分业务成本很高，操作也更困难。因此相比于广泛分散的业务，只与少数几家伙伴做生意的吸引力要大得多。社会希望银行建立更多伙伴关系以降低风险，而银行倾向于维持少数几个伙伴关系，这比同许多伙伴开展业务往来成本低得多。我们模拟不同类型资产分布，做出了简单模型图7。x 轴表示银行交易对手数量。实线是银利润随交易对手数量变化的趋势图。虚线表示社会效益随银行交易对手数量变化的趋势图。银行利润与伙伴数量呈负相关关系，因此银行倾向于减少伙伴数量。但是银行伙伴数量更多时，社会效益会达到最大。然而银行的利益往往与社会效益不一致。银行减少交易对手的倾向与社会期望相背离。

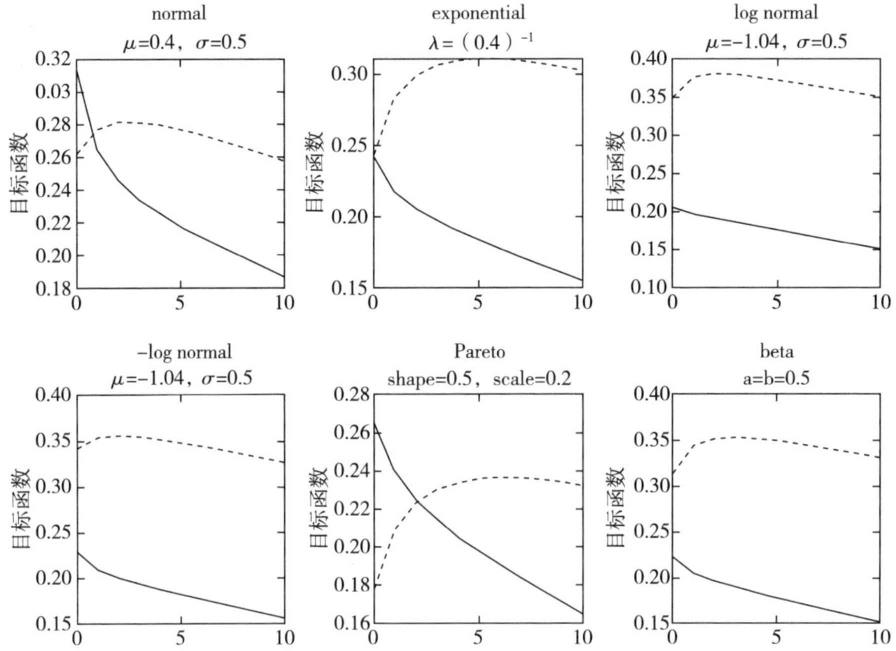

图 7

七、测度和化解系统性风险

金融监管机构、中央银行进行压力测试时不能只针对单个银行，而应进行涵盖整个金融体系的宏观压力测试。由于资产关联性高，一家银行违约会危及整个金融体系，因此监管机构需要了解银行间的债务、交叉持股及投资组合情况，对整个金融体系进行压力测试。针对单个金融机构的压力测试往往会低估投资组合关联性及系统性问题，无法了解在险价值的全貌，容易忽略关联性自我放大的问题。在对单个银行进行评估时，不应该局限于该银行的偿付能力，而应该评估如果其合伙人丧失偿付能力，该银行是否会随之违约。这是压力测试需要考虑的另一问题。据我所知，目前美国和欧洲进行的压力测试大多是单一压力测试，而非宏观压力测试。宏观压力测试需要监控所有银行以及银行间的业务往来情况。银行系统外的流动资金越多，系统监控就越困难。

总之，金融传染的特殊性是由金融网络结构决定的。金融市场仍存在很多问题。一是金融机构过度承担风险，它们不会考虑系统性金融风险。二是银行的业务过分集中在几家核心伙伴，且机构间投资组合关联性过高，金融网络过于密集，不够分散。美国、欧洲、亚洲的破产法都是几十年前甚至几百年前确立的，当今的金融环境与破产法制定时已经不可同日而语，所以现有的破产法已经无法解决现代金融体系的破产问题。而网络分析能帮我们更好地理解如何应对这些系统性问题。

新书架

New Books

Comparative

经济叙事与病毒传播

罗伯特·希勒

在我们着手研究经济叙事如何像病毒般传播之前，可以先思考一下细菌和病毒是如何蔓延传播的。流行病学领域宝贵的经验教训也许能够帮助解释比特币的故事（以及其他很多经济叙事）是如何像病毒般传播的。

我们先来看看由真正的病毒引起的疾病。2013—2015 年席卷西非——几内亚、利比里亚和塞拉利昂——的埃博拉重大疫情就是其中一例。埃博拉是一种病毒性疾病，目前还没有有效的疫苗或疗法，感染者大多会丧命。埃博拉是通过体液在人与人之间传播的。通过住院治疗、隔离检疫以及妥善处理埋葬死者，可以降低其传染性。

在图 1 中，我们可以看到利比里亚一个社区的埃博拉疫情情况，这是一条典型的流行病曲线。请注意，埃博拉新增病例数呈驼峰模式。疫情先是上升，然后再下降。上升期为传染率（即新感染者增长率）超过康复率与死亡率之和的时期。在上升期，因传染导致的感染者人数增加的速度超过了因康复或死亡导致的感染者人数下降的速度。而在下降期，这个过程出现了反转。也就是说，由于康复或死亡导致的感染者数量下降的速度超过了由于传染导致的感染人数增加的速度，从而让感染人数稳定下降，这也标志着疫情的终止。

---

* 本文摘自罗伯特·希勒的新书《叙事经济学》，中文版已由中信出版社出版。略有改动。——编者注

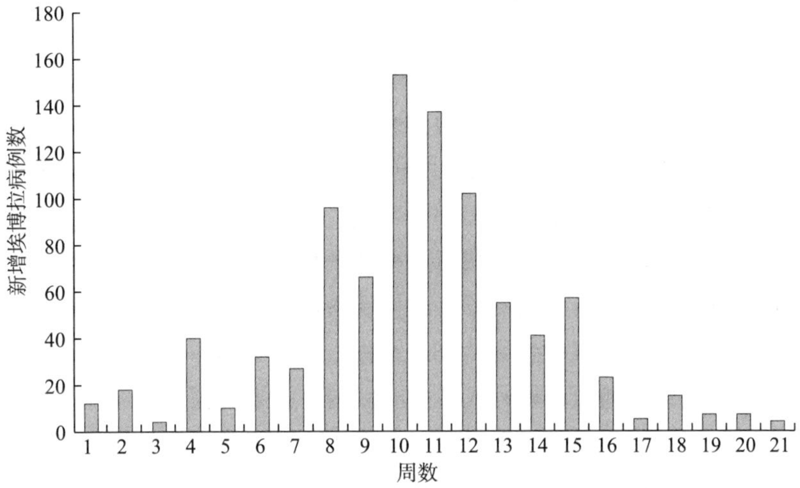

图 1　流行病曲线示例（2014 年 6 月 8 日至 11 月 1 日利比里亚洛法县）

注：每周新增的埃博拉病例数量。后面我们将会看到很多经济叙事，它们在数字化数据库中的盛行程度也遵循类似的驼峰模式。

资料来源：美国疾病控制和预防中心。

疫情开始之后，埃博拉病毒的传染率最终因各种原因下降，这其中尤其要感谢无国界医生组织、一百多个非政府组织以及冒着生命危险的个人为了降低非洲的传染率做出的不懈努力。根据世界卫生组织的数据，医护人员感染埃博拉的可能性是当地一般人群的 21—32 倍，截至 2015 年，已有 815 起医护人员感染埃博拉的确诊和疑似病例。他们中的大多数人都去世了。

传染、康复和衰退

通过避免与病人接触降低传染率的做法算不上什么新举措。隔离措施的历史至少可以回溯至 1377 年，当时，威尼斯在瘟疫期间对海上抵达者实施了 30 天的隔离期，然后又对陆地旅行者实施了 40 天的隔离期（“隔离”这个词起源于拉丁语的“四十”）。我们偶尔也会看到旨在加剧传染的战争行为，比如在 1346 年围攻卡法一役中，就曾有过将瘟疫死者的尸体弹射到一座设防城市的做法。

传染率下降的另一个原因是易感人群的减少。这一人群之所以会随着时间的推移减少，是因为感染过疾病的人现在产生了免疫力（或者已经死亡）。即使没有医护人员采取行动控制疾病，这一机制也会生效，附录对这一机制进行了建模；在现代医学出现之前，过去的流行病就是这种情况。最终，这些流行病在所有人都被感染之前结束了。

在传染率低于康复率和死亡率之和时，疾病并不会立即消失，传染率并不会降至零。要想战胜流行病，唯一需要做的就是将传染率降到康复率以下。除非传染率为零，否则新的病例仍会出现，但病人总数在下降，并逐渐减少至零，此时疫情也就告一段落。

我们在此所说的是多人的平均传染率和平均康复率。但是，不同携带者的传染率和康复率可能会有很大差异。即使所占比例相对较少，超级传播者仍有可能传染很多人。一个世纪前的“伤寒玛丽”——玛丽·马龙（Mary Mallon）就是这样一个超级传播者，她在几年的时间内将伤寒传播给了至少122人。就叙事而言，如果没有这些超级传播者，我们大多数人的传染性可能都不足以引发一场流行病。一小部分的超级传播者就有可能让平均传染率远高于标准传染率。如今可以使用加速分析进行营销，从而实现叙事的超级传播，比如近来英伟达公司（NVIDIA）或超威半导体公司（AMD）提供的那类分析，而这种营销是我们大多数人看不到的。因此，我们不能总是通过自己对叙事的着迷程度准确判断它的传播力。

流行病为何会在某一时间和地点出现？它在高峰期之后为何会出现下降？这两点往往都难以解释。很多因素影响着传染率和康复率，而这些因素可能难以记录在案。比如，康复的最终原因可能是天气变化，这是比较容易记录在案的，也可能是导致疾病传播的人际接触减少了，而这是很难记录在案的；也可能它是两者结合起来导致的结果。要想造成这样的结果并不需要极大的或明显的变化。

我们可以将同样的模型应用于经济叙事的流行。无论是面对面还是通过电话或社交媒体，传播都是通过谈话在人与人之间发生的。传播也可以发生在新闻媒体和脱口秀节目之间，因为他们会观看和阅读对方的故事。和刚才一样，这种传播的最终原因可能并不那么一目了然。幸运的是，大多数经济叙事不会致人死亡，但基本过程是一样的。医学模型中的“康复加死亡”变量在我们构建的经济模型中仅表现为恢复，即对叙事失去兴趣，或者遗忘。经济叙事遵循的模式与疾病传播的模式是一样的：先是越来越多的感染者向外传播叙事，持续一段时间之后，就是遗忘叙事以及失去谈论的兴趣。

在医学和叙事流行中，我们看到了相同的基本原理：要想让流行蔓延起来，传染率必须超过康复率。比如，当我们发现埃博拉病毒在一个城镇感染了数百人而在另一个城镇几乎没有感染任何人时，可能是某个不起眼的因素导致1号城镇的埃博拉病毒传染率高于2号城镇，从而使得1号城镇在疫情开始时的传染率高于康复率。同时，2号城镇没有出现疾病蔓延是因为传染率不够高，无法抵消康复率。同样，叙事流行中也可能存在两种不同的叙事，其中一种叙事的繁枝细节使它比另一种叙事更具传播力。繁枝细节使第一种叙事而非第二种叙事成为流行叙事。我们可以将这一结论应用于比特币叙事。

比特币叙事的传播

图2绘出了"金银复本位制"和"比特币"这两个词在新闻和报纸中的出现频率。这幅图不是价格图，而是公众关注度指数。"金银复本位制"或"比特币"都代表了要求货币本位制转型的激进思想，两者都号称会让经济受益无穷。这两个词各自代表着一个叙事星座，星座中不仅包含了理论故事，也包含了人文故事。这两个词的走势图看起来非常相似，也都类似于图1中的典型感染曲线。我们还没有像金银复本位制那样看到比特币叙事的明确终点，只有时间才能给出答案。

我们将在第12章详细讨论曾经风行一时的金银复本位制流行以及其他叙事流行。眼下我们只需要知道金银复本位制和比特币都诉诸货币理论就足够了。在这两种情况下，很多人都开始将一项特定的创新视为绝妙的、时尚的或是走在时代前沿的创新。两者的传播都呈现与流行病曲线相似的驼峰形曲线。相比之下，图2中的曲线看起来更尖（也就是说，左右被压缩了），这是因为该图绘制了一个多世纪的数据，因而超出了病毒感染的恶性期。事实上，金银复本位制和比特币的叙事持续了多年，而不是像埃博拉那样只持续了数周，但同一流行病理论适用于所有这三种情况。就金银复本位制而言，我们还会在20世纪30年代的大萧条时期看到一次规模较小的继发流行，但并没有达到太大的规模。这就像是疾病的一次继发性传播。

所以，叙事流行真的很像疾病流行，而且还不止如此。同样值得注意的是，疾病和叙事会有同时流行的情况。2018年埃博拉疫情暴发期间，刚果的医学研究人员发现该病的高度传染性与当地人口接触的叙事是相互关联的。超过80%的受访者表示他们听说过"埃博拉病毒并不存在""埃博拉病毒是为了获取经济利益捏造出来的""埃博拉病毒是为了破坏该地区的稳定捏造出来的"

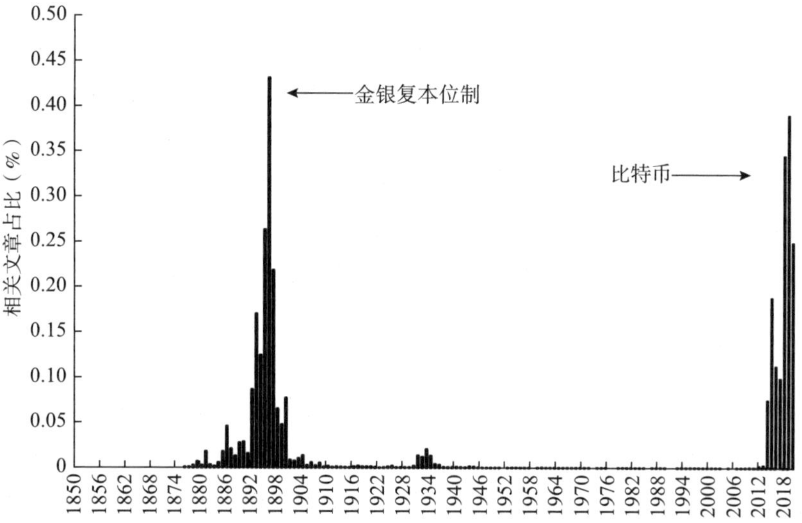

图 2　1850—2019 年新闻和报纸中提到“金银复本位制”或“比特币”的文章占比（按年统计）

注：这两个相隔一个多世纪的货币创新流行叙事有着惊人相似的流行模式，两者与图 1 中的疾病流行曲线也很相似。

资料来源：作者根据 ProQuest 的数据计算得出的结果。

等错误信息。对每一种说法，都有 25% 以上的受访者表示他们相信相关叙事。这些叙事阻碍了预防措施并扩大了疾病范围。这两种流行相互汲取力量，进而发展壮大。

本书附录列出了流行病学的理论和模型，包括 1927 年的克马克—麦肯德里克（Kermack-McKendrick）SIR 原始模型，以帮助解释经济叙事的传播原理。这些模型将人群分成几个类别：疾病易感人群（*S*）、感染并传播疾病的人群（*I*）以及康复或死亡人群（*R*）。所有模型都设定了传染率和康复率。我们可以将图 1 和图 2 视为感染者人数（*I*）的证据。即使没有任何医疗干预，这些模型往往也都预测出驼峰形状的流行路径，如附录中的图 A. 1。疾病流行趋势终将减弱，因为尚未感染疾病的人口比例正在下降，从而使传染率降至康复率以下。

我们在附录中还会看到，到达峰值的时间和流行病的持续时长可能会有极大差异，具体取决于模型参数。埃博拉疫情在一个特定地区流行了几个月，但我们不应该认为所有的流行病都遵循同样短的时间表。换言之，只要传染率不低于康复率，那么即使初始传染率较低，埃博拉疫情也有可能会持续数年。

举例来说，流行病学家已将人类免疫缺陷病毒（以下简称 HIV 病毒）引起的获得性免疫缺陷综合征（以下简称艾滋病）定性为不具有很强传染性的疾病，他们也建议专业医疗人员不要因为害怕感染 HIV 病毒就不敢治疗艾滋病人。[6]艾滋病往往只会在某些涉及不安全操作的情况下传播。艾滋病是一种缓慢发展了数十年的流行病，甚至比金银复本位制和比特币的流行还要缓慢，虽然传染率较低，但它还是能够继续增长，因为它的康复率更低：HIV 病毒感染者可以在长达多年的时间里继续感染其他人。

经济学模型的传播

2011 年，让－巴蒂斯特·米歇尔（Jean-Baptiste Michel）及其合作团队在《科学》上发表了一篇文章，他们给出证据表明，名人在书籍中被提及的次数往往会随着时间的推移呈现驼峰形状：先是上升，然后出现下降，时长为数十年而不是数月或数年。他们在埃雷兹·艾登（Erez Aiden）和让－巴蒂斯特·米歇尔的《可视化未来：数据透视下的人文大趋势》（2013）一书中详述了这一结论。

相同的模式似乎也适用于经济理论。在第 5 章中，我们会着手探讨拉弗曲线这一叙事的传播。拉弗曲线是揭示税率与税收收入之间关系的一个简单模型。不过先让我们简要地指出一点，即这些模式甚至适用于那些主要在专业经济学家中传阅的“高雅”经济理论。图 3 列出了 Google Ngrams 对四种经济理论的搜索结果：［约翰·希克斯爵士（Sir John Hicks）于 1937 年提出的］IS-LM 模型、乘数-加速数模型（Paul A. Samuelson，1939）、叠代模型（Samuelson，1958）以及真实经济周期模型（Finn E. Kydland and Edward C. Prescott，1982）。所有模型都呈现与疾病流行类似的驼峰形状。就本书的研究目的而言，这些理论的内容是什么并不重要。没有哪个理论被证明是完全正确或完全错误的。它们都有可能让人产生兴趣。每个理论都是一则故事，其流行程度都遵循着预设的流行病发展趋势。

其中有三种模型在提出十多年以后开始流行起来，我们在医学—流行病学框架中也可以看到这种现象，即流行病的起始规模很小，暂时不会被观察到。病例数所占百分比可能在稳步增长，但在病例数达到一定阈值之前，疾病一直未能引起广泛注意。在现实中，经济理论的出版与其最终风行一时的状态之间存在长期滞后，正是在这段时间里，模型从与众不同且发人深思的理论发展成

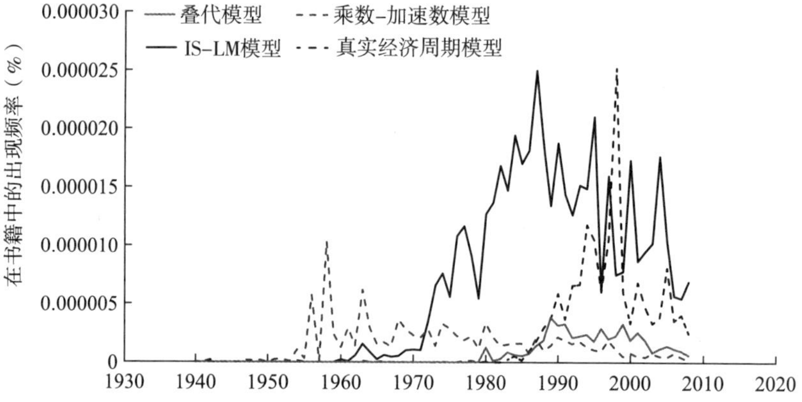

图3　1940—2008 年四种经济理论在书籍中的出现频率

注：该图列出了四个重要模型：IS-LM 模型、乘数-加速数模型、叠代模型以及真实经济周期模型。这四个理论都呈现出随时间变化的驼峰形状。

资料来源：Google Ngrams，没有进行平滑处理。

正确无误且公认伟大的理论。在这段孕育期里，该学科的其他学者越来越欣赏该模型，它会通过各种学术仪式，如研讨会和重大会议上的论文演示，流行开来。最终，模型被写进了教科书。再过一段时间，模型引起的讨论开始让新闻媒体觉得应该报道它，那些以知识广博自矜的经济学圈外人士也开始觉得他们应该对这个模型有所了解。但是，到了流行的这一晚期阶段，该模型的传播势头开始减弱。有些人开始觉得，虽然它有自己的优点，但也已经陈旧过时，另一些人则在最后将它彻底遗忘。

这些理论的传播形式一般不会是某个人拿着笔和纸坐下来说："我给你解释一下 IS-LM 模型。"大多数时候，这种交流可能会更简单，也更有人情味儿。经济史学家沃伦·扬（Warren Young）认为 IS-LM 模型图和供求曲线交点的相似性对它的广为传播起到了一定作用，因为供求曲线可能是经济学中最著名的图形。

此外，IS-LM 模型是对凯恩斯理论的形式化。凯恩斯是一位杰出的作家，但正如我们看到的那样，很多叙事都与名人有关。凯恩斯本身就是个经历丰富多彩的名人：他与布鲁姆斯伯里的一群名人艺术家和知识分子过从甚密，这些名人包括作家弗吉尼亚·伍尔夫（Virginia Woolf），她自己也逐渐声名远扬，但直到 20 世纪末才达到顶峰，这时距她 1941 年去世已经相当久远了。凯恩斯据说是同性恋或双性恋，他与男性的关系在宽容度颇高的布鲁姆斯伯里圈子里是众所周知的，在当时这些八卦只能口口相传。在凯恩斯那个时代，身为同性恋通常不利于一个人的职业生涯，但在某种叙事背景下，情况可能会反过来。凯恩斯后来娶了一位美丽的芭蕾舞女演员莉迪亚·洛波科娃（Lydia Lopokova），她在退出舞蹈行业之后也名声大噪，而这可能要归因于她与凯恩斯的关系。我们都知道，凯恩斯因 1919 年的畅销书《和平的经济后果》而闻名于世，这本书可以说是预测了第二次世界大战。相比之下，第一个提出 IS–LM 模型的约翰·希克斯并不是那么出彩的人物。因此，凯恩斯的故事就成了驮着 IS–LM 传播的“驴子”。

图 3 显示了四种经济学模型的发展历史。这些历史不仅类似于疾病流行的基本过程，也类似于其他叙事类型的历史。经济叙事中的基本思想要素可能会继续存活下来，因为人们会对它们进行修改并将它们合并到讲述其他传播性观点的叙事之中，但在这个过程中它们往往会失去冲击力和原先的特征。它们指导思想和行动的能力将会大大减弱。

叙事经济学的一个重要构想是，经济波动主要是由各种过度简化且易于转述传播的经济叙事驱动的。这些观点给人们零散的思想和行动染上了颜色。与流行病一样，并非每个人都会被感染。就叙事流行而言，错过这种流行的人可能会告诉你根本不存在这一重要叙事流行。但是，在一次历史性的流行之中，对大多数人来说，叙事将成为他们决定做什么或不做什么的原因所在，而这将对经济产生影响。就像图 3 中的经济理论一样，流行理论在普通大众中呈现向上的传播趋势，但只会持续一段时间。如果不改头换面，它们就会逐渐消退。

值得注意的是，凯恩斯的著作《就业、利息和货币通论》（以下简称《通论》，1936）提出了一种完全属于机械传播的概念，只不过他没有使用这个词而已。根据凯恩斯的理论，当一些初步刺激措施，如政府赤字支出，导致一部分人的收入出现初步上涨，经济繁荣就开始了。然后，这些人会花掉大部分额外收入，这又给那些向他们出售商品或在商品销售公司里工作的人带来收入。这些人又会花掉大部分额外收入，从而给其他人带来又一轮收入增长，然后又是一轮一轮的支出。我们可以像保罗·萨缪尔森在 1939 年用他的乘数–加速数模型展示的那样，对凯恩斯理论做一些调整，加入一些投资动态，从而生成国民收入在经济刺激下的驼峰形反应。这些驼峰形反应类似于我们前面看到的流行病曲线。我们可以勉强将凯恩斯—萨缪尔森模型视为一个流行病模型，其中收入是它的传播元素。但是，仅从机械的多轮支出角度思考问题是远远不够的。我们必须考虑经济叙事的多轮传播以及这些叙事代表的观点和感受。

叙事星座和叙事交汇

我们会经历疾病的同步流行，即两种或多种疾病相互推动；同样，我们也会看到叙事的同步流行，在这个过程中，人们认为这些叙事共享同一个主题，比如阐述政治争议的案例研究，这些叙事共同在人们脑海中形成一幅画面，如果一个人只关注其中一则叙事，就很难看到画面的全貌。换言之，大规模经济叙事通常是由一系列较小规模的叙事组成的。每则小叙事都有可能代表着大故事的一部分，但我们需要看到完整的组合才能识别完整的主题。

在此我需要对叙事与星座的类比做一些说明。天鹅座等天文星座是恒星的偶然组合，但是人类自然会从人类心智的角度解读它们，天鹅座的得名就是因为人类将之看成一只天鹅。有时人类会出于某些目的把某些星座拉拢到自己的阵营。比如，基督徒将天鹅座改名为“北十字星”，从而将基督教的象征符号高悬于天空。他们还为居住在南半球的人们配了另一个星座，即“南十字星”。其他群体和文化也有出于其他动机的其他叙事。

叙事以星座形式出现的部分原因在于它们的可信度依赖于现存的其他一系列叙事。也就是说，有了其他叙事为背景，它们会显得合理而有趣。故事讲述者无须通过反驳其他叙事为当前叙事搭建舞台。此外，叙事有可能基于某些假定的事实，讲述者和听众并不知道如何验证这些事实。一些叙事之所以具有传播力，是因为它们看似给出了确定的事实。下面这种说法应该没有什么大错：大多数人都会表现出知识渊博的样子，并尽力掩饰他们对无数事实的无知。因此，看起来与主流思想对立的叙事就可能只有较低的传播率，也就不会流行起来。

有些叙事星座可能在高峰期只影响了一小部分人群，但如果这一部分人群大幅削减支出，那这一叙事就有可能起到非常重要的作用。举例来说，如果叙事仅传至一国 20% 的人口，但这部分人口决定推迟购买新车或修理房屋，那么其支出减少产生的影响可能足以让该国陷入衰退。

除了叙事星座之外，叙事的交汇也有可能推动经济事件。我所说的“交汇”指的是一组叙事彼此之间并没有特别相关的地方，但在某个时间点会产生相似的经济效应，因而可以解释一起格外重大的经济事件的起因。比如，我在 2000 年出版的《非理性繁荣》一书中，列出了十几个促成因素，或者说十几则叙事，它们恰好同时出现在 2000 年左右，使美国股市指数达到了有史以来的最高位，但崩盘随之而来。简单地说，这份清单包括万维网、资本主义的胜利、商业成功故事、共和党统治、婴儿潮一代的退休、商业媒体的扩张、乐观的分析师、新的退休计划、共同基金、通胀率的下降、贸易量的增加和赌博文化的兴起。如果我们想知道异常重大的经济事件为什么会发生，就需要列出看似无关的叙事，这些叙事几乎在同一时间像病毒一样传播，并往同一个方向影响着经济。然而，有一点很重要，那就是我们要认识到，重大经济事件通常并不是由单一的叙事星座造成的。重大经济事件不太可能这般令人满意地得到解释。相反，要想解释这些事件，就需要列出一份经济叙事清单，这份清单并不能被描述为一则简单的故事或一则传播性叙事。

在本书的第三篇，我们会重点关注叙事星座中一些较亮的星星，它们的重要性足以对经济动机的变化产生重大影响。我们尚且无法将这些叙事星座与重大经济事件精准地对应起来。但是，虽然对叙事星座和叙事交汇只是一知半解，但我们在解析这些事件的道路上依然取得了进展。

对于那些推动某些叙事风靡一时的力量，我们也是一知半解。叙事“像病毒般传播”的能力是一个谜，我们将试着在下一章解开这个谜题。

图书在版编目（CIP）数据

比较 . 第 107 辑 / 吴敬琏主编 . -- 北京 : 中信出版社 , 2020.4

ISBN 978-7-5217-1482-1

I. ①比… II. ①吴… III. ①比较经济学 IV. ① F064.2

中国版本图书馆 CIP 数据核字 (2020) 第 047542 号

比较 · 第 107 辑

主　　编：吴敬琏

策 划 者：《比较》编辑室

出 版 者：中信出版集团股份有限公司

经 销 者：中信出版集团股份有限公司 + 财新传媒有限公司

承 印 者：北京华联印刷有限公司

开　　本：787mm × 1092mm 1/16　　印　　张：18　　字　　数：300 千字

版　　次：2020 年 4 月第 1 版　　印　　次：2020 年 4 月第 1 次印刷

书　　号：ISBN 978-7-5217-1482-1

定　　价：48.00 元